森山式
インドネシア語単語
頻度順 3535

森山幹弘＝編

めこん

本書の使い方

　この単語集は2種類の頻度調査のデータ（参考文献参照）に基づき、使用頻度の高い順に約3500語を選んで編集しました。この使用頻度順という編集方針が、これまでのインドネシア語の単語集にはなかった新しい点です。この単語集の約3500語を覚えれば、インドネシア語の新聞や雑誌はほぼ辞書なしで読めるでしょう。ただし、日々生まれる新語や新しい時事用語、略語は随時補わなくてはなりません。

　3535の単語を3つのグループに分け、最も頻度の高い1016語をレベル1、次の1380語をレベル2、最後の1139語をレベル3としました。ただし、学習者にとって使用頻度の高い語彙についてはレベルを一段階上げ、逆に英語から簡単に類推できる外来語のレベルは一段階下げて分類してあります。俗語も使用頻度の高いものは含めました。さらに学習者に不可欠の実用単語はジョージ・クイン氏編集の学習辞典を参考にして補足しました。

　それぞれの単語は、学習者が覚えやすいように多くの意味を示さず、できるだけ1つの単語には1つの意味という方針で編集してあります。また、すべての単語を品詞に分類してあります。動詞を中心にして形容詞、接続詞などには例文が示してありますので、例文を参考にして使い方を学んでください。その中で便宜上、品詞として分類した「ア」：「アスペクト」というものがあります。これは英語の助動詞のように、動作などがどのような状態にあるのかを示す単語です。例えば、「食べているところ」なのか、「食べてしまった」のか、この単語で違いを表現します。

　ご存じのようにインドネシア語の学習においては、派生語の理解が重要です。辞書を引くときの原形（「基語」と呼ぶ）に接辞が前や後ろについて、様々な形態を派生し、豊かな意味を形成するのがインドネシア語の特徴と言えます。この単語集では、そのような派生語も1つの単語として見出し語として掲げています。それぞれの単語は基語であれ派生語であれ、その使用頻度の高さに従って見出し語として取り上げました。

　ただし、派生語が見出し語となっている場合には、意味の後ろの[　　]の中に基語を示しました。基語に意味が付されていない単語は、基語の形のままでは使うことができない単語です。接辞を付けて派生語を形成して初めて使うことができます（ただし、動詞の中には、tolakとmenolakのように、基語のままでもmeN-が接頭辞としてついた形でも同じように使用することができるものもあります）。

　意味と基語の下には関連する派生語、複合語、関連語が並べられているものもあります。基本的には、それらの派生語などはこの単語集の中で見出し語として取り上げているものに限ります。つまり、見出し語を覚えるときに派生語などを併せて学習すると、それらの語が次には見出し語として出てくるので、2回目は覚えやすくなるという仕組みです。そ

れらの派生語が多い場合には、並べかたの順番は、まず動詞を示し、その動詞が基になって作られる名詞を次に並べましたので、その点にも注意して勉強してください。数は少ないですがアスタリスク（＊のマーク）をつけた派生語は、見出し語としては出てきませんが（頻度調査では上位に入ってこないという意味です）、関連づけて覚えてもらいたい単語です。

　この単語集の着想は、インドネシア語を教えてきた経験の中で、語彙の習得が学習者にとってとても重要だと考えるようになったからです。学習者があまり辞書を引かずにインドネシア語を読み、会話がスムーズにできるようなレベルにより早く到達するには、比較的文法事項が容易なインドネシア語は他の外国語以上に基礎的な語彙の習得が鍵になると考えています。その考えは上記の学習辞典の編者であるジョージ・クイン氏との議論に負うところがあります。私が現在教えている南山大学外国語学部アジア学科の学生諸君には、この単語集の初期バージョンで勉強してもらい、多くのフィードバックを得ました。みんな、ありがとう。実際の編集作業においては、同僚のヘンリ・ダロス先生とロニ先生ご夫妻に大変お世話になりました。記して感謝致します。

　この単語集がインドネシア語学習の一助となることを願っています。

森山幹弘

【参考文献】

Alan M. Stevens and A. Ed. Schmidgall-Tellings, *A Comprehensive Indonesian-English Dictionary*, 2004, Athens: Ohio University Press.
Quinn, George, *The Learner's Dictionary of Today's Indonesian*, 2001, Allen & Unwin.
Muhadjir, Bobby A.A. Nazief, Mirna Adriani, Kiswartini Mangkudilaga and Multamia RMT Lauder, *Frekuensi Kosakata Bahasa Indonesia*, 1996, Depok: Fakultas Sastra Universitas Indonesia.
佐々木重次　編『最新インドネシア語小辞典』第 1.1 版, 2003 年, Grup Sanggar.

[目次]

本書の使い方 ... 3
本書の見方 ... 6
Level 1　基本単語 ... 7
Level 2　中級単語 ... 107
Level 3　上級単語 ... 279
Indeks　索引 ... 420

本書の見方

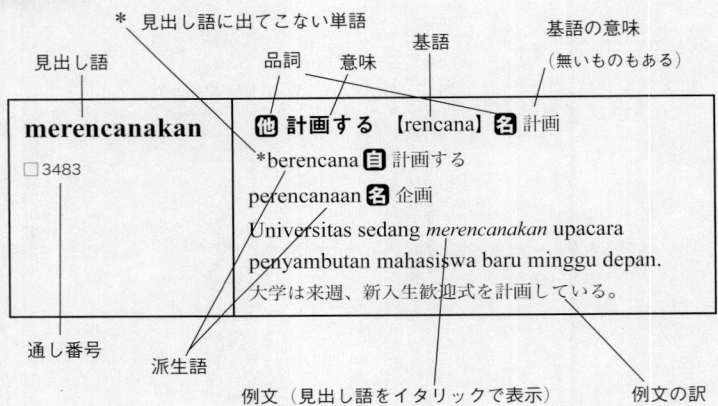

品詞・記号 略語表

名	名詞	自	自動詞
代	代名詞	他	他動詞
形	形容詞	受	受動形の動詞
副	副詞	ア	アスペクトを表す語
前	前置詞	命	命令文で使う語
接	接続詞	慣	慣用的な表現で使う語、語句
数	数詞	間	間投詞
略	略語	疑	疑問詞
関	関係詞		

(俗) 俗語

＊ ：この単語集の見出し語として出てこない単語

Level 1
基本単語
1016 語

レベル1には基本単語を集めました。初級レベルのインドネシア語を習得するために必要な単語です。しっかりとした基礎を固めるために覚えましょう。このレベルの単語をマスターすれば、日常会話も不自由なくできるでしょう。

基本単語

dan ☐1	**接** 〜と Ada beberapa apel *dan* jeruk di atas meja makan. 何個かのリンゴとミカンが食卓の上にある。
di ☐2	**前** 〜に *Di* kota ini ada banyak tempat untuk berwisata. この町には観光すべき多くの場所がある。
itu ☐3	**代** それ、あれ　**形** その、あの
dengan ☐4	**前** 〜と Tiap hari saya pergi ke sekolah *dengan* adik saya. 毎日私は弟と一緒に学校へ行く。
ini ☐5	**代** これ　**形** この
tidak, tak ☐6	**副** 〜ではない *Tidak* banyak orang yang datang ke pesta perkawinannya. 彼の結婚パーティーにやってきた人は多くなかった。
saya ☐7	**代** 私
dari ☐8	**前** 〜から Saya senang mendapat surat *dari* kakak saya. 私は兄 (姉) から手紙をもらって嬉しい。
untuk ☐9	**前** 〜のために Dia datang ke kantor saya *untuk* minta maaf atas kesalahannya. 彼は自分の過ちを謝罪するために私のオフィスにやってきた。
orang ☐10	**名** 人 seorang **形** ある、1人の orang tua **名** 両親
roti ☐11	**名** パン

dalam □12	**前** 〜の中に　**名** 内 Uangnya ada di *dalam* saku. 彼のお金はポケットの中にある。
ada □13	**自** ある、いる adalah **自** 〜である berada **自** 存在する keadaan **名** 状況 *Ada* seorang guru sedang menunggu murid-murid di halaman sekolah. 校庭で先生が生徒たちを待っているところだ。
pada □14	**前** 〜に Bahan pelajaran ada *pada* saya. 教材はぼくのところにある。
bisa □15	**ア** できる Semua mahasiswa di universitas ini *bisa* berbahasa Inggris. この大学のすべての学生は英語を話すことができる。
akan □16	**ア** 〜であろう Dia *akan* pergi ke pasar nanti sore. 彼は今日の夕方市場へ行くでしょう。
ke □17	**前** 〜へ Besok pagi mereka pergi *ke* pantai Kuta. 明日の朝、彼らはクタの海岸へ行く。
juga □18	**副** 〜もまた Temanku mulai menyanyi dan aku ikut *juga*. 僕の友人は歌い始め、僕も加わった。
atau □19	**接** あるいは Saudara suka pisang *atau* mangga? 君はバナナとマンゴーのどちらが好きですか。
mereka □20	**代** 彼ら
karena □21	**接** 〜だから Adikku menangis *karena* dimarahi oleh Ibu. ぼくの弟は母に叱られたので泣いた。

基本単語

kita ☐22	代 私たち
sudah ☐23	ア すでに〜した sesudah 接前 〜の後 Saya *sudah* bosan makan nasi goreng tiap pagi. 私は毎朝、チャーハンを食べるのに飽きてしまった。
kalau ☐24	接 もし *Kalau* kamu pergi ke toko buku, tolong belikan saya kamus bahasa Indonesia. もし君が書店へ行くなら、私にインドネシア語の辞書を買ってください。
Indonesia ☐25	名 インドネシア
lain ☐26	形 別の melainkan 接 しかし、一方〜 selain 前接 〜の他に Kali ini saya mau membeli rok yang *lain* warnanya. 今回、私は色が別のスカートを買いたい。
tahun ☐27	名 年
oleh ☐28	前 〜によって memperoleh 他 獲得する Kue itu dimakan *oleh* siapa? そのお菓子は誰に食べられたのか。
lebih ☐29	副 超過した、〜以上に Teman saya belajar *lebih* rajin daripada saya. 私の友人は私より熱心に勉強する。
apa ☐30	疑 何 Anda mau makan *apa*? あなたは何が食べたいですか。

anak ☐ 31	名 子供
adalah ☐ 32	自 〜である　【ada】 自 ある berada 自 存在する keadaan 名 状況 Nasi *adalah* makanan pokok bagi orang Indonesia. ご飯（ライス）はインドネシア人の主食である。
sebagai ☐ 33	副 〜として sebagainya 名 〜など、その他 Wanita itu terkenal *sebagai* penyanyi dangdut. その女性はダンドゥット歌手として有名だ。
seperti ☐ 34	前 〜のような Sepasang suami istri duduk mesra *seperti* sedang berbulan madu. 1組の夫婦がまるでハネムーン中のように仲良く座っている。
banyak ☐ 35	形 多い　副 多く kebanyakan 形 大部分の *Banyak* sekali mahasiswa baru yang masuk pada tahun pelajaran ini. 今年度に入学した学生がとても多かった。
lagi ☐ 36	副 さらに、再び、また Sambil mencari ke sana kemari, ibu itu memanggil nama anaknya sekali *lagi*. その母親はあちこち探しながら、もう一度子供の名前を呼んだ。
dia, ia ☐ 37	代 彼、彼女
bukan ☐ 38	副 〜でない Gedung itu *bukan* kantor pos. その建物は郵便局ではない。
hanya ☐ 39	形 唯一の　副 単に Penumpang bis itu *hanya* seorang saja. そのバスの乗客はただ1人きりだった。

基本単語

harus ☐40	**ア ～ねばならない** seharusnya 副 本来は Formulir itu *harus* diserahkan dalam waktu satu minggu. その用紙は1週間以内に手渡されなければならない。
menjadi ☐41	**自 成る** 【jadi】 **自 ～になる** terjadi 自 起こる、生じる kejadian 名 出来事 Harga minyak akan *menjadi* mahal. 油の値段が高くなるだろう。
bahwa ☐42	**接 ～だと** Saya tahu *bahwa* Garuda adalah lambang negara Republik Indonesia. ガルーダはインドネシア共和国の象徴だということを私は知っている。
saja ☐43	**副 だけ** Hanya anak kecil *saja* yang boleh masuk ke tempat bermain itu. 小さい子供だけがその遊び場に入ってもよい。
jadi ☐44	**自 ～になる、実現する** kejadian 名 出来事 menjadi 自 成る terjadi 自 起こる、生じる Sayang sekali, acara itu tidak *jadi*. 大変残念だが、その催しは実現しなかった。
satu ☐45	**数 1**
anda ☐46	**代 あなた** Saya ingin memberi hadiah ini untuk *anda*. 私はこのプレゼントをあなたにあげたい。
kepada ☐47	**前 ～に対して** Pak guru memberi nasihat *kepada* muridnya. 先生は自分の生徒に忠告を与えた。

kata ☐ 48	**名** 言葉、単語 berkata **自** 話す
kami ☐ 49	**代** 私たち
dapat ☐ 50	**ア** できる mendapat **他** 得る pendapat **名** 考え、意見 terdapat **受** 見られる、〜がある Siapa yang *dapat* membaca buku bahasa Indonesia ini? 誰がこのインドネシア語の本を読むことができますか。
tetapi, tapi ☐ 51	**接** しかし Dulu Pulau Bali dibanjiri oleh pelancong asing, *tetapi* sekarang tidak begitu lagi. 以前バリ島は外国人旅行者が押し寄せたが、今はそれほどではない。
hari ☐ 52	**名** 日 sehari-hari **副** 日常は
hal ☐ 53	**名** 事柄
masih ☐ 54	**ア** まだ〜である Syukur, agen perjalanan *masih* buka. よかった、旅行会社はまだ開いていた。
sama ☐ 55	**形** 同じ bersama **前** **副** 〜と、〜と一緒に kerja sama **名** 協力 sama-sama **副** 一緒に Mereka belajar pada guru yang *sama*. 彼らは同じ先生の下で勉強する。
baru ☐ 56	**形** 新しい Selamat Tahun *Baru*! 新年おめでとう。

基本単語

tersebut ☐57	**形** この、その、先述の　【sebut】 disebut **受** 言われる Hal *tersebut* harus diatur segera. 先述のことはすぐに処理されなければならない。
semua ☐58	**形 副** すべて（の）**代** すべて Orang yang makan di warung itu tidak *semua* orang miskin. その屋台で食べている人はみんな貧しい人というわけではない。
pun ☐59	**副** 〜（さえ）も Para orang tua *pun* ikut joget di pesta HUT-nya. 老人たちもその誕生パーティーでダンスを踊った。
sendiri ☐60	**副** 自ら Orang muda harus berani merancang *sendiri* masa depannya. 若者は自分の将来を自ら計画する勇気を持たねばならない。
memang ☐61	**副** 本当に Laki-laki itu *memang* seorang pemalas. その男性は本当に怠け者だ。
telah ☐62	**ア** すでに〜した setelah **接 前** 〜の後 Tante Mira *telah* lama menderita penyakit jantung. ミラ叔母さんは長く心臓病を患っている。
ya ☐63	**副** はい (肯定・同意の返事)
sampai ☐64	**前** 〜まで　**自** 到達する、到着する Kita tidak bertemu *sampai* bulan depan. 私たちは来月まで会わない。
baik ☐65	**形** 良い sebaiknya **副** できれば、〜したほうが良い
sekarang ☐66	**副** 今 Mari kita pulang *sekarang* karena hari sudah malam. もう夜になったからもう帰ろう。

lalu ☐ 67	**接** それから lalu lintas **名** 交通 Setelah makan siang, adikku tidur sejenak di kamar, *lalu* mandi. 僕の弟はお昼ご飯を食べ、部屋で暫く眠って、それから水浴びをした。
sangat ☐ 68	**副** 大変 Hari ini saya merasa *sangat* lelah. 今日、私はとても疲れたと感じる。
secara ☐ 69	**副** 〜的 Gedung kesenian itu akan dibuka *secara* resmi oleh wali kota. その芸術館は市長によって正式にオープンされるだろう。
para ☐ 70	**名** 〜たち
atas ☐ 71	**名** 上 Ada monyet di *atas* pohon. 木の上に猿がいる。
maka ☐ 72	**接** それで Pesawat sudah mendarat, *maka* mereka pun bersiap-siap menyambut tamu yang ditunggu. 飛行機が着陸した、それで彼らも待っていた客を迎える準備をした。
rumah ☐ 73	**名** 家 perumahan **名** 住宅地
masyarakat ☐ 74	**名** 社会
mau ☐ 75	**ア** 〜したい、〜しようとしている Semua orang di pesta *mau* pulang sekarang. パーティーに来たすべての人が今帰ろうとしている。
jalan ☐ 76	**名** 道 berjalan **自** 歩く jalan-jalan **自** 散歩する perjalanan **名** 旅行

基本単語

saat □77	**名** 時、瞬間
belum □78	**ア** まだ〜ない sebelum **接前** 〜の前 sebelumnya **副** その前に Dia *belum* mandi walaupun sudah jam 9. もう9時なのに彼はまだ水浴びをしていない。
kota □79	**名** 町
beberapa □80	**形** いくつかの Di sepanjang jalan raya ini ada beberapa toko oleh-oleh. この大通り沿いには何軒かのお土産屋さんがある。
terjadi □81	**自** 起こる、生じる 【jadi】**自** 〜になる、実現する kejadian **名** 出来事 menjadi **自** 成る Kapan gempa bumi terjadi? いつ地震が起こったのか。
manusia □82	**名** 人間、人
waktu □83	**名** 時間　**接** 〜の時 Saya tinggal di Tokyo waktu masih kecil. まだ幼かったとき、私は東京に住んでいた。
dua □84	**数** 2
salah □85	**形** 間違いの、誤った kesalahan **名** 誤り Jawaban murid itu *salah*. その生徒の答えは間違っている。
bagi □86	**前** 〜にとって Pekerjaan rumah ini sulit sekali bagi anak saya. この宿題は私の子供には大変難しい。

sekali □87	副 非常に　名 1回　【kali】名 回	
	Dia makan banyak *sekali* tetapi hanya sekali sehari. 彼はとてもたくさん食べるが、1日1回だけだ。	
begitu □88	副 そのように	
	Jangan berbicara *begitu*. そんな風にしゃべってはいけない。	
setelah □89	接 ～の後　前 ～後　【telah】ア すでに～した	
	Adikku baru boleh pergi main *setelah* sembahyang asar. 僕の弟は午後のお祈りの後でやっと遊びに行かせてもらえる。	
ketika □90	接 ～の時	
	Ketika ayah membaca koran, ibu menyiapkan kopi. 父が新聞を読んでいるとき、母はコーヒーを準備する。	
antara □91	前 ～の間	
	Saudara boleh duduk di *antara* Budi dan Wati. 君はブディとワティの間に座ってよい。	
pernah □92	副 かつて	
	Kawan saya dari Jepang *pernah* makan tempe. 日本から来た私の友人はテンペを食べたことがある。	
negara □93	名 国	
suatu □94	形 ある～	
	sesuatu 代 何か	
	Kami turun dari kereta api di *suatu* stasiun kecil. 私たちはある小さな駅で汽車から降りた。	
mungkin □95	副 おそらく	
	kemungkinan 名 可能性	
	Mungkin pacar saya tidak mau menonton film dengan saya. 多分私の恋人は私と一緒に映画を観たがらないだろう。	
kemudian □96	接 それから	
	Mereka menonton film, *kemudian* minum es di warung. 彼らは映画を観て、それから屋台でアイスを食べた。	

基本単語

benar □97	形 正しい sebenarnya 副 本当は Kita harus memakai bahasa yang baik dan *benar*. 私たちは良い正しいことばを使わなければならない。
jangan □98	命 〜してはいけない *Jangan* duduk di atas kursi ini. この椅子の上に座ってはいけない。
mana □99	疑 どの、どれ *Mana* yang kamu pilih? どちらを君は選びますか。
masalah □100	名 問題
menurut □101	前 〜によると 【turut】 *Menurut* ramalan cuaca, besok hari akan cerah. 天気予報によると、明日は晴れるでしょう。
membuat □102	他 作る、〜を—にする 【buat】前 〜のために berbuat 自 〜を行なう、為す perbuatan 名 行ない Bang Sukab selalu *membuat* layang-layang yang bagus. スカブ兄貴はいつも素晴らしい凧をつくる。
jika □103	接 もし *Jika* kamu lapar, makanlah kue ini. もし空腹なら、このお菓子を食べなさい。
bahkan □104	接 なおのこと、それどころか Semua siswa menangis, *bahkan* guru-gurunya pun ikut menangis. すべての生徒が泣いたばかりか、先生たちもともに泣いた。
punya □105	自 持っている Semua orang *punya* hak asasi manusia. すべての人には基本的人権がある。
pemerintah □106	名 政府 【perintah】名 命令 pemerintahan 名 行政

sehingga ☐ 107	接 〜の結果　【hingga】 前 〜まで Dia bekerja keras *sehingga* dia menjadi pengusaha besar. 彼は懸命に働いた結果、大物の企業家となった。	
tentang ☐ 108	前 〜について Saudara akan menulis *tentang* apa? 君は何について書くつもりですか。	
terhadap ☐ 109	前 〜に対して【hadap】 Saya tidak berani bilang hal ini *terhadap* ibu saya. 私はこのことを母に言うだけの勇気がない。	
tanpa ☐ 110	前 〜なしで Anak kecil itu naik ke atas atap rumah *tanpa* tangga. その幼い子供ははしごを使わずに家の屋根に登った。	
tempat ☐ 111	名 場所、場	
bagaimana ☐ 112	疑 どのように sebagaimana 接 〜のように *Bagaimana* pendapat Anda tentang keadaan ekonomi sekarang? 現在の経済状況についてのあなたの考えはどうですか。	
kali ☐ 113	名 回 sekali 副 非常に　名 1 回	
perlu ☐ 114	ア 必要である　形 必要な Orang asing *perlu* belajar adat istiadat setempat. 外国人は現地の習慣を学ばなければならない。	
Cina ☐ 115	名 中国	
kamu, mu ☐ 116	代 君	
cara ☐ 117	名 方法	

基本単語

buku □ 118	名 本
nama □ 119	名 名前
namun □ 120	接 しかし Murid itu selalu belajar keras, *namun* hasil ujiannya tidak membaik. その生徒はいつも一生懸命勉強しているが、試験の結果は良くならない。
hidup □ 121	名 生　自 生きる kehidupan 名 生活 Manusia tidak bisa *hidup* tanpa teman. 人は友達なしには生きていくことができない。
tahu □ 122	自 知る、分かる mengetahui 他 知る pengetahuan 名 知識 Saya *tahu* teman saya sudah berpisah dengan pacarnya. 私の友人が彼の恋人ともう別れたのだと私は知った。
setiap, tiap □ 123	副 毎〜 *Setiap* hari Rabu saya mengajar sampai malam. 毎水曜日、私は夜まで教える。
melakukan □ 124	他 行なう【laku】 berlaku 自 有効である Orang yang baik tidak akan *melakukan* hal seperti itu. 善良な人はそのようなことは行なわないでしょう。
melihat □ 125	他 見る【lihat】 dilihat 受 見られる kelihatan 自 〜のように見える terlihat 受 見られる Apakah Saudara bisa *melihat* pelangi yang indah itu? 君はその美しい虹を見ることができますか。

aku, ku □ 126	代 ぼく、私
apakah □ 127	疑 〜か【apa】疑 何 *Apakah* orang itu mahasiswa? その人は大学生ですか。
dunia □ 128	名 世界
uang □ 129	名 お金
bagian □ 130	名 部分 【bagi】前 〜にとって sebagian 名 一部 Ini *bagian* yang paling enak dari buah pepaya. これはパパイヤの実の一番美味しい部分だ。
merupakan □ 131	他 〜を形成する、〜である 【rupa】名 形 berupa 自 〜の形をとる Perbaikan iklim investasi *merupakan* unsur penting dalam hubungan antara kedua negara. 投資環境の改善は２国間関係において重要な要因をなしている。
daerah □ 132	名 地域
kembali □ 133	自 戻る 副 再び Saya ingin belajar *kembali* di universitas. 私は再び大学で勉強したい。
pihak □ 134	名 〜の人々、側
sebab □ 135	名 理由 接 〜だから Saya tidak bisa datang ke sekolah *sebab* gigi saya sakit. 私は歯が痛いので学校には行くことができない。

基本単語

terus ☐ 136	**副 ずっと、真っ直ぐ　接 それから、直ぐに** Anda harus berjalan *terus* sampai kantor pos, lalu belok ke kanan. あなたは郵便局までずっと歩いて、それから右に曲がらなければならない。
sering ☐ 137	**副 しばしば** Dia *sering* bertengkar dengan pacarnya. 彼はしばしば恋人と口論する。
negeri ☐ 138	**形 国の、政府の　名 国** Dia baru diangkat menjadi pegawai *negeri* tahun lalu. 彼は昨年やっと公務員になったばかりだ。
tinggi ☐ 139	**形 高い** Cita-citanya memang *tinggi*, sayang kemampuannya tidak cukup. 彼の理想は実に高いが、その能力が十分でないのが残念だ。
kecil ☐ 140	**形 小さい** Saya mau ambil tas *kecil* itu. 私はその小さな鞄を取りたい。
bila ☐ 141	**接 〜の時** Anak-anak tak pernah ribut bila ayah sedang membaca buku di rumah. 子供たちは父親が家で本を読んでいる時には騒いだことはない。
lama ☐ 142	**形 長い（時間）** selama 接 前 〜の間 Pekerjaan rumah itu makan waktu lama. その宿題は長い時間がかかる。
masuk ☐ 143	**自 入る** termasuk 受 含まれる Apakah hari ini dia masuk kantor? 今日、彼は出勤しますか。
dosa ☐ 144	**名 罪**

sekitar ☐ 145	**前 およそ、〜の近辺** 【kitar】 Banyak bank di *sekitar* sini. この近辺にはたくさんの銀行がある。
sekolah ☐ 146	**名 学校**
dulu, dahulu ☐ 147	**副 以前に** *Dulu* di sini ada sebuah toko sepatu. 以前、ここに1軒の靴屋があった。
diri ☐ 148	**名 自身** berdiri **自** 立つ
sejak ☐ 149	**接 前 〜の時から** Teman saya suka bermain piano *sejak* kecil. 私の友人は幼い頃からピアノを弾くのが好きだ。
harga ☐ 150	**名 値段**
soal ☐ 151	**名 問題** persoalan **名** 問題、訴訟事件
rakyat ☐ 152	**名 民衆**
sedang ☐ 153	**ア 〜しているところ** sedangkan **接** 一方〜 Saya harus menunggu karena anak saya *sedang* mandi. 私の子供が水浴びをしているので待たねばならない。
tetap ☐ 154	**副 依然として　形 一定の** Tetangga saya *tetap* memelihara anjing meskipun ada peringatan bahaya rabies. 狂犬病の危険の警告があったが、私の隣人は依然として犬を飼っている。

基本単語

ingin ☐ 155	自 〜したい Saya *ingin* berwisata ke Bali. 私はバリへ観光に行きたい。
kedua ☐ 156	数 第2の、双方の 【dua】数 2
mulai ☐ 157	自 始まる　他 始める Saya *mulai* belajar bahasa Cina dari bulan April. 私は4月から中国語を学び始めた。
selama ☐ 158	接 〜の間　前 〜間　【lama】形 長い（時間） Anak saya akan pergi belajar di Australia *selama* sebulan. 私の子供は1ヵ月間オーストラリアへ勉強に行く。
agar ☐ 159	接 〜ように Dia belajar keras *agar* bisa lulus ujian. 彼は試験をパスするように一生懸命勉強する。
pula ☐ 160	副 〜も Beruntung sekali gadis itu, sudah cantik bersuara merdu *pula*. その少女はとても恵まれている、かわいい上に声も美しい。
biasa ☐ 161	形 通常の biasanya 副 普通は Ini hal yang *biasa* dalam kehidupan sehari-hari orang Jepang. これは日本人の日常生活においては普通の事だ。
buah ☐ 162	名 実、個 buah-buahan 名 果物 sebuah 形 ある、1個の
paling ☐ 163	副 最も Jembatan inilah yang *paling* panjang di negeri ini. この国で最も長いのはこの橋だ。
tanah ☐ 164	名 土地

tentu ☐ 165	**形 確かな　副 きっと** tertentu 形 特定の Siswa pintar itu *tentu* akan lulus ujian masuk sekolah tinggi. その頭の良い生徒はきっと大学入学試験にパスするでしょう。
air ☐ 166	**名 水**
cukup ☐ 167	**形 十分な　副 十分に** 500 yen *cukup* mahal untuk harga sepotong roti. 500円はひときれのパンの値段としてはかなり高い。
bulan ☐ 168	**名 月**
Islam ☐ 169	**名 イスラム**
jelas ☐ 170	**形 明らかな** penjelasan 名 説明 Maksud surat ini kurang *jelas*. この手紙の意図ははっきりしない。
mahasiswa ☐ 171	**名 大学生**　【siswa】**名 生徒**
demikian ☐ 172	**副 このように**
serta ☐ 173	**接 〜とともに** Presiden *serta* rombongannya disambut meriah dengan tarian tradisional. 大統領とその一行は伝統的ダンスで盛大に歓迎を受けた。
sini ☐ 174	**代 ここ** Tidak boleh merokok di *sini*. ここでタバコを吸ってはいけません。
datang ☐ 175	**自 来る** Ada tamu *datang* dari luar negeri. 外国から客がやってきた。

基本単語

istri □176	名 妻
masa □177	名 時代、時期
rasa □178	名 感覚、味　自 思う berasa 自 感じる merasa 自 感じる perasaan 名 感情、気持ち terasa 他 感じられる Saya *rasa* akibat bencana alam ini masih akan bertambah besar. この自然災害の結果はますますひどくなると私は感じた。
Jawa □179	名 ジャワ
luar □180	名 外 keluar 自 出る
pertama □181	数 第1の
Tuhan □182	名 神
hasil □183	名 結果 berhasil 自 成功する
merasa □184	自 感じる　【rasa】 名 感覚 自 思う berasa 自 感じる perasaan 名 感情、気持ち terasa 他 感じられる Saya *merasa* takut ketika polisi datang ke kantor saya. 警察が私の事務所にやってきたとき、恐ろしく感じた。

bangsa ☐185	**名** 民族 bangsa Indonesia **名** インドネシア民族
selalu ☐186	**副** いつも Wanita itu *selalu* mengeluh akan suaminya. その女性はいつも夫について文句を言っている。
teman ☐187	**名** 友人
berbagai ☐188	**形** 様々な Ada *berbagai* jenis bunga di taman itu. その庭にはさまざまな種類の花がある。
masing-masing ☐189	**形** それぞれの　**副** それぞれに Setiap buruh pabrik harus bekerja sesuai dengan keterampilannya *masing-masing*. どの工場労働者もそれぞれの能力に合った仕事をしなければならない。
politik ☐190	**名** 政治
tiga ☐191	**数** 3
agama ☐192	**名** 宗教
yaitu ☐193	**接** すなわち Orang Muslim bersembahyang bersama di Mesjid pada hari tertentu, *yaitu* hari Jumat. イスラム教徒は特定の日、すなわち金曜日にモスクで一緒にお祈りをする。
hati ☐194	**名** 心 perhatian **名** 注意、配慮
ibu, bu ☐195	**名** 母、〜さん　**代** あなた（女性）

Level 1

基本単語

langsung ☐ 196	形 **直接の**　副 **直接に** berlangsung 自 進行する Murid-murid harus *langsung* pulang ke rumah dari sekolah. 生徒たちは学校から家へまっすぐ帰らなければならない。
dokter ☐ 197	名 **医者**
kurang ☐ 198	副 **不足した、十分でない** Mangga ini *kurang* matang. このマンゴーはあまり熟していない。
surat ☐ 199	名 **手紙** surat kabar 名 新聞
tangan ☐ 200	名 **手**
makan ☐ 201	自 **食べる** makanan 名 食べ物 Jangan khawatir, kawan saya *makan* apa saja. 心配するな、私の友達は何でも食べる。
melalui ☐ 202	前 **〜を通じて**　他 **〜を通る**　【lalu】 Kita perlu melihat orang *melalui* jendela hati. 私たちは心の窓を通して人を見る必要がある。
akhir ☐ 203	名 **終わり** akhirnya 副 最後には terakhir 形 最後の
mobil ☐ 204	名 **自動車**
ternyata ☐ 205	副 **実際には〜**　【nyata】 形 明らかな kenyataan 名 事実 pernyataan 名 声明 *Ternyata* tidak banyak penonton pada hari terakhir. 実のところ最終日には多くの観客はいなかった。

bahasa ☐206	**名** 言語 berbahasa **自** 〜語を話す
kira ☐207	**自** 〜と考える、思う kira-kira **副** およそ Saya *kira* hari ini akan hujan. 今日は雨が降ると私は思う。
sebenarnya ☐208	**副** 本当は 【benar】**形** 正しい *Sebenarnya* orang itu pintar, tapi pura-pura bodoh saja. 本当はその人は賢いのだが、愚かな振りをしている。
tuan ☐209	**名** 主人 **代** あなた
mendapat ☐210	**他** 得る 【dapat】**ア** 〜できる pendapat **名** 考え、意見 terdapat **受** 見られる、〜がある Semua anak akan *mendapat* hadiah Natal di sekolah. すべての子供は学校でクリスマスプレゼントをもらうでしょう。
sebelum ☐211	**接 前** 前に 【belum】**ア** まだ〜ない sebelumnya **副** その前に Kamu harus pulang *sebelum* magrib. 君は日没までに帰らなければならない。
jumlah ☐212	**名** 〜の数
boleh ☐213	**ア** 〜してよい Tidak *boleh* bermain bola di halaman ini. この庭でボール遊びをしてはいけない。
cuma ☐214	**副** 〜だけ "*Cuma* tiga orang saja yang datang", kata temanku. 「やってきたのは3人だけだった」と、僕の友人は言った。
warga ☐215	**名** 住民

tengah ☐ 216	**名** 真ん中　**副** 途中である setengah **名** 半分 Guru agama *tengah* berceramah di depan murid-muridnya. 宗教の教師は生徒たちの前で講演しているところだ。
jauh ☐ 217	**形** 遠い Stasiun itu *jauh* dari pusat kota. その駅は町の中心から遠い。
tiba ☐ 218	**自** 到着する tiba-tiba **副** 突然に Rombongan turis dari Indonesia sudah *tiba* di Nagoya. インドネシアからの旅行者の団体が名古屋に到着した。
depan ☐ 219	**名** 前
juta ☐ 220	**名** 百万
sedikit ☐ 221	**形副** 少し Dia makan *sedikit* sekali sebab sakit. 彼は病気なのでとても少ししか食べない。
suara ☐ 222	**名** 声
buat ☐ 223	**前** 〜のために membuat **他** 作る、〜を−にする berbuat **自** 〜を行なう、為す perbuatan **名** 行い Ini kopi *buat* Anda. これはあなたのコーヒーです。
bapak, pak ☐ 224	**名** 父、〜さん　**代** あなた（男性） Maaf *Pak*, bisa bertanya？ すみません、質問してもいいですか。

makin, semakin □225	副 いっそう Cuaca dari hari ke hari *makin* panas saja. 日ごとに暑い気候になってきた。
maupun □226	接 〜もまた Semua orang yang meninggal *maupun* yang luka-luka dibawa ke rumah sakit. 亡くなった人も怪我をした人もみんな病院に運ばれた。
bersama □227	前 〜と　副 〜と一緒に　【sama】形 同じ sama-sama 副 一緒に Dia makan siang di kantin kampus *bersama* temannya dari Indonesia. 彼は大学の食堂でインドネシアから来た友人といっしょにお昼ごはんを食べる。
polisi □228	名 警察（官）
sana □229	代 そこ Di *sana* ada warung yang enak dan murah. そこには美味しく安い屋台がある。
seorang □230	形 ある、1人の　【orang】名 人 *Seorang* tentara tampak berdiri di depan pintu rumah besar itu. 1人の軍人がその大きな家の扉の前に立っているのが見えた。
bentuk □231	名 形
padahal □232	接 しかし〜なのだが Anak saya sudah lapar lagi, *padahal* dia baru saja makan nasi goreng. 私の子供はナシ・ゴレンを食べたばかりなのに、もうお腹をすかせた。
pasti □233	副 確かに、きっと　形 確かな Harga bahan bakar minyak *pasti* naik minggu depan. 石油精製燃料の価格は来週、きっと上がるだろう。

hingga ☐ 234	**前 〜まで** sehingga 接 〜の結果 Kakak saya tidak pulang ke rumah *hingga* malam. 私の兄（姉）は夜まで帰宅しなかった。
kelompok ☐ 235	**名 集団、グループ**
memberi ☐ 236	**他 与える** 【beri】 Penjaga toko itu lupa *memberi* uang kembalian kepada pembeli. その店員は買い物客におつりを渡すのを忘れた。
termasuk ☐ 237	**受 含まれる** 【masuk】 **自 入る** Tarif kamar ini *termasuk* makan pagi. この部屋の料金は朝食が含まれている。
berjawab ☐ 238	**自 答える** 【jawab】 jawaban 名 答え menjawab 他 答える "Apa kamu masih sakit?" tanyaku. "Tidak sakit lagi," *jawab* anak kecil itu. 「まだ痛いの」と、僕は尋ねた。「もう痛くない」とその幼い子は答えた。
kepala ☐ 239	**名 頭**
mudah ☐ 240	**形 たやすい** mudah-mudahan 副 〜でありますように Saudara akan *mudah* belajar bahasa Indonesia asal rajin. 勤勉でありさえすれば、君がインドネシア語を学ぶことはたやすいだろう。
umum ☐ 241	**形 一般の　名 世間** Kita harus mempertimbangkan kepentingan *umum*. 私たちは公共の利益に配慮しなければならない。
penyakit ☐ 242	**名 病気** 【sakit】 形 病気の、痛い　名 痛み

kerja ☐243	**名 仕事** bekerja 自 働く kerja sama 名 協力 pekerja 名 労働者 pekerjaan 名 仕事、労働
kini ☐244	**名 現在**
tua ☐245	**形 年老いた、古い** ketua 名 〜の長 orang tua 名 両親 Mobil *tua* itu masih mampu bergerak lancar. その古い車はまだ調子よく動く。
Allah ☐246	**名 アッラー**
selain ☐247	**前 接 〜の他に** 【lain】 **形 別の** melainkan 接 しかし〜、一方〜 Dari pagi saya tidak makan apa-apa *selain* pisang goreng. 私は朝から揚げバナナ以外、何も食べていない。
akibat ☐248	**名 結果**
keadaan ☐249	**名 状況** 【ada】 **自 ある** adalah 自 〜である berada 自 存在する
penting ☐250	**形 重要な** kepentingan 名 重要性、利害 Masalah ini sangat *penting* bagi negara dan rakyatnya. この問題はその国家と国民にとってとても大切だ。
sedangkan ☐251	**接 一方〜** 【sedang】 **ア 〜している** Suami pergi main golf, *sedangkan* istri pergi ke arisan. 夫はゴルフに行き、一方妻はアリサン(無尽講)に行った。

基本単語

ikut □ 252	自 従う berikut 自 〜に続く Dia *ikut* makan bersama teman-temannya. 彼は友達と一緒に食事に加わった。
proses □ 253	名 過程、プロセス
mata □ 254	名 目
anggota □ 255	名 会員
gerakan □ 256	名 運動　【gerak】名 動き bergerak 自 動く
pasar □ 257	名 市場
tinggal □ 258	自 住む、残っている meninggal 自 亡くなる Kalau saya mengambil dua, *tinggal* hanya satu di atas meja. もし私が２つ取ると、テーブルの上には１つしか残らない。
sesuai □ 259	形 ふさわしい、〜に合った Kita harus berpakaian pantas dan wajar *sesuai* dengan tuntutan keadaan dan tempat. 私たちは状況と場所の要請に合った適切な服装をしなければならない。
tanggal □ 260	名 日付、〜日
sakit □ 261	形 病気の、痛い　名 痛み penyakit 名 病気 Kaki saya terasa *sakit* sejak saya bermain tenis minggu lalu. 先週テニスをして以来、私の足は痛く感じる。

sistem ☐ 262	名 システム
mampu ☐ 263	ア 〜の能力がある kemampuan 名 能力 Orang sakit itu tidak *mampu* minum meskipun hanya segelas air saja. その病人はたった1杯の水でさえ飲むことができなかった。
terutama ☐ 264	副 特に 【utama】形 主たる Saya suka berolahraga, *terutama* bulu tangkis. 私はスポーツをするのが好きだ、とくにバドミントンが好きだ。
mengapa ☐ 265	難 どうして、なぜ *Mengapa* Saudara diam saja? どうして君は黙っているのか。
PT ☐ 266	略 株式会社 Perseroan Terbatas 略 高等教育機関 Perguruan Tinggi.
jam ☐ 267	名 時、時間、時計
timur ☐ 268	名 東
siapa ☐ 269	難 誰 *Siapa* yang tidak setuju dengan pendapat saya? 私の意見に賛成でないのは誰ですか。
saudara ☐ 270	名 兄弟、親戚、〜さん 代 君
keluar ☐ 271	自 出る 【luar】名 外 Mereka disuruh *keluar* dari kamar itu. 彼らはその部屋から出て行くように命令された。
ekonomi ☐ 272	名 経済

基本単語

kaki ☐273	名 足
kasih ☐274	名 愛情 terima kasih 慣 ありがとう
malam ☐275	名 夜
awal ☐276	名 初め Tahun sekolah baru di Jepang biasanya mulai pada *awal* bulan April. 日本では新学期はたいてい4月の初めに始まる。
Filipina ☐277	名 フィリピン
nilai ☐278	名 価値
perusahaan ☐279	名 会社 【usaha】名 努力、ビジネス berusaha 自 努力する pengusaha 名 企業家
wanita ☐280	名 女性
usaha ☐281	名 努力、ビジネス berusaha 自 努力する perusahaan 名 会社 pengusaha 名 企業家
barat ☐282	名 西
lewat ☐283	前 ～を通して　副 形 過ぎた（時間） 30 menit sudah lewat. 30分間がすでに過ぎた。

panjang ☐ 284	**形 長い** sepanjang **前** 〜中、ずっと Ceramah kepala sekolah *panjang* sekali. 校長の講演はとても長い。
terlalu ☐ 285	**副 〜過ぎる** Masakan ini *terlalu* pedas. この料理は辛すぎる。
desa ☐ 286	**名 村**
hak ☐ 287	**名 権利**
kaum ☐ 288	**名 層の人々**
daging ☐ 289	**名 肉**
mengenai ☐ 290	**前 〜について** 【kena】**自 あたる、やられる** Perdana Menteri tidak memberi komentar *mengenai* masalah itu. 総理大臣はその問題についてコメントをしない。
arti ☐ 291	**名 意味** berarti **自** 意味する **形** 重大な
malah, malahan ☐ 292	**接 かえって** Dia tidak menangis, *malah* tertawa. 彼女は泣いていない、それどころか笑っている。
sementara ☐ 293	**形 暫定的** **副 暫定的に** **接 〜の間、一方〜** Panitia ini bersifat *sementara*. この委員会は暫定的なものである。 Ibu-ibu sibuk masak untuk pesta, *sementara* bapak-bapak ngobrol sambil merokok. 婦人たちは宴会のために忙しく料理をしているが、一方で夫たちはタバコを吸いながらだべっている。

基本単語

keluarga □294	名 家族
apalagi □295	接 なおさら、ましてや Kopor ini berat bagi orang dewasa, *apalagi* bagi anak kecil. このトランクは大人にとって重い、小さい子どもならなおさらだ。
lingkungan □296	名 環境　【lingkung】
minggu □297	名 週
pendidikan □298	名 教育　【didik】 mendidik 他 教育する
alasan □299	名 理由
macam □300	名 種 semacam 名 一種
mencari □301	他 探す　【cari】 Kelihatannya ayah saya sedang *mencari* uang logam di dalam kotak. どうやら私の父は箱の中のコインを探しているようだ。
muncul □302	自 現れる Tiba-tiba harimau *muncul* dari semak. 突然、トラが草むらから飛び出した。
suami □303	名 夫
penduduk □304	名 住民、人口　【duduk】自 座る
budaya □305	名 文化 kebudayaan 名 文化

segera ☐ 306	**副** すぐに Kamu harus *segera* datang ke kantor. 君はすぐにオフィスに来なければならない。
wilayah ☐ 307	**名** 地域
bekerja ☐ 308	**自** 働く 【kerja】 **名** 仕事 pekerja **名** 労働者 pekerjaan **名** 仕事、労働 Dia sudah lama *bekerja* di Jepang. 彼はもうずいぶん長い間日本で働いている。
biaya ☐ 309	**名** 費用
hukum ☐ 310	**名** 法
hutan ☐ 311	**名** 森
minta ☐ 312	**他** 望む Saya *minta* perhatian Saudara sekalian! 君たち、よく聞いてください。
Kristen ☐ 313	**名** キリスト教
sang ☐ 314	**形** 偉大なる *Sang* raja memberi perintah kepada para menteri. 王は大臣たちに命令を与えた。
sebuah ☐ 315	**形** ある、1個の 【buah】 **名** 実、個 buah-buahan **名** 果物 Pria itu mengambil *sebuah* kotak dari kantong plastik. その男性はビニール袋から1つの箱を取り出した。

基本単語

seluruh □316	**形 全体の** Pemuda pemudi berkumpul dari *seluruh* dunia. 青年男女が世界中から集まる。
suka □317	**自 好き** Anak itu *suka* makan roti sebagai sarapannya. その子供は朝食にパンを食べるのを好む。
alam □318	**名 自然、世界**
informasi □319	**名 情報**
nanti □320	**副 後で** Tunggu saja, saya pasti akan pergi juga ke rumah Anda *nanti*. 待っていてください、後できっとあなたの家へ行きますから。
pendapat □321	**名 考え、意見** 【dapat】**ア** ～できる mendapat **他** 得る terdapat **受** 見られる、～がある
warna □322	**名 色**
sosial □323	**形 社会の、社交的** Pertemuan ini bersifat *sosial*, bukan kegiatan politik. この会議は社会的な性格を持ったもので、政治的活動ではない。
sambil □324	**前 ～ながら** Tidak boleh berbicara *sambil* makan. 食べながら話してはいけない。
kegiatan □325	**名 活動** 【giat】**形** 熱心な
keturunan □326	**名 子孫** 【turun】**自** 下がる、降りる

agak ☐ 327	副 やや Masakan ini *agak* pedas. この料理はちょっと辛い。	
hubungan ☐ 328	名 関係 【hubung】 berhubungan 自 ～と関係がある	
kantor ☐ 329	名 オフィス	
karya ☐ 330	名 作品 karyawan 名 従業員、職員	
kehidupan ☐ 331	名 生活 【hidup】 自 生きる	
banjir ☐ 332	名 洪水	
dana ☐ 333	名 資金	
pembangunan ☐ 334	名 建設 【bangun】 自 起きる membangun 他 建設する bangunan 名 建造物	
tadi ☐ 335	副 先ほど Surat resmi baru saja diterima *tadi*. 正式な文書は先ほど受け取られたばかりだ。	
kawasan ☐ 336	名 地帯	
ketua ☐ 337	名 ～の長 【tua】 形 年老いた、古い	
menarik ☐ 338	形 興味深い 【tarik】 Masalah itu sangat *menarik* tapi sulit diteliti. その問題は大変興味深いが調べるのが難しい。	

基本単語

pabrik ☐ 339	名 工場
disebut ☐ 340	受 言われる 【sebut】 tersebut 形 先述の、その Anak laki-laki itu *disebut* "Si Malas" oleh tetangganya. その男の子は隣人に「怠け者」と呼ばれている。
guru ☐ 341	名 先生
barang ☐ 342	名 物
kasus ☐ 343	名 事例
kondisi ☐ 344	名 状態
pertanyaan ☐ 345	名 質問 【tanya】 bertanya 自 尋ねる
tingkat ☐ 346	名 段階、レベル meningkat 自 上がる、増す
betul ☐ 347	形 本当の 副 本当に kebetulan 副 偶然に Informasi itu ternyata tidak *betul*. その情報は実際のところ正しくない。
cepat ☐ 348	形 早い Dia harus berjalan *cepat* supaya tidak terlambat. 彼は遅れないように早く歩かなければならない。
hampir ☐ 349	副 ほとんど *Hampir* semua mahasiswa mempunyai HP. ほとんどすべての大学生が携帯電話を持っている。

segala ☐ 350	**形 全ての** Dia mencoba *segala* cara untuk membuka penutup botol. 彼は瓶の蓋を開けるためにあらゆる方法を試した。	
jenis ☐ 351	**名 種**	
justru ☐ 352	**副 実のところ** Di luar dugaan, pemain itu sudah merasa capai *justru* ketika pertandingan baru dimulai. 予想外に、その選手は実際に試合が始まるやいなや疲れを感じた。	
pergi ☐ 353	**自 行く** Nanti siang kita akan *pergi* ke kolam renang. 今日の昼、私たちはプールへ行くでしょう。	
supaya ☐ 354	**接 ～するように** Gadis itu tidak makan nasi *supaya* tidak terlalu gemuk. その少女は太り過ぎないようにご飯を食べない。	
tubuh ☐ 355	**名 身体**	
korban ☐ 356	**名 犠牲（者）**	
lima ☐ 357	**数 5**	
menteri ☐ 358	**名 大臣**	
persoalan ☐ 359	**名 問題** 【soal】**名 問題**	
cerita ☐ 360	**名 話**	

基本単語

hakim □361	名 裁判官
pukul □362	他 たたく　副 〜時 Tidak boleh *pukul* anak walaupun mereka nakal. たとえいたずらっこでも子供を叩いてはいけない。 pada *pukul* lima　5時に
rata-rata □363	副 平均して　【rata】形 平らな Penghasilan seorang karyawan yang berijazah sarjana *rata-rata* 2 juta rupiah sebulan. 学士の資格をもつ従業員の給料は1ヵ月約200万ルピアだ。
tulisan □364	名 文書、著作 menulis 他 書く penulis 名 著述家
perempuan □365	名 女性
asal □366	名 出身　接 〜さえすれば berasal 自 〜の出身である Kamu boleh pergi ke pesta nanti malam *asal* pekerjaanmu selesai. 君の仕事が終わりさえすれば、今晩のパーティーに行ってもいい。
berada □367	自 存在する adalah 自 〜である keadaan 名 状況 Pacar saya *berada* di Nagoya ketika saya mencarinya. 僕が僕の恋人を探していたとき彼女は名古屋にいた。
penumpang □368	名 乗客　【tumpang】
presiden □369	名 大統領

rekan ☐370	**名** 同僚
sebelumnya ☐371	**副** その前に 【belum】**ア** まだ〜ない sebelum **接前** 〜の前に *Sebelumnya* dia bertugas sebagai kepala sekolah. それ以前に彼は校長として勤めていた。
telepon ☐372	**名** 電話
umat ☐373	**名** 信者（集団）
kenapa ☐374	**疑** なぜ "*Kenapa* kamu tidak datang kemarin?", saya bertanya. 「どうして君は昨日来なかったのか」と、私は尋ねた。
khusus ☐375	**形** 特別な **副** 特に Kursi ini *khusus* untuk nenek saya. この椅子は私の祖母専用だ。
menerima ☐376	**他** 受け取る 【terima】 Tadi pagi saya *menerima* kiriman dari kampung halaman. 今朝、私はふるさとから送ってきたものを受け取った。
obat ☐377	**名** 薬 pengobatan **名** 治療
yayasan ☐378	**名** 財団
belajar ☐379	**自** 勉強する 【ajar】 mengajar **他** 教える pelajaran **名** 学習 Berapa jam Saudara *belajar* bahasa Indonesia tadi malam? 君は昨晩、何時間インドネシア語を勉強しましたか。

基本単語

berbeda □380	**自** ～と異なる 【beda】 perbedaan **名** 相違 Pendapat saya *berbeda* dengan pendapat mereka. 私の考えは彼らの考えと違う。
kekuatan □381	**名** 力 【kuat】**形** 強い
pusat □382	**名** 中心
sikap □383	**名** 態度
yakni □384	**接** すなわち Ada empat orang dalam keluarga kami, *yakni* ayah, ibu, kakak laki-laki dan saya. 私たちの家族には4人いる、すなわち父、母、兄と私だ。
asing □385	**形** 外来の Saya orang *asing* di negeri ini. 私はこの国では外国人だ。
bahan □386	**名** 材料
dasar □387	**名** 基礎 berdasarkan **前** ～に基づき
jawaban □388	**名** 答え 【jawab】 berjawab **自** 答える menjawab **他** 答える
ruang □389	**名** 空間、室
sapi □390	**名** 牛

takut □391	形 恐れる、怖がる Anjing besar itu *takut* pada ular kecil. その大きな犬は小さい蛇を恐れている。	
membawa □392	他 持っていく　【bawa】 Tadi pagi pesuruh sekolah *membawa* kertas dan gunting ke kelas. 今朝、学校の用務員が教室に紙とはさみを持ってきた。	
muda □393	形 若い pemuda 名 若者 Waktu *muda*, dia seorang olahragawan. 若いときには、彼はスポーツマンだった。	
nasional □394	形 国の、国民の Pertemuan di Manado itu adalah pertemuan tingkat *nasional*. そのマナドでの会合は全国的な集まりだ。	
percaya □395	自 信じる Mereka belum *percaya* akan berita duka itu. 彼らはその悲しい知らせをまだ信じていない。	
malu □396	形 恥ずかしい Anak perempuan saya biasanya *malu* kepada orang yang baru bertemu. 私の娘はいつもは初めて会った人に対して恥ずかしがる。	
sulit □397	形 難しい Apakah *sulit* bagimu untuk menjawab pertanyaan ini? この質問に答えるのは君にとって難しいですか。	
zaman, jaman 398	名 時代	
ahli □399	名 専門家 ahli hukum 名 法律（の専門）家	
pohon □400	名 木	

基本単語

membaca □401	**他 読む** 【baca】 pembaca **名** 読者 Anak kecil itu belum bisa *membaca* huruf Kanji. その幼い子供はまだ漢字を読むことができない。
membeli □402	**他 買う** 【beli】 pembeli **名** 購買者 Kita bisa *membeli* segala macam makanan di pasar dengan harga murah. 私たちは市場で安い値段であらゆる食物を買うことができる。
coba □403	**命 試してごらん** mencoba **他** 試みる Ayo, *coba* minum jamu ini. さあ、このジャムウを飲んでごらん。
petugas □404	**名 係官、係員** 【tugas】**名** 任務
pribumi □405	**形 現地の、土着の** Tidak baik membeda-bedakan orang *pribumi* dan non-pribumi. プリブミと非プリブミを区別するのは良くない。
pribadi □406	**形 個人の　名 個人** Rekening ini rekening *pribadi*. この口座は個人口座だ。
teknologi □407	**名 技術**
terdapat □408	**受 見られる、〜がある** 【dapat】**ア** できる mendapat **他** 得る pendapat **名** 考え、意見 Di alun-alun *terdapat* patung dan tiang bendera. 広場には像と旗の掲揚棒がある。
mati □409	**自 死ぬ** Binatang itu *mati* kena virus. その動物はウイルスに罹って死んだ。

bebas ☐410	形 自由な
bidang ☐411	名 分野
tampak, nampak ☐412	自 〜のように見える 【tampak】 Orang asing itu *tampak* susah, mungkin karena belum bisa berbahasa Jepang. その外国人は困っている様子だ、多分日本語をまだ話せないからだろう。
tepat ☐413	形 副 ちょうど、ぴったり Ayah saya biasanya pulang dari kantor *tepat* pukul 6 sore. 私の父はたいてい夕方6時ちょうどに会社から帰ってくる。
akhirnya ☐414	副 最後には 【akhir】 名 終わり terakhir 形 最後の *Akhirnya* dia menjadi ahli agama. 最後には彼は宗教家になった。
berat ☐415	形 重い Tas ini tidak begitu *berat* bagiku. この鞄は僕にとってそれほど重くない。
dianggap ☐416	受 〜とみなされる 【anggap】 Di Jepang orang asing yang berbahasa Inggris *dianggap* orang Amerika. 日本では英語を話す外国人はアメリカ人とみなされる。
habis ☐417	自 終わる Nasinya *habis* dimakan anak-anak. ご飯は子供たちに食べられてなくなった。
kampung ☐418	名 田舎、下町
kejadian ☐419	名 出来事 【jadi】 自 〜になる menjadi 自 成る terjadi 自 起こる、生じる

基本単語

tertentu ☐420	**形** 特定の 【tentu】 形 確かな 副 きっと Ada masalah *tertentu* yang masih harus dirundingkan oleh delegasi kedua negara. 両国の使節によってまだ協議されなければならない特定の問題がある。
misalnya ☐421	**副** 例えば 【misal】 名 例 Saya suka makanan Indonesia. *Misalnya*, rendang, gado-gado dan sate. 私はインドネシア料理が好きだ。例えば、ルンダン、ガドガド、串焼きである。
bilang ☐422	**自** 言う Ibu selalu *bilang* agar saya jangan lupa membawa buku pelajaran ke sekolah. 母は私に学校へ教科書を持っていくのを忘れないようにといつも言う。
contoh ☐423	**名** 例
jasa ☐424	**名** 功労、サービス
kadang-kadang ☐425	**副** 時々 Di Jepang *kadang-kadang* ada gempa bumi. 日本では時々、地震がある。
kaya, kayak ☐426	**前** 〜のような "Kue ini *kaya* kue Jepang", kata temanku dari Jepang. 「このお菓子は日本のお菓子のようだ」と日本から来た僕の友人が言った。
komputer ☐427	**名** コンピュータ
meskipun ☐428	**接** 〜だけれども Dia tetap menyetir mobil *meskipun* sudah lelah sekali. 彼はとても疲れていたがずっと車を運転している。

pekerjaan □429	**名** 仕事、労働　【kerja】**名** 仕事 bekerja **自** 働く pekerja **名** 労働者
senang □430	**形** 楽しい Semua orang yang ikut piknik merasa *senang*. ピクニックに参加したすべての人は楽しく感じた。
turun □431	**自** 下がる、降りる keturunan **名** 子孫 Nilai ujiannya akan *turun* karena semester ini dia tidak belajar dengan sungguh-sungguh. 今学期、彼は本気で勉強しなかったので、彼の試験の成績は落ちるだろう。
berdasarkan □432	**前** 〜に基づき　【dasar】**名** 基礎 Umat Katolik mengamalkan kasih dan persaudaraan *berdasarkan* ajaran agamanya. カトリック教徒はその宗教の教えに基づき愛と友情を実現する。
Belanda □433	**名** オランダ negeri Belanda **名** オランダ国
berani □434	**形** 勇気のある Adikku tidak *berani* pergi sendirian. 僕の弟は1人で出かける勇気がない。
empat □435	**数** 4 seperempat **数** 4分の1
sesuatu □436	**代** 何か　【suatu】**形** ある〜 Orang jahat itu mengambil *sesuatu* dari tas nenek itu. その悪人はそのお婆さんの鞄から何かを取った。
Amerika □437	**名** アメリカ
murid □438	**名** 生徒

基本単語

kalangan □439	名 集団　【kalang】名 輪
pulang □440	自 帰る Kamu harus *pulang* sebelum jam enam sore. 君は夕方の6時になる前に帰らなければならない。
rendah □441	形 低い Hasil pertanian di daerah ini sangat *rendah*. この地域の農業生産は大変低い。
udara □442	名 空気
mencapai □443	他 達成する　【capai】 Akhirnya pemuda itu *mencapai* cita-citanya. ついにその若者は彼の理想を達成した。
mengambil □444	他 取る　【ambil】 Beliau *mengambil* pena dan kertas sebelum duduk di meja. あの方は机に座る前にペンと紙を取った。
berhasil □445	自 成功する　【hasil】名 結果 Proyek itu ternyata tidak *berhasil*. そのプロジェクトは成功しなかった。
usia □446	名 年齢
belakang □447	名 後ろ
gambar □448	名 絵
gedung □449	名 建物
kebudayaan □450	名 文化　【budaya】名 (特定の) 文化

maksud ☐ 451	名 目的
naik ☐ 452	自 上がる、乗る、登る　前 ～に乗って Suhu udara *naik* sejak siang sehingga banyak orang berkeringat. 昼から気温が上がり多くの人は汗をかいた。
pria ☐ 453	名 男性
alat ☐ 454	名 道具
kuat ☐ 455	形 強い kekuatan 名 力 Tali ini cukup *kuat* untuk mengikat buku-buku itu. この紐はその本を縛るのに十分強い。
menunggu, nunggu ☐ 456	他 待つ　【tunggu】 Pegawai kantor itu *menunggu* surat keputusan dari atasannya. その事務所員は上司からの決裁文書を待っている。
pagi ☐ 457	名 朝
pejabat ☐ 458	名 高官、官公吏　【jabat】
perbuatan ☐ 459	名 行ない　【buat】　前 ～のために berbuat 自 行なう membuat 他 作る、～を－にする
sampah ☐ 460	名 ゴミ
seniman ☐ 461	名 芸術家　【seni】名 芸術

基本単語

sungai ☐462	名 川
utama ☐463	形 主たる terutama 副 特に Tugas *utama* bagi pelajar adalah belajar. 生徒にとって主要な仕事は勉強することだ。
berapa ☐464	疑 いくら *Berapa* harga mobil ini? この自動車の値段はいくらですか。
organisasi ☐465	名 組織
per ☐466	前 〜につき Upah minimum sekarang 600 yen *per* jam. 最低賃金は現在、時間あたり600円だ。
perpustakaan ☐467	名 図書館 【pustaka】名 本
sebagian ☐468	名 一部 【bagi】 bagian 名 部分
seharusnya ☐469	副 本来は 【harus】ア 〜ねばならない Falsafah hidup yang mulia *seharusnya* melahirkan perilaku yang mulia pula. 高尚な人生哲学は本来はまた高尚な行ないを生み出す。
bagus ☐470	形 すばらしい Pemandangan di pantai teluk Ambon sangat *bagus*. アンボン湾岸の景色はとても素晴らしい。
laki-laki ☐471	名 男性
lembaga ☐472	名 機関

perubahan □473	名 変化 【ubah】 berubah 自 変わる mengubah 他 変える
posisi □474	名 位置
sumber □475	名 源
bung □476	代 兄貴
golongan □477	名 集団 【golong】
Jepang □478	名 日本
kampus □479	名 キャンパス
kemarin □480	名 昨日
lahir □481	自 生まれる kelahiran 名 生まれ Ayahku *lahir* di kota Medan. 僕の父はメダンで生まれた。
mendengar □482	他 聞く 【dengar】 Banyak orang *mendengar* berita tentang bencana itu dari siaran radio lokal. 大勢の人が地元のラジオ放送でその災害についてのニュースを聞いた。
industri □483	名 工業、産業

基本単語

merdeka □484	形 自由な kemerdekaan 名 独立 Yang paling penting bagi saya adalah rasa *merdeka*. 私にとって最も大切なのは自由の感覚だ。
siswa □485	名 生徒
suci □486	形 神聖な Kita harus membuka sepatu kalau masuk ke tempat *suci*. 神聖な場所に入るときには私たちは靴を脱がなければならない。
ujar □487	名 発言
ayah □488	名 父
darah □489	名 血
duduk □490	自 座る penduduk 名 住民、人口 Di ruang pertemuan dia *duduk* berhadapan dengan saya. 会議室で彼は私と向かい合って座る。
ialah □491	自 (繋辞) 〜である Tugas seorang pelajar *ialah* belajar rajin demi hari depannya. 学生の務めは将来のために熱心に勉強することである。
menuju □492	他 〜に向かう 【tuju】 setuju 自 賛成する tujuan 名 目的 Pada mulanya kedua anggota partai itu *menuju* (ke) sasaran politik yang sama. 当初、その２人の党のメンバーは同じ政治的目標に向かっていた。
kelas □493	名 学級、(社会) 階級

kelihatan ☐494	🔵 ～のように見える　【lihat】 melihat 🟠 見る dilihat, terlihat 🟣 見られる Kakakmu *kelihatan* capai hari ini. 君のお兄さんは今日は疲れているように見える。
mengerti ☐495	🟠 理解する　【erti】 Tidak mudah untuk *mengerti* isi sebuah tulisan ilmiah. 学術的な文章の内容を理解するは易しくない。
pengalaman ☐496	🟢 経験　【alam】🟢 自然、世界
bank ☐497	🟢 銀行
yang ☐498	🟤 ～ところの Saya akan mengantar Anda ke hotel *yang* sudah dipesan kemarin. 私は昨日予約したホテルへあなたを案内しましょう。
berkembang ☐499	🔵 発展する　【kembang】🟢 花 perkembangan 🟢 発展、展開 Pabrik kecil itu *berkembang* menjadi perusahaan yang besar. その小さい工場は大きな会社に発展した。
bisnis ☐500	🟢 ビジネス
daripada ☐501	🟣 ～より
dewa ☐502	🟢 神
istilah ☐503	🟢 用語

基本単語

kamar □504	名 部屋
kebanyakan □505	名 大部分 【banyak】形 多い *Kebanyakan* batik di toko ini dari Yogya. この店の大多数のバティックはジョグジャカルタからきたものだ。
kendaraan □506	名 乗り物 【kendara】
kereta □507	名 車両 kereta api 名 汽車
luas □508	形 広い Halaman rumah ini sangat *luas*. この家の庭は大変広い。
mencoba □509	他 試みる 【coba】命 試してごらん Nenek saya *mencoba* berdiri dengan tenaganya sendiri. 私の祖母は自分自身の力で立とうと試みた。
mesti □510	ア 〜ねばならない Kalau merasa capai, kamu *mesti* beristirahat. もし疲れたと感じたなら、君は休憩しなければならない。
nomor □511	名 番号
seni □512	名 芸術 seniman 名 芸術家
tokoh □513	名 有名人、人物
umur □514	名 年齢 berumur 自 〜歳である、古い

berusaha ☐ 515	🔵自 努力する 【usaha】 🔵名 努力 pengusaha 🔵名 企業家 perusahaan 🔵名 会社 Anak itu *berusaha* untuk mendapat angka yang baik. その子供は良い点数をとるために努力した。
hidung ☐ 516	🔵名 鼻
kemerdekaan ☐ 517	🔵名 独立 【merdeka】 🔵形 自由な
keputusan ☐ 518	🔵名 決定 【putus】 🔵自 切れる
mahal ☐ 519	🔵形 高価な Kemeja tenun ikat lebih *mahal* daripada kemeja batik. イカット織のシャツはバティックのシャツよりも高い。
memakai ☐ 520	🔵他 使う 【pakai】 pakaian 🔵名 服、衣 Siapa yang *memakai* sepedaku kemarin? 昨日僕の自転車を使ったのは誰ですか。
saling ☐ 521	🔵副 お互いに Mereka *saling* berterima kasih. 彼らはお互いに感謝しあった。
sastra ☐ 522	🔵名 文学
selatan ☐ 523	🔵名 南
badan ☐ 524	🔵名 体
impor ☐ 525	🔵名 輸入

基本単語

gadis □526	名 少女
berubah □527	自 変化する 【ubah】 mengubah 他 変える perubahan 名 変化 Cuaca di kawasan pegunungan ini selalu *berubah*. この山岳地帯の天気はいつも変化する。
keras □528	形 硬い 副 懸命に Mereka bekerja *keras* di kebun. 彼らは庭で懸命に働いた。
koran □529	名 新聞
penuh □530	形 いっぱいの Tas ini sudah *penuh* sekali. この鞄はもう一杯だ。
berasal □531	自 〜出身である 【asal】 名 出身 Teman saya *berasal* dari Kyoto. 私の友人は京都出身だ。
data □532	名 データ
kesalahan □533	名 誤り 【salah】 形 間違いの、誤った
membuka □534	他 開ける 【buka】 形 開いている terbuka 形 開かれた Nanti malam kamu boleh *membuka* kado ini. 今晩、君はこのプレゼントを開けてもよい。
perhatian □535	名 注意、配慮 【hati】 名 心

bernyanyi ☐536	自 歌う 【nyanyi】 Anak-anak *bernyanyi* bersama-sama di kelas. 子供たちは、教室で一緒に歌う。
rektor ☐537	名 大学長
situ ☐538	代 そこ Apakah gedung ini kelihatan dari *situ*? この建物はそこから見えますか。
universitas ☐539	名 大学
berjalan ☐540	自 歩く 【jalan】 名 道 jalan-jalan 自 散歩する perjalanan 名 旅行 Orang kota selalu *berjalan* tergesa-gesa. 町の人間はいつも慌てて歩く。
daya ☐541	名 力
Januari ☐542	名 1月
mohon ☐543	他 願う Saya *mohon* Anda mengerti situasi ini. あなたがこの状況を理解することを願う。
pembaca ☐544	名 読者 【baca】 membaca 他 読む
raya ☐545	形 偉大な Jalan *raya* ini menuju ke Semarang. この大通りはスマランへ向かう。
berarti ☐546	自 意味する 形 意味がある 【arti】 名 意味 Tanda merah ini *berarti* kantor pos di Jepang. この赤い印は日本では郵便局を意味する。

基本単語

berupa ☐547	自 〜の形をとる 【rupa】 名 形 merupakan 他 〜を形成する Temanku mendapat surat cinta *berupa* puisi. ぼくの友人は詩の形式のラブレターを受け取った。
diam ☐548	自 黙る
gigi ☐549	名 歯
kemampuan ☐550	名 能力 【mampu】 ア 〜の能力がある
membantu ☐551	他 手伝う 【bantu】 bantuan 名 援助 Anak-anak selalu *membantu* ibu mereka pada hari libur. 子供たちはいつも休日には母親を手伝う。
pengobatan ☐552	名 治療 【obat】 名 薬
perkembangan ☐553	名 発展、展開 【kembang】 名 花 berkembang 自 発展する
sejarah ☐554	名 歴史
sempat ☐555	自 〜する機会がある kesempatan 名 機会 Kali ini mereka tidak *sempat* berwisata ke Bali. 今回は彼らはバリへ観光旅行に行く機会がなかった。
terakhir ☐556	形 最後の 【akhir】 名 終わり akhirnya 副 最後には Ini akan menjadi pertemuan *terakhir* bagi kita semua. これは私たち全員にとって最後の会合になるだろう。

upaya ☐ 557	名 努力
berdiri ☐ 558	自 立つ 【diri】 名 自身 Orang itu *berdiri* di pinggir jalan. その人は道の端に立っている。
melainkan ☐ 559	接 しかし〜、一方〜 【lain】 形 別の selain 前接 〜の他に Mobil mewah itu bukan buatan Italia, *melainkan* buatan Jerman. その高級車はイタリア製ではなくドイツ製です。
peristiwa ☐ 560	名 事件
pernyataan ☐ 561	名 声明 【nyata】 形 明らかな kenyataan 名 事実 ternyata 副 実際には〜
pertemuan ☐ 562	名 会合、出会い 【temu】 bertemu 自 会う
sayang ☐ 563	形 残念な 自 大切に思う Tiada orang tua yang tidak *sayang* kepada anak mereka. 自分の子供を可愛く思わない親はいない。
setuju ☐ 564	自 賛成する 【tuju】 menuju 自 〜に向かう tujuan 名 目的 Semua anggota organisasi *setuju* dengan usul dari komisi itu. 組織の全委員はその委員会の提案に賛成した。
walaupun ☐ 565	接 〜だけれど Mereka pergi berenang di sungai *walaupun* hari sudah sore dan dingin. もう夕方になり寒かったけれど、彼らは川へ泳ぎに行った。

基本単語

berbicara □566	**自** 喋る 【bicara】 Ibuku suka *berbicara* dengan tetangganya. 僕の母は隣人と話すのが好きだ。
harapan □567	**名** 希望 【harap】 **自** 希望する berharap **自** 望む
lahan □568	**名** 耕地
marah □569	**形** 怒った Ibu itu *marah* kepada anaknya karena sangat nakal. その母親は子供がとても腕白なので怒った。
meter □570	**名** メートル
milik □571	**名** 所有
sepeda □572	**名** 自転車
suku □573	**名** 民族集団 suku bangsa **名** 民族集団
tenaga □574	**名** 人材、力(身体的) Perusahaan itu kekurangan *tenaga* kerja. その会社は労働力が不足している。
terlihat □575	**受** 見られる 【lihat】 melihat **他** 見る dilihat **受** 見られる kelihatan **自** 〜のように見える Pohon mangga itu *terlihat* dari sini juga. そのマンゴーの木はここからも見える。
wajah □576	**名** 表情、顔

berikut □577	自 ～に続く 【ikut】自 従う	
	Pada hari *berikut*nya kami mengunjungi kota Yogyakarta. その翌日に私たちはジョグジャカルタを訪問した。	
berlangsung □578	自 進行する 【langsung】副 直接に	
	Musibah tanah longsor terjadi setelah hujan lebat yang *berlangsung* selama tiga hari. 激しい雨が3日間続いた後、土砂崩れの災害が発生した。	
gaji □579	名 給料	
kesehatan □580	名 健康 【sehat】形 健康な	
kisah □581	名 物語	
terbuka □582	形 開かれた 【buka】形 開いている	
	membuka 他 開ける	
	Lowongan kerja ini *terbuka* untuk semua orang. この求人はすべての人にオープンにされている。	
tindakan □583	名 行動 【tindak】名 手段、措置	
	Dari segi agama, *tindakan* orang itu sama sekali tidak bisa diterima. 宗教的側面から、その人の行動はまったく受け入れられない。	
apabila □584	接 ～の時	
	Siapkanlah payung *apabila* langit tampak mendung. 空が曇って見えたら、傘を用意しなさい。	
bantuan □585	名 援助 【bantu】	
	membantu 他 手伝う	
begini □586	副 このように	
	Cara makannya *begini*. 食べ方はこうです。	

基本単語

demokrasi ☐ 587	名 民主主義
dikenal ☐ 588	受 知られている 【kenal】自 見知っている terkenal 形 有名な Bunga sakura *dikenal* sebagai bunga nasional negeri Jepang. 桜の花は日本の国の花として知られている。
hotel ☐ 589	名 ホテル
kekuasaan ☐ 590	名 権力 【kuasa】名 権力
kesempatan ☐ 591	名 機会 【sempat】自 ～する機会がある
menjawab ☐ 592	他 答える 【jawab】 berjawab 自 答える jawaban 名 答え Kepala sekolah *menjawab* pertanyaan murid-murid dengan ramah. 校長は親切に生徒の質問に答えた。
menulis ☐ 593	他 書く 【tulis】 tulisan 名 文書、著作 penulis 名 著述家 *Menulis* lebih sulit daripada membaca. 書くことは読むことよりも難しい。
pengusaha ☐ 594	名 企業家 【usaha】名 努力、ビジネス berusaha 自 努力する perusahaan 名 会社
berbahasa ☐ 595	自 ～語を話す 【bahasa】名 言語 Ayahku lancar *berbahasa* Prancis. 僕の父はフランス語を流暢に話す。

bertanya, tanya ☐596	🔲 尋ねる　【tanya】 pertanyaan 🔲 質問 Dia *bertanya* kepada petugas keamanan, "Maaf, di mana kantor polisi?" 彼はガードマンに尋ねた。「すみません、警察署はどこですか」
isi ☐597	🔲 内容 berisi 🔲 含む
kaya ☐598	🔲 裕福な Kami tidak termasuk golongan orang *kaya*. 私たちはお金持ちのグループには含まれない。
kelahiran ☐599	🔲 生まれ　【lahir】🔲 生まれる
luka ☐600	🔲 怪我、傷
membayar ☐601	🔲 支払う　【bayar】 Pemerintah daerah tidak mau *membayar* biaya pertandingan bulu tangkis. 地方政府はバドミントンの試合の経費を払おうとしない。
mengetahui ☐602	🔲 知る　【tahu】🔲 知る、分かる pengetahuan 🔲 知識 Kita harus *mengetahui* riwayat hidup calon itu dulu. 私たちはまずその候補者の履歴を知らなければならない。
pemerintahan ☐603	🔲 行政　【perintah】🔲 命令 pemerintah 🔲 政府
penderita ☐604	🔲 被害者　【derita】
penulis ☐605	🔲 著述家　【tulis】 menulis 🔲 書く tulisan 🔲 文書, 著作

基本単語

toko ☐ 606	名 店
acara ☐ 607	名 イベント、催し
busana ☐ 608	名 服、ファッション
Desember ☐ 609	名 12月
ilmu ☐ 610	名 学問
indah ☐ 611	形 美しい
jatuh ☐ 612	自 落ちる Saya heran bagaimana kera itu bisa *jatuh* dari dahan pohon itu. その猿がどうしてその木の枝から落ちたのか不思議に思う。
ketiga ☐ 613	数 第3の 【tiga】数 3
pedagang ☐ 614	名 商人 【dagang】名 商業
putih ☐ 615	名 白
teh ☐ 616	名 お茶
yakin ☐ 617	自 確信する Saya *yakin* tidak ada orang yang jahat dari lahir. 私は生まれながらに邪悪な人はいないと信じている。

internasional □ 618	形 国際的な	
jaringan □ 619	名 ネットワーク 【jaring】名 網	
kepentingan □ 620	名 重要性、利害 【penting】形 重要な	
pencemaran □ 621	名 汚染 【cemar】	
pengetahuan □ 622	名 知識 【tahu】自 知る、分かる mengetahui 他 知る	
raja □ 623	名 王	
selamat □ 624	形 無事な、安らかな 慣 おめでとう Pesawat terbang itu mendarat dengan *selamat*. その飛行機は無事に着陸した。	
tujuan □ 625	名 目的 【tuju】 menuju 自 〜に向かう setuju 自 賛成する	
arah □ 626	名 方向	
bakal □ 627	名 予定者 ア 〜だろう *Bakal* istrinya adalah seorang pramugari. 彼の将来の妻はスチュワーデスだ。	
berkata □ 628	自 話す 【kata】名 言葉、単語 Dia sering *berkata*, "Saya selalu siap membantu Anda." 彼はよく言う、「いつでもあなたの手助けをする用意があります」 と。	

基本単語

biasanya ☐ 629	副 普通は 【biasa】形 通常の *Biasanya* saya berangkat ke kantor pada pukul tujuh. たいてい私は7時にオフィスへ出かける。
hujan ☐ 630	名 雨
kebun ☐ 631	名 庭
memperoleh ☐ 632	他 獲得する 【oleh】前 ～によって Calon bupati itu diduga bisa *memperoleh* dukungan besar dari rakyat di daerahnya. その県知事候補はその地域の民衆から大きな支援を得ることができると予想された。
pemain ☐ 633	名 プレーヤー 【main】 bermain 自 遊ぶ permainan 名 遊び
pengadilan ☐ 634	名 裁判所 【adil】
sisi ☐ 635	名 端
api ☐ 636	名 火
budi ☐ 637	名 徳
calon ☐ 638	名 候補（者）
cenderung ☐ 639	自 ～の傾向がある Anak remaja masa kini *cenderung* tidak peduli pada orang lain. 現代の若者は他人のことを気にかけない傾向がある。

gunung □640	名 山
jaya □641	形 栄光ある、壮麗な Pada masa lampau di sini ada sebuah kerajaan yang makmur dan *jaya*. 昔ここには豊かで偉大な王国があった。
kulit □642	名 革、表皮
merah □643	名 赤
murah □644	形 安い Barang *murah* belum tentu buruk mutunya. 安物は必ずしも質が悪いわけではない。
pegawai □645	名 職員、社員
pelayanan □646	名 サービス 【layan】
perbedaan □647	名 相違 【beda】 berbeda 自 〜と異なる
perjalanan □648	名 旅行 【jalan】 名 道 berjalan 自 歩く jalan-jalan 自 散歩する
perjuangan □649	名 苦闘、闘争 【juang】
pikiran □650	名 考え 【pikir】 berpikir 自 考える
pimpinan □651	名 上層部、指導層 【pimpin】 pemimpin 名 指導者

基本単語

pintu ☐ 652	名 扉
rencana ☐ 653	名 計画
sehari-hari ☐ 654	副 日常は 【hari】名 日 *Sehari-hari* banyak mahasiswa bekerja setelah kuliah. 日常的に多くの学生が授業の後で働いている。
siap ☐ 655	形 準備ができた Pasukan itu sudah *siap* tempur. その軍隊はもう戦闘の準備ができていた。
susah ☐ 656	形 厄介な Hidup rakyat kecil menjadi lebih *susah* setelah kenaikan harga bahan bakar minyak. 石油精製燃料の値段が上昇してから、庶民の生活はより苦しくなった。
tukang ☐ 657	名 職人
beliau ☐ 658	代 あの方 *Beliau* belum pulang dari Cina, bukan? あの方はまだ中国から戻っていませんよね。
dewasa ☐ 659	名 大人
ingat ☐ 660	自 思い出す mengingat 他 思い出す、覚える Saya tidak bisa *ingat* judul lagu ini. 私はこの歌の題が思い出せない。
kabar ☐ 661	名 知らせ surat kabar 名 新聞

menit ☐ 662	名 分	
perang ☐ 663	名 戦い	
perasaan ☐ 664	名 感情、気持ち　【rasa】名 感覚　自 思う berasa 自 感じる merasa 自 感じる terasa 他 感じられる	
republik ☐ 665	名 共和国	
berlaku ☐ 666	自 有効である　【laku】 melakukan 他 行う Kartu SIM ini *berlaku* sampai tahun depan. この運転免許証は来年まで有効だ。	
dekat ☐ 667	形 近い Rumahku *dekat* dari sini. ぼくの家はここから近い。	
dilihat ☐ 668	受 見られる　【lihat】 melihat 他 見る kelihatan 自 〜のように見える terlihat 受 見られる Pemandangan pantai itu lebih indah kalau *dilihat* dari bukit sebelah sana. その海岸の風景は向こうの丘から見るともっと美しい。	
foto ☐ 669	名 写真	
ikan ☐ 670	名 魚	

基本単語

kapan ☐671	疑 **いつ** *Kapan* kamu berangkat ke Indonesia? いつ君はインドネシアへ出発しますか。
kayu ☐672	名 **材木**
partai ☐673	名 **政党**
pola ☐674	名 **型**
samping ☐675	名 **傍**
sebaiknya ☐676	副 **〜したほうが良い** 【baik】形 良い *Sebaiknya* Saudara makan dulu sebelum berangkat. 君は出発する前に食べたほうが良い。
sepanjang ☐677	前 **〜中、ずっと** 【panjang】形 長い Anak-anak muda mengobrol *sepanjang* malam. 若者たちは1晩中お喋りしていた。
suasana ☐678	名 **雰囲気**
tamu ☐679	名 **客**
wartawan ☐680	名 **ジャーナリスト**
berita ☐681	名 **ニュース**
buruk ☐682	形 **悪い** Perbuatan anak-anak itu sangat *buruk*. その子供たちの行ないは非常に悪い。

guna ☐683	**名** 益、効用 penggunaan **名** 使用、利用
halaman ☐684	**名** ページ、庭
hawa ☐685	**名** 気候
kebakaran ☐686	**名** 火事 【bakar】**他**
kebutuhan ☐687	**名** 必需、必要 【butuh】**他** 必要とする
lampu ☐688	**名** 電灯
Malaysia ☐689	**名** マレーシア
modern ☐690	**形** 近代の、近代的な Zaman *modern* di Eropa datang bersama dengan inovasi teknologi. ヨーロッパにおける近代は技術革新とともにやって来た。
nasib ☐691	**名** 運命
pasangan ☐692	**名** 組み合わせ、ペア 【pasang】 sepasang **名** 1組、1対
pelajaran ☐693	**名** 学習 【ajar】 belajar **自** 勉強する mengajar **他** 教える
Sabtu ☐694	**名** 土曜

基本単語

ribu ☐695	**数 ～千** ribuan 形 数千の seribu 数 1000
semacam ☐696	**名 一種** 【macam】名 種
terasa ☐697	**他 感じられる** 【rasa】名 感覚 自 思う berasa 自 感じる merasa 自 感じる perasaan 名 感情、気持ち *Terasa* sulit untuk mengatasi masalah ekonomi yang sudah parah itu. そのひどくなった経済問題を克服するのは難しいと感じられた。
tradisional ☐698	**形 伝統的な** Kita bisa menonton tari-tarian *tradisional* di Yogya. 私たちはジョグジャで伝統的な踊りを観ることができる。
tugas ☐699	**名 任務** petugas 名 係官、係員
bertambah ☐700	**自 増える** 【tambah】 menambah 他 増やす Orang-orang khawatir melihat permukaan air sungai yang makin *bertambah* naik. 人々はますます上昇する川の水面を見て心配している。
cinta ☐701	**名 愛**
demi ☐702	**前 ～のために** Dokter dan jururawat bekerja keras *demi* orang-orang yang sakit. 医者と看護士は病人のために懸命に働く。
dosen ☐703	**名 大学教員**

gaya □704	名 スタイル
kitab □705	名 書物
kuku □706	名 爪
lengkap □707	形 完全な Persiapan untuk pesta sudah *lengkap*. パーティーの準備はすでに完璧だ。
memilih □708	他 選ぶ 【pilih】 pemilihan 名 選挙 Rakyat akan *memilih* presiden dengan cara yang demokratis. 民衆は民主的な方法で大統領を選ぶでしょう。
mesin □709	名 機械
petani □710	名 農民 【tani】
proyek □711	名 プロジェクト
pulau □712	名 島
rambut □713	名 髪
sehat □714	形 健康な kesehatan 名 健康 Hidup *sehat* bisa membuat kita merasa bahagia. 健康な暮らしによって私たちは幸せに感じることができる。

基本単語

sekaligus ☐715	副 同時に Daerah ini daerah perkantoran *sekaligus* pertokoan. この地域はオフィス街であるとともに商店街地域だ。
syarat ☐716	名 条件
televisi ☐717	名 テレビ
barangkali ☐718	副 おそらく *Barangkali* kita baru bisa berangkat pada jam 5 sore. おそらく私たちは夕方の5時にやっと出発できるだろう。
gereja ☐719	名 教会
majalah ☐720	名 雑誌
melawan ☐721	他 抵抗する 【lawan】 Penghuni di rumah itu *melawan* perampok tanpa senjata. その家の住人は武器なしで強盗に立ち向かった。
membangun ☐722	他 建設する 【bangun】 自 起きる pembangunan 名 建設 bangunan 名 建造物 Perusahaan asing sedang *membangun* pembangkit tenaga listrik. 外国企業は電力発電所を建設しているところだ。
meninggal ☐723	自 亡くなる 【tinggal】 自 住む Berapa orang *meninggal* dalam kecelakaan itu? その事故で何人が亡くなったのか。
minyak ☐724	名 油

pembeli □ 725	名 購買者 【beli】 membeli 他 買う
perumahan □ 726	名 住宅地 【rumah】名 家
revolusi □ 727	名 革命
sebagainya □ 728	名 〜など 【sebagai】副 〜として
tim □ 729	名 チーム
ujung □ 730	名 端
abad □ 731	名 世紀 *abad* kedua puluh satu (abad ke-21)　21世紀
alamat □ 732	名 住所
berisi □ 733	自 含む 【isi】名 内容 Kotak itu *berisi* kue hari ulang tahun untuk adik saya. その箱は私の弟の誕生日ケーキが入っている。
bukti □ 734	名 証拠
enak □ 735	形 おいしい Masakan restoran ini *enak* sekali. このレストランの料理は大変おいしい。
kartu 736	名 カード

基本単語

kiri □737	**名** 左
menjelang □738	**前** 〜にむけて 【jelang】 Semua harga barang akan naik *menjelang* Lebaran. 断食明けの大祭が近づくにつれてすべての物価が上がるだろう。
mutu □739	**名** 質
orang tua □740	**名** 両親　【orang】**名** 人 seorang **形** ある、1人の
panitia □741	**名** 委員会
penelitian □742	**名** 調査　【teliti】
pokok □743	**形** 基本の　**名** 根幹 Makanan *pokok* bagi orang Indonesia adalah nasi. インドネシア人にとっての主食はご飯である。
resmi □744	**形** 公の Beliau akan diangkat sebagai rektor secara *resmi*. あの方は正式に学長に任命されるだろう。
sifat □745	**名** 性質
tata □746	**名** 体系、法則
heran □747	**形** 驚いた、あきれた Kami *heran* mendengar berita itu. 私たちはそのニュースを聞いて驚いた。
batu □748	**名** 石

gejala ☐ 749	名 兆候
tolong ☐ 750	命 どうか〜ください menolong 他 助ける *Tolong* ambilkan kunci itu. その鍵をどうぞ取ってください。
kanan ☐ 751	名 右
karyawan ☐ 752	名 従業員、職員 【karya】 名 作品
kebetulan ☐ 753	副 偶然に 【betul】形 本当の *Kebetulan* tadi pagi saya bertemu dengan temanku di dalam kereta. 偶然、今朝、汽車のなかで私は友人に会った。
kenyataan ☐ 754	名 事実 【nyata】形 明らかな pernyataan 名 声明 ternyata 副 実際には〜
mengubah, merubah ☐ 755	他 変える 【ubah】 berubah 自 変化する perubahan 名 変化 Setiap tahun kantor imigrasi *mengubah* peraturan. 毎年、移民局は規則を変更する。
sebagaimana ☐ 756	前 〜のように 【bagaimana】疑 どのように Pelayan toko melayani tamu *sebagaimana* biasanya. 店員はいつもどおりに客をもてなした。
selesai ☐ 757	形 終了した Saudara tidak boleh pulang sebelum tugas *selesai*. 君は仕事が終わるまで帰ってはいけない。
tangga ☐ 758	名 階段、はしご

基本単語

Agustus ☐ 759	名 8月
asli ☐ 760	形 もともとの、本物の Bajigur itu minuman *asli* daerah Sunda. バジグールはスンダ地方ならではの飲み物である。
berhubungan ☐ 761	自 〜と関係がある 【hubung】 hubungan 名 関係 Anak saya tidak *berhubungan* dengan kelompok anak muda itu. 私の子供はその若者たちのグループとは関係がない。
botol ☐ 762	名 瓶
engkau ☐ 763	代 おまえ
ilmiah ☐ 764	形 学術的な Saya kurang mengerti masalah-masalah *ilmiah*. 私は学術的な問題がよく理解できない。
kakek ☐ 765	名 祖父
keamanan ☐ 766	名 治安 【aman】 形 安全な
mengingat ☐ 767	他 思い出す、覚える 【ingat】 自 思い出す Sangat sulit untuk *mengingat* nama semua orang yang datang ke pesta itu. そのパーティーに来たすべての人の名前を覚えるのは大変難しい。
muka ☐ 768	名 顔、正面
muslim ☐ 769	名 イスラム教徒

nyata □770	形 明らかな kenyataan 名 事実 pernyataan 名 声明 ternyata 副 実際には〜 Jangan tergesa-gesa menilai karena kita belum mempunyai bukti *nyata* tentang kasus itu. その事件について明らかな証拠をまだ持っていないので、慌てて評価してはいけない。
panas □771	形 暑い、熱い Hati-hati, kopi ini *panas* sekali. 気をつけて、このコーヒーはとても熱い。
penjara □772	名 刑務所
segi □773	名 角、面
terpaksa □774	他 やむなく〜する 【paksa】 Kami *terpaksa* naik bus malam karena pesawat terbang tidak ada lagi. 飛行機がもはやないので、私たちは夜行バスに乗らざるを得ない。
tidur □775	自 眠る Saya suka sekali *tidur* siang. 私は昼寝がとても好きだ。
utara □776	名 北
wakil □777	名 代表、副〜
angka □778	名 数字
bunga □779	名 花

基本単語

bermain □780	自 遊ぶ、演奏する 【main】 pemain 名 プレーヤー permainan 名 遊び Anak itu pandai *bermain* piano. その子供はピアノを弾くのが上手だ。
berharap □781	自 望む 【harap】 自 希望する harapan 名 希望 Kami *berharap* ayahmu lekas sembuh. 私たちは君のお父さんが早く良くなることを願っている。
kalah □782	自 負ける Biarpun *kalah*, mereka tidak menangis. 負けたが、彼らは泣かなかった。
makanan □783	名 食べ物 【makan】 自 食べる
matahari □784	名 太陽
mengaku □785	他 認める 【aku】 Pencopet *mengaku* bahwa dia mencuri dompet dari tas wanita itu. スリはその女性の鞄から財布を盗んだことを認めた。
meningkat □786	自 上がる、増す 【tingkat】 名 段階、レベル Kemampuan Saudara berbahasa Indonesia jauh *meningkat* sekarang. 君のインドネシア語能力は今やずいぶんと向上した。
minum □787	自 飲む minuman 名 飲み物 Orang yang sedang hamil tidak baik *minum* minuman keras. 妊娠中の人がアルコールを飲むのは良くない。
pandangan □788	名 見方、凝視 【pandang】 pemandangan 名 景色

peraturan □ 789	名 規則　【atur】
rapat □ 790	名 会議
serius □ 791	形 深刻な　副 真剣に Kita akan berdiskusi tentang masalah itu *secara* serius. 私たちはその問題について真剣に議論するつもりだ。
sesudah □ 792	接 〜の後　前 〜後　【sudah】ア すでに〜した Sebaiknya kamu segera makan *sesudah* mandi. 君は水浴びをした後すぐに食事をしたほうが良い。
terkenal □ 793	形 有名な　【kenal】自 見知っている dikenal 受 知られている Penyanyi itu *terkenal* di negeri Belanda. その歌手はオランダで有名である。
tumbuh □ 794	自 育つ Pohon nangka *tumbuh* di samping rumah. ジャックフルーツの木は家の傍に生えている。
bangunan □ 795	名 建造物　【bangun】自 起きる membangun 他 建設する pembangunan 名 建設
bergerak □ 796	自 動く　【gerak】名 動き gerakan 名 運動 Dia tidak bisa *bergerak* ketika tiba-tiba perampok menodongnya. 彼は強盗が突然彼を脅したとき身動きができなかった。
berpikir □ 797	自 考える　【pikir】 Saya *pikir* masalah itu akan menjadi besar. その問題はやがて大きくなると思う。
gelap □ 798	形 暗い Jalan ini *gelap* sekali karena tidak ada lampu jalanan. 街灯がないのでこの道は大変暗い。

基本単語

hadiah □ 799	名 贈り物
lantai □ 800	名 床、階
lapangan □ 801	名 広場　【lapang】形 広々とした
maju □ 802	自 進む　形 進んだ Saat ini pembangunan di beberapa negara berkembang *maju* pesat. 現在、いくつかの発展途上国での開発は急速に進んでいる。
Melayu □ 803	名 マレー
pantai □ 804	名 海岸
penggunaan □ 805	名 使用、利用　【guna】益、効用
salam □ 806	名 挨拶、よろしく
Tionghoa □ 807	名 中華、中国
aneh □ 808	形 奇妙な Ketika menghidupkan mesin mobil, dia terkejut mendengar bunyi yang *aneh*. 自動車のエンジンをかけた時、彼は奇妙な音を聞いて驚いた。
hilang □ 809	自 消える Karcis saya *hilang* karena tidak disimpan baik-baik. 私の切符はきちんとしまっておかなかったのでなくなった。

karcis ☐810	名 切符
kemungkinan ☐811	名 可能性　【mungkin】副 おそらく
lagu ☐812	名 歌
menutup ☐813	他 閉める　【tutup】形 閉まっている Penjaga bank akan *menutup* pintu depan tepat pada jam dua belas. 銀行のガードマンは12時ちょうどに玄関の扉を閉める。
minuman ☐814	名 飲み物　【minum】自 飲む
mulut ☐815	名 口
musim ☐816	名 季節
pasien ☐817	名 患者
pemimpin ☐818	名 指導者　【pimpin】 pimpinan 名 上層部、指導層
persen ☐819	名 パーセンテージ
sadar ☐820	自 わかる、悟る Akhirnya dia *sadar* akan kebaikan hati orang tuanya. 最後に彼は両親の善意を悟った。
RI ☐821	略 インドネシア共和国　Republik Indonesia

基本単語

sisa ☐ 822	**名** 残り
tujuh ☐ 823	**数** 7
hijau ☐ 824	**名** 緑
kecewa ☐ 825	**自** 失望する Dia *kecewa* karena rencananya tidak jadi. 彼の計画が実現しなかったので、彼はがっかりした。
kecuali ☐ 826	**前** 〜以外 Anak-anak semuanya bermain bola *kecuali* Yati. 子供たちはヤティを除いてみんなボール遊びをする。
langit ☐ 827	**名** 空
menolong ☐ 828	**他** 助ける 【tolong】**命** どうか〜ください Sebagai anak sulung Budi selalu *menolong* adik-adiknya. 長子としてブディはいつも弟妹たちを助ける。
penjelasan ☐ 829	**名** 説明 【jelas】**形** 明らかな
pesan ☐ 830	**名** ことづけ
seolah-olah ☐ 831	**副** あたかも 【olah】 Dia bisa lancar berbicara bahasa Inggris *seolah-olah* bahasa ibunya sendiri. 彼は英語をまるで自分の母語のように流暢に喋ることができる。
rupa ☐ 832	**名** 形 berupa **自** 〜の形をとる merupakan **他** 〜を形成する

semula ☐833	形 最初の 【mula】 mula-mula 副 最初は Setelah bertukar pikiran cukup lama, akhirnya kami kembali pada gagasan *semula*. かなり長い間意見交換をした後、我々は最後には最初の考えに戻った。
sengaja ☐834	副 故意に Seniman itu *sengaja* tidak datang di acara resmi. その芸術家は公式の催しにわざと来なかった。
September ☐835	名 9月
sopir ☐836	名 運転手
tentara ☐837	名 軍（人）
dingin ☐838	形 寒い、冷たい Dia merasa segar setelah mandi dengan air *dingin*. 冷たい水で水浴びをした後、彼は爽やかに感じた。
Eropa ☐839	名 ヨーロッパ
kawan ☐840	名 友人
laut ☐841	名 海
Oktober ☐842	名 10月
manis ☐843	形 甘い Orang itu *manis* budinya. その人には徳がある。

基本単語

pendek ☐844	形 短い Potlot ini masih bisa dipakai walaupun sudah *pendek*. この鉛筆はもう短くなったけれどまだ使うことができる。
pengaruh ☐845	名 影響
rusak ☐846	形 壊れた Patung besar di taman kota sudah *rusak*. 町の公園の大きな像はすでに壊れた。
setengah ☐847	名 半分 【tengah】 名 真ん中 副 途中である Telur itu hanya *setengah* matang tapi enak. その卵は半熟だったがおいしかった。
sibuk ☐848	形 忙しい Ibu rumah tangga tidak pernah tidak *sibuk*, katanya. 主婦は忙しくないことがないそうだ。
telur ☐849	名 卵
jarang ☐850	副 めったに〜ない *Jarang* ada orang Jepang yang mandi dua kali sehari. 1日に2回水浴びをする日本人はめったにいない。
bertemu ☐851	自 出会う 【temu】 pertemuan 名 会合、出会い Aku *bertemu* dengan temanku di stasiun. 僕は駅で友人に会った。
pemilihan ☐852	名 選挙 【pilih】 memilih 他 選ぶ
penonton ☐853	名 観客 【tonton】 menonton 他 観る、鑑賞する
perkara ☐854	名 問題、訴訟事件

sepuluh ☐ 855	数 10 【puluh】 数 〜十	
tersenyum ☐ 856	自 微笑む 【senyum】 Perempuan itu selalu *tersenyum* kalau bertemu. その女性は会う時はいつも微笑んでいる。	
usah ☐ 857	自 必要がない（tidak とともに） Anda tidak *usah* menulis laporan kali ini. あなたは今回、報告書を書く必要はない。	
huruf ☐ 858	名 文字	
kursi ☐ 859	名 椅子	
lebar ☐ 860	形 幅広い Dasi *lebar* tidak cocok dengan setelan itu. 幅の広いネクタイはそのスーツには合わない。	
Mei ☐ 861	名 5月	
meja ☐ 862	名 テーブル	
miskin ☐ 863	形 貧しい Di negeri ini ada orang yang *miskin* dan ada juga orang yang kaya sekali. この国には、貧しい人もいればとても金持ちの人もいる。	
radio ☐ 864	名 ラジオ	
siang ☐ 865	名 昼	

基本単語

tetangga ☐866	**名** 隣（人）
berhenti ☐867	**自** 止まる 【henti】 **名** 停止 Wanita itu *berhenti* di depan toko buku sambil melihat-lihat etalase judul-judul terbaru. その女性は新刊書のショーウインドウを見ながら書店の前で立ち止まった。
cantik ☐868	**形** かわいい、美しい Bintang film itu *cantik* sekali. その映画スターはとても美しい。
Februari ☐869	**名** 2月
harap ☐870	**自** 希望する berharap **自** 望む harapan **名** 希望 Saya *harap* anak saya akan lulus ujian. 私の子供が試験に合格することを願っている。
kakak ☐871	**名** 姉、兄
lemah ☐872	**形** 弱い Kalau berdiri atau berjalan, kakek saya memakai tongkat karena kakinya sudah *lemah*. 立ったり歩いたりするときは、私の祖父は足がもう弱っているので杖を使う。
lupa ☐873	**自** 忘れる Saya *lupa* nama dosen bahasa Indonesia yang berasal dari Balikpapan itu. 私はそのバリックパパン出身のインドネシア語の教員の名前を忘れた。

menambah □ 874	他 増やす 【tambah】 bertambah 自 増える Pemerintah sering *menambah* beban pada orang yang tak punya. 政府はしばしば持たざる者に負担を増やす。
menang □ 875	自 勝つ Menurut Anda, siapa yang akan *menang* dalam pemilihan presiden? あなたの考えでは、大統領選挙で勝つのは誰ですか。
pakaian □ 876	名 服、衣 【pakai】 memakai 他 使う
pekerja □ 877	名 労働者 【kerja】 名 仕事 bekerja 自 働く pekerjaan 名 仕事
perut □ 878	名 腹
pindah □ 879	自 移る Kami sudah 4 tahun *pindah* ke kota ini dari Tokyo. 私たちは東京からこの町に引っ越して4年になる。
stasiun □ 880	名 駅
terang □ 881	形 はっきりした、明るい Di bawah sinar bulan yang *terang* kota itu tampak indah sekali. 明るい月の光の下でその町はとても美しく見える。
Juli □ 882	名 7月
kaca □ 883	名 鏡、ガラス

Level 1

基本単語

Kamis ☐ 884	**名** 木曜
kucing ☐ 885	**名** 猫
menuntut ☐ 886	**他** 要求する 【tuntut】 Sebelum melakukan kewajiban, anak muda sekarang lebih dulu *menuntut* haknya. 今の若者は義務を行なう前に、先に権利を要求する。
olahraga ☐ 887	**名** スポーツ
permainan ☐ 888	**名** 遊び 【main】 bermain **自** 遊ぶ pemain **名** プレーヤー
SD ☐ 889	**略** 小学校　Sekolah Dasar
tante ☐ 890	**名** 叔母、伯母
tenang ☐ 891	**形** 落ち着いた Sopir baru itu *tenang* sekali seolah-olah sudah lama menyetir mobil. その新米の運転手はずっと長い間車を運転してきたかのように、とても落ち着いている。
timbul ☐ 892	**自** 現れる Belum selesai masalah yang lama, sudah *timbul* lagi persoalan yang baru. 旧来の問題がまだ終わらないうちに、もう新しい問題が発生した。
Jumat ☐ 893	**名** 金曜

Senin ☐ 894	名 月曜
tertawa ☐ 895	自 笑う 【tawa】 Ada orang *tertawa* di kamar sebelah. 隣の部屋で笑っている人がいる。
April ☐ 896	名 4月
besok ☐ 897	名 明日
mengganti ☐ 898	他 取り替える 【ganti】 Kamu harus cepat *mengganti* pakaian yang basah itu. 君はその濡れた服を早く着替えなければならない。
nasi ☐ 899	名 ご飯
provinsi ☐ 900	名 州
puluh ☐ 901	数 〜十 sepuluh 数 10
ratusan ☐ 902	形 数百の 【ratus】 数 〜百
ribuan ☐ 903	形 数千の 【ribu】 数 〜千 seribu 数 1000 *Ribuan* massa menyerbu kantor polisi. 数千の群集が警察署を襲撃した。
semoga ☐ 904	副 〜であるように *Semoga* para korban gempa bumi dapat segera kembali ke rumah masing-masing. 地震の被害者たちがすぐにそれぞれの家に戻れますように。

Level 1

基本単語

sore □ 905	名 夕方
jalan-jalan □ 906	自 散歩する 【jalan】名 道 berjalan 自 歩く perjalanan 名 旅行 Orang-orang suka *jalan-jalan* di taman indah ini. 人々はこの美しい庭を散歩するのが好きだ。
kapal □ 907	名 舟
lancar □ 908	副 流暢な、順調な Lalu lintas di Jakarta selalu macet, kadang-kadang saja bergerak *lancar*. ジャカルタの交通はいつも渋滞していて、たまに順調に動く。
listrik □ 909	名 電気
November □ 910	名 11月
pesta □ 911	名 パーティー
adik □ 912	名 弟、妹
bersih □ 913	形 清潔な Daerah ini selalu dalam keadaan *bersih*. この地域はいつも清潔な状態にある。
delapan □ 914	数 8
enam □ 915	数 6

menangis ☐916	🔴自 泣く 【tangis】 Gadis itu terus-menerus *menangis* setelah ditinggalkan ibunya. その少女は母親に置き去りにされた後ずっと泣いている。
menikah ☐917	🔴自 結婚する 【nikah】 Kawan saya akan *menikah* dengan salah seorang rekannya bulan depan. 私の友達は来月、同僚の1人と結婚する。
bangun ☐918	🔴自 起きる bangunan 名 建造物 membangun 他 建設する pembangunan 名 建設 Saya harus *bangun* pagi-pagi besok. 私は明日、早朝に起きなければならない。
mudah-mudahan ☐919	🔴副 ～でありますように 【mudah】形 たやすい *Mudah-mudahan* ibumu cepat sembuh. 君のお母さんが早く良くなりますように。
kawin ☐920	🔴名 結婚 自 結婚する Anak saya akan *kawin* dengan anak teman sekampung saya. 私の子供は私の同郷の友人の子供と結婚する。
mengangkat ☐921	🔴他 持ち上げる 【angkat】 berangkat 自 出発する Siapa yang bisa *mengangkat* kopor besar itu? その大きなトランクを持ち上げられるのは誰ですか。
menjual ☐922	🔴他 売る 【jual】 Pedagang kaki lima *menjual* beraneka macam makanan. 屋台の商人はさまざまな食べ物を売っている。
pelan-pelan ☐923	🔴副 ゆっくり 【pelan】 Tolong bicara *pelan-pelan*. どうかゆっくり喋ってください。
Selasa ☐924	🔴名 火曜

基本単語

berumur ☐925	**自 ~歳である** 【umur】 **名** 年齢 Nenek saya *berumur* 92 tahun, tetapi masih sehat-sehat saja. 私の祖母は92歳だが、まだ健康だ。
berangkat ☐926	**自 出発する** 【angkat】 mengangkat **他** 持ち上げる Besok siang saya akan *berangkat* ke Yogya. 明日の昼に私はジョグジャへ出発するだろう。
biru ☐927	**名 青**
kuliah ☐928	**名 大学の授業**
latihan ☐929	**名 練習** 【latih】 melatih **他** 鍛える
melarang ☐930	**他 禁じる** 【larang】 Guru *melarang* murid-murid melakukan permainan yang berbahaya di halaman sekolah. 先生は校庭で生徒たちが危険な遊びをするのを禁じた。
pemandangan ☐931	**名 景色** 【pandang】 pandangan **名** 見方、凝視
sembuh ☐932	**自 治る** Semoga ayahmu cepat *sembuh*. 君のお父さんが早く良くなりますように。
mengajar ☐933	**他 教える** 【ajar】 pelajaran **名** 学習 belajar **自** 勉強する Pengajar adalah orang yang *mengajar*. 教師とは教える人である。
kuning ☐934	**名 黄色**

terbang □ 935	**自** 飛ぶ pesawat terbang 飛行機 Banyak kupu-kupu *terbang* ke sana ke mari. 多くの蝶があちこち飛んでいる。	
sepatu □ 936	**名** 靴	
sukar □ 937	**形** 難しい Soal matematika ini terlalu *sukar* baginya. この数学の問題は彼には難しすぎる。	
jendela □ 938	**名** 窓	
kotor □ 939	**形** 汚い	
menyimpan □ 940	**他** しまう 【simpan】 Orang tua itu *menyimpan* surat-surat penting di dalam lemari. その老人は重要書類を戸棚の中にしまった。	
peran □ 941	**名** 役割	
rajin □ 942	**形 副** 勤勉な Murid itu *rajin* belajar dan sifatnya juga ramah. その生徒は熱心に勉強するし、その性格も温厚だ。	
aman □ 943	**形** 安全な keamanan **名** 治安	
silakan □ 944	**命** どうぞ〜 *Silakan* masuk. Kami sudah lama menunggu. どうぞお入りください。私たちは長い間待っていました。	
kue □ 945	**名** お菓子	
kunci □ 946	**名** 鍵	

基本単語

mendidik ☐947	他 教育する 【didik】 pendidikan 名 教育 Orang tua punya kewajiban untuk *mendidik* anak mereka. 親は子供を教育する義務がある。
mengirim ☐948	他 送る 【kirim】 Oma sudah *mengirim* uang kepada cucunya lewat bank. 祖母は銀行を通じて孫に送金した。
terlambat ☐949	形 遅れた 【lambat】 Pesawat terbang dari Singapura *terlambat*. シンガポールからの飛行機は遅れた。
tebal ☐950	形 分厚い Buku undang-undang itu sangat *tebal*. その法律書は大変分厚い。
mandi ☐951	自 シャワーを浴びる Pagi-pagi kamu harus *mandi* dan minum susu. 早朝、君は水浴びをし、牛乳を飲まなければならない。
mencuci ☐952	他 洗う 【cuci】 Pembantu rumah tangga akan *mencuci* pakaian kotor ini. お手伝いさんはこの汚れた服を洗濯するでしょう。
nenek moyang ☐953	名 祖先 【nenek】 名 祖母
rokok ☐954	名 タバコ
sebentar ☐955	副 しばらくの間 Tolong tunggu *sebentar*. 暫く待ってください。
sembilan ☐956	名 9
berenang ☐957	自 泳ぐ 【renang】 Kucing adalah binatang yang tidak suka *berenang*. 猫は泳ぐのが好きではない動物だ。

pena ☐958	名 ペン
Perancis ☐959	名 フランス
ratus ☐960	数 ～百 ratusan 形 数百の seratus 名 100
rupiah, Rp. ☐961	名 ルピア（通貨）
pemuda ☐962	名 若者 【muda】形 若い
tas ☐963	名 かばん
berkumpul ☐964	自 集まる 【kumpul】 Setiap pagi sebelum pelajaran dimulai, murid-murid *berkumpul* di halaman sekolah. 毎朝授業が始まる前に、生徒たちは校庭に集合する。
libur ☐965	名 休暇
menyewa ☐966	他 借りる 【sewa】 Apakah saya bisa *menyewa* kamar ini untuk 6 bulan saja? この部屋を私は6ヵ月間だけ賃貸できますか。
penginapan ☐967	名 宿泊所 【inap】 menginap 他 泊まる
seratus ☐968	数 100 【ratus】数 ～百 ratusan 形 数百の
seribu ☐969	数 1000 【ribu】数 ～千 ribuan 形 数千の

基本単語

buah-buahan □970	名 果物　【buah】名 実 sebuah 形 ある、1個の
menginap □971	自 泊まる　【inap】 penginapan 名 宿泊所 Mereka *menginap* di sebuah penginapan yang sederhana tadi malam. 彼らは昨晩、1軒の質素な宿泊施設に泊まった。
nol □972	数 0
sombong □973	形 傲慢な Anggota MPR itu agak *sombong* setelah menjadi ketua komisi. その国会議員は委員会の委員長になってからやや傲慢だ。
surat kabar □974	名 新聞　【surat】名 手紙
terima kasih □975	慣 ありがとう
tipis □976	形 薄い Kertas merah itu sangat *tipis*. その赤い紙はとても薄い。
bawah □977	名 下
kira-kira □978	副 およそ　【kira】自 ～と考える、思う Tinggi badan kakak saya *kira-kira* 170 cm. 私の兄(姉)の身長はおよそ170センチだ。
berlari, lari □979	自 走る　【lari】 Mengapa orang *berlari* mengejar angkutan kota? どうして人は乗り合い自動車を追いかけて走るのか。
besar □980	形 大きい Sepatu ayahku *besar* sekali. ぼくの父の靴はとても大きい。

capai ☐ 981	**形** 疲れた Mereka *capai* karena berjalan terus hampir sepanjang hari. 彼らはほぼ1日中歩き続けたので疲れた。
garpu ☐ 982	**名** フォーク
gula ☐ 983	**名** 砂糖
Inggris ☐ 984	**名** イギリス
Juni ☐ 985	**名** 6月
berbuat ☐ 986	**自** 〜を行なう、為す 【buat】**前** 〜のために membuat **他** 作る、〜を−にする perbuatan **名** 行ない Jangan *berbuat* curang pada sahabatmu. 君の友人に対してずるをしてはいけない。
lalu lintas ☐ 987	**名** 交通 【lalu】 melalui **前** 〜を通じて **他** 〜を通る
lusa ☐ 988	**名** 明後日
maaf ☐ 989	**慣** すみません *Maaf*, bisa saya bertanya? すみません、質問してもいいですか。
malas ☐ 990	**形** 怠惰な
Maret ☐ 991	**名** 3月

基本単語

masak ☐ 992	自 料理する Siapa yang *masak* kalau ibu Saudara tidak ada di rumah? 君の母が家に居ない時、料理をするのは誰ですか。
melatih ☐ 993	他 鍛える 【latih】 latihan 名 練習 Pelatih itu *melatih* pemain bola dengan sungguh-sungguh. そのトレーナーは真剣にサッカー選手を鍛えた。
meminjam ☐ 994	他 借りる 【pinjam】 Kemarin dia *meminjam* buku pelajaran bahasa Prancis dari kawannya. 昨日、彼は友人からフランス語の教科書を借りた。
memotong ☐ 995	他 切る 【potong】 Tiba-tiba dia *memotong* tali jemuran itu sehingga semua pakaian jatuh ke tanah. 突然、彼はその物干し紐を切ったのですべての服が地面に落ちた。
mengulang ☐ 996	他 繰り返す 【ulang】 Pemula harus *mengulang* lafal yang sulit itu. 初心者はその難しい発音を繰り返さなければならない。
menjemput ☐ 997	他 迎えに行く 【jemput】 Siang ini Kak Tuti akan *menjemput* Dik Nuning di sekolah. 今日の昼、トゥティ姉さんは学校へヌニンを迎えに行くでしょう。
menonton, nonton ☐ 998	他 観る、鑑賞する 【tonton】 penonton 名 観客 Mereka berjanji akan *menonton* film baru itu ramai-ramai. 彼らは連れ立ってその新しい映画を観る約束をする。
padi ☐ 999	名 稲
nenek ☐ 1000	名 祖母 nenek moyang 名 祖先
oleh-oleh ☐ 1001	名 お土産

mula-mula ☐ 1002	**副 最初は** 【mula】 semula **形** 最初の *Mula-mula* saya tidak suka guru itu. 最初はその先生が好きではなかった。
paman ☐ 1003	**名 叔父、伯父**
pedas ☐ 1004	**形 辛い** Dia tidak suka makan makanan *pedas*. 彼は辛い食べ物を食べるのが好きではない。
pesawat terbang ☐ 1005	**名 飛行機**
pisang ☐ 1006	**名 バナナ**
Portugis ☐ 1007	**名 ポルトガル**
Rabu ☐ 1008	**名 水曜**
ramai ☐ 1009	**形 にぎやかな** Alun-alun di kota itu selalu *ramai* siang malam. その町の広場は昼夜いつもにぎやかだ。
sama-sama ☐ 1010	**副 一緒に** 【sama】 **形** 同じ bersama **前** 〜と **副** 〜と一緒に Suami istri itu *sama-sama* ahli psikologi. その夫妻はともに心理学の専門家だ。
sepasang ☐ 1011	**名 1組、1対** 【pasang】 pasangan **名** 組み合わせ、ペア
seperempat ☐ 1012	**数 4分の1** 【empat】 **数** 4

基本単語

sungguh-sungguh ☐ 1013	副 **本当に** 【sungguh】形 本当の Semua karyawan di pabrik mobil itu bekerja dengan *sungguh-sungguh*. その自動車工場の全従業員は真剣に働く。
tanda ☐ 1014	名 **印**
tiba-tiba ☐ 1015	副 **突然に** 【tiba】自 到着する Kali ini *tiba-tiba* presiden AS mengunjungi Tiongkok. 今回、突然アメリカの大統領が中国を訪問した。
bahaya ☐ 1016	名 **危険**

Level 2
中級単語
1380語

レベル2には中級レベルの単語が収められています。このレベルの単語をマスターすると、会話に不自由しないばかりか、平易な文章を読みこなすことができるようになります。

中級単語

mempunyai □1017	他 所有する 【punya】 自 持っている kepunyaan 名 所有 Selain beberapa mobil mewah, pejabat itu *mempunyai* vila mewah di luar negeri. その高官は数台の高級車のほかに、外国に高級な別荘を所有している。
DKI Jakarta, DKI Jaya □1018	略 ジャカルタ首都特別地域州 Daerah Khusus Ibu Kota Jakarta Raya
si □1019	名 某〜、かの
gua, gue □1020	代 俺、あたし（俗）
kan □1021	副 〜でしょう（bukan の略） Kok, tiba-tiba kamu bilang begitu. Kita *kan* kemarin sudah berjanji. あれ、突然、そんなこと言うなんて。昨日約束したじゃないか。
nggak □1022	副 〜ではない（俗） Saya *nggak* suka bicara bohong. 私は嘘をつくのが好きじゃない。
sih □1023	間 いったい Dari tadi terus panggil namaku, ada apa *sih*! さっきからずっと僕の名前を呼んでいるけど、いったい何があったの。
memiliki □1024	他 所有する 【milik】 名 所有 pemilik 名 所有者 Pengusaha itu *memiliki* beberapa rumah mewah. その企業家は数件の贅沢な家を所有している。

menggunakan ☐ 1025	他 利用する 【guna】 名 益、効用 berguna 自 役に立つ penggunaan 名 利用 Hampir sebagian besar orang Indonesia makan dengan *menggunakan* tangan. インドネシア人のほとんど大部分は手を使って食事をする。
memberikan ☐ 1026	他 〜に与える 【beri】 pemberian 名 授与 memberi 他 与える Manajer itu selalu *memberikan* pujian kepada karyawannya yang berhasil. そのマネージャーは成果を上げた従業員にいつも賛辞を与える。
mengatakan ☐ 1027	他 言う 【kata】 名 言葉、単語 berkata 自 話す perkataan 名 発言 katanya 副 〜らしい Kakak *mengatakan* akan segera menyelesaikan pekerjaan rumah setelah nonton TV. 兄は、テレビを見てから宿題をすぐに終わらせると言った。
kagak ☐ 1028	他 〜ではない（俗） Gue *kagak* ngerti bahasa Jepang. 俺は日本語はわかんねえ。
nah ☐ 1029	間 ほら、さあ *Nah*, hari ini kalian boleh bermain sesuka hati di taman ini. さあ、今日は君たちはこの公園で好きなように遊んでもいいよ。
kok ☐ 1030	間 え！（驚き） *Kok*, larut malam begini kamu belum tidur juga! おや、もう夜遅いのに、お前はまだ寝てないのか。
menimbulkan ☐ 1031	他 引き起こす 【timbul】 Kenaikan harga bahan bakar *menimbulkan* pula kenaikan harga makanan pokok. 燃料費の上昇はまた主要食物の価格の上昇を引き起こした。

中級単語

bupati □1032	名 県知事
matematika □1033	名 数学
mendapatkan □1034	他 手に入れる 【dapat】ア ～できる mendapat 他 得る pendapat 名 考え、意見 berpendapat 自 ～と考える pendapatan 名 収入 terdapat 受 見られる、～がある Pasangan itu sudah lima tahun menikah tetapi belum *mendapatkan* keturunan. そのカップルは結婚してもう５年になるがまだ子供（子孫）を授かっていない。
aksi □1035	名 行動、実行
Australia □1036	名 オーストラリア
mas □1037	代 （若い男性に対して）あなた、～さん
menyatakan □1038	他 宣言する 【nyata】形 明らかな kenyataan 名 事実 pernyataan 名 声明 ternyata 他 実際には～ Wasit *menyatakan* bahwa kedua pemain tenis itu dapat kembali melanjutkan permainan yang tertunda karena hujan. 審判はその２人の選手に、雨のため延期になった試合を再開することができると宣言した。

faktor ☐ 1039	**名** 要素、要因
kecamatan ☐ 1040	**名** 郡　【camat】**名** 郡長
komentar ☐ 1041	**名** コメント
mbak ☐ 1042	**代**（若い女性に対して）あなた、〜さん
sungguh ☐ 1043	**他** 本当に sungguh-sungguh **副** 本当に sesungguhnya **形** 本当の **副** 本当は Kami semua *sungguh* saling menyayangi. 私たちはみんな本当にお互いに慈しみ合わなければならない。
ayat ☐ 1044	**名** コーランの節、条項
mengalami ☐ 1045	**他** 経験する　【alam】**名** 自然、世界 pengalaman **名** 経験 Setiap kali menghadapi tim dari luar negeri, tim negara kami selalu *mengalami* kekalahan. 外国のチームと対戦するたびに、わが国のチームはいつも敗北を経験してきた。
media ☐ 1046	**名** メディア
ditunda ☐ 1047	**受** 延期される　【tunda】 Pekerjaan itu lebih baik *ditunda* dulu. その仕事はちょっと延期した方が良い。
massa ☐ 1048	**名** 大衆、群衆

Level 2

中級単語

wah ☐ 1049	間 ああ、わあ *Wah*, semakin kaya saja kamu sekarang ini! わあ、君はこのごろ益々裕福だね。
menjelaskan ☐ 1050	他 説明する 【jelas】 形 明らかな penjelasan 名 説明 Para tetangga berusaha *menjelaskan* kronologi kejadian itu. 隣人たちはその事件の経緯を説明しようとした。
ngomong ☐ 1051	自 しゃべる 【omong】 Saya sudah *ngomong* beberapa kali, kalau mau pintar harus rajin belajar! 私はもう何度も言ったが、もし賢くなりたいなら勤勉に勉強しなければならない。
komunikasi ☐ 1052	名 コミュニケーション telekomunikasi 名 電気通信
menghadapi ☐ 1053	他 向き合う 【hadap】 terhadap 前 〜に対して Semalam suntuk dia belajar keras untuk *menghadapi* ujian bahasa Inggris hari ini. 今日の英語の試験に向けて、一晩中彼は懸命に勉強した。
Polri ☐ 1054	略 インドネシア共和国警察　Polisi Republik Indonesia
AS ☐ 1055	略 アメリカ合衆国　Amerika Serikat
lho ☐ 1056	間 おや（驚き） *Lho*, kamu ini gimana sih? おや、どうしたっていうんだ。
Drs ☐ 1057	略 学士　doktorandus

otot ☐1058	**名** 筋肉
operasi ☐1059	**名** 手術、軍事作戦 beroperasi **自** 作動する
konsep ☐1060	**名** 概念、草稿
meninggalkan ☐1061	**他** 〜を後にする、残す 【tinggal】**自** 住む、残っている ketinggalan **自** 取り残された meninggal **自** 亡くなる tertinggal **受** 置き忘れられた Laki-laki itu *meninggalkan* anak dan istrinya untuk bekerja di Arab Saudi. その男性はサウジ・アラビアで働くために妻子を残していった。
pasal ☐1062	**名** 項、条文
pesawat ☐1063	**名** 飛行機、電話の内線 pesawat terbang **名** 飛行機
kian ☐1064	**副** いっそう〜 sekian **形** それくらいの **慣** これで終わる Suhu bumi *kian* naik dari tahun ke tahun. 地球の温度が年々いっそう上昇する。
konsumen ☐1065	**名** 消費者
lokal ☐1066	**形** 地方の Masalah *lokal* selama ini tidak begitu diperhatikan. これまで地方の問題はそれほど注目されていない。
produk ☐1067	**名** 生産物

中級単語

bukit ☐1068	名 丘
menyebutkan ☐1069	他 言及する 【sebut】 sebutan 名 呼び名 disebut 受 言われる tersebut 形 前述の、その Kadang-kadang nenek salah *menyebutkan* nama cucu-cucunya. 時々、祖母は孫の名前を誤って呼ぶ。
amat ☐1070	副 非常に Masalah ini *amat* penting sebagai bahan kajian bagi Jurusan Indonesia. この問題はインドネシア学科にとって研究材料として大変重要だ。
aparat ☐1071	名 機関、道具
manajemen ☐1072	名 経営
menyebabkan ☐1073	他 〜の原因となる、引き起こす 【sebab】 名 理由 接 〜だから penyebab 名 原因 Sejenis nyamuk tertentu dapat *menyebabkan* penyakit demam berdarah. ある特定の蚊は出血熱病を引き起こしえる。
pakai ☐1074	前 〜を使って memakai 他 使う pakaian 名 服 berpakaian 自 着る pemakai 名 使用者 pemakaian 名 使用 Saya pergi ke kampus *pakai* mobil. 私は車で大学へ行く。

ayam ☐ 1075	名 鶏	
fasilitas ☐ 1076	名 施設	
kumuh ☐ 1077	形 陰気で、粗末な Kawasan *kumuh* dapat ditemui di berbagai kota besar di dunia. スラム街は世界の様々な大都市に見られる。	
motor ☐ 1078	名 オートバイ、エンジン bermotor 形 エンジン付きの sepeda motor 名 オートバイ	
nih ☐ 1079	間 〜だよ Sudah banyak *nih*, buah yang saya makan. たくさん私は実を食べたよ。	
bingung ☐ 1080	形 困惑した membingungkan 他 戸惑わせる Laki-laki itu *bingung* karena pacarnya tiba-tiba menghilang. 恋人が突然いなくなってその男性は戸惑った。	
dampak ☐ 1081	名 結果、影響	
kabupaten ☐ 1082	名 県	
lu ☐ 1083	代 おまえ（俗）	
mengakui ☐ 1084	他 認める 【aku】 mengaku 自 認める pengakuan 名 自白 Akhirnya penjahat itu *mengakui* semua perbuatannya. 最後にはその悪人はすべての行ないを認めた。	

Level 2

中級単語

mengatasi ☐ 1085	他 克服する 【atas】名 上 Dia yakin akan dapat *mengatasi* masalah yang datang bertubi-tubi. 彼は次々と降りかかる問題を克服できると確信している。
sel ☐ 1086	名 細胞、独房
ekor ☐ 1087	名 尾、〜匹 seekor 形 1匹の、ある〜 Ibu membeli tiga *ekor* ikan di pasar. 母は市場で3匹の魚を買った。
kematian ☐ 1088	名 死 【mati】自 死ぬ mematikan 他 〜を消す、殺す
kesan ☐ 1089	名 印象 mengesankan 他 印象づける terkesan 形 印象深い 受 印象づけられる
memahami ☐ 1090	他 〜を理解する 【paham】自 理解する 名 考え pemahaman 名 理解 Orang tua yang baik selalu berusaha *memahami* kelebihan dan kekurangan anak-anaknya. 善良な親は自分の子供たちの長所と短所を理解しようといつも努めている。
mengeluarkan ☐ 1091	他 出す 【keluar】自 出る pengeluaran 名 外へ出すこと、支出 Akhir-akhir ini orang tua harus *mengeluarkan* biaya yang besar untuk menyekolahkan anak. 最近は、親は子供を学校に行かせるために莫大な費用を支出しなければならない。
RT ☐ 1092	略 （町内会の）組　Rukun Tetangga

sewaktu ☐ 1093	副 **〜の時** 【waktu】 名 時間 接 〜の時 sewaktu-waktu 副 時折、いつでも Rumahnya sepi sekali *sewaktu* kami lewat di depannya. その家は私たちが前を通った時、とても静かだった。
situasi ☐ 1094	名 **状況**
tergantung ☐ 1095	自 **依存する、〜に掛かる** 【gantung】 bergantung 自 依存する Sejak pagi tadi baju-baju itu *tergantung* di tempat jemuran. 今朝からそれらの服は物干しに掛けられている。
cabang ☐ 1096	名 **枝、支部**
catatan ☐ 1097	名 **メモ** 【catat】 mencatat 他 メモする pencatatan 名 記録 tercatat 受 書き留められる
mengikuti ☐ 1098	他 **ついて行く、参加する、従う** 【ikut】 berikut 自 〜に続く Akhirnya saya memilih fakultas ekonomi karena *mengikuti* kemauan orang tua. 私は両親の希望に従って、最終的に経済学部を選んだ。
merasakan ☐ 1099	他 **感じとる** 【rasa】 名 感覚、味 自 思う berasa 自 感じる merasa 他 感じる perasaan 名 感情、気持ち rasanya 副 〜のように感じる terasa 受 感じられる Kami ikut *merasakan* kesedihan yang dialami kakak ketika gagal memenangkan pertandingan kemarin. 昨日の試合に勝てなかったとき、兄が受けた悲しみを私たちも感じ取った。

中級単語

anti ☐1100	名 反対、反〜 Itu bisa dianggap suatu tindakan *anti* pemerintah. それは１つの反政府行動と見なすことができる。
hewan ☐1101	名 動物（飼育される）
iman ☐1102	名 信仰
mulanya ☐1103	副 最初は 【mula】 mula-mula 副 最初は semula 形 最初の *Mulanya* pertunjukan itu berjalan cukup menarik tapi beberapa jam kemudian mulai membosankan. 最初、その公演はかなり興味深く進行したが、数時間後にはつまらなくなり始めた。
tunggal ☐1104	形 唯一の Dia mengadakan pameran *tunggal* untuk menunjukkan koleksi lukisannya. 彼は自分の絵のコレクションを見せるために個展を開催した。
selanjutnya ☐1105	接 次に 形 続く 【lanjut】 形 進んだ melanjutkan 他 続ける Acara *selanjutnya* penampilan tari Bali oleh murid-murid kelas 2. 続くプログラムは２年生の生徒によるバリの踊りの披露です。
setempat ☐1106	形 地元の 【tempat】 名 場所 menempatkan 他 〜に据える menempati 他 〜を占める penempatan 名 設置 Ketika berkunjung ke daerah terpencil, saya melihat rumah-rumah penduduk *setempat* masih belum memiliki listrik. 私が辺境地域を訪れたとき、地元住民の家にはまだ電気がなかった。

sidang □1107	名 審議
tanggung □1108	形 保証された menanggung 他 責任などを負う、保障する tanggung jawab 名 責任 Kalau menghadapi persoalan yang *tanggung*, orang harus bersikap bijaksana. 抜き差しならない問題に直面した時は、賢明な態度をとらねばならない。
teknik □1109	名（工業）技術
pemukiman □1110	名 定住地 【mukim】
agung □1111	形 偉大な Sriwijaya adalah sebuah kerajaan yang *agung* dalam sejarah. スリウィジャヤは歴史において偉大な国だった。
Arab □1112	名 アラビア、アラブ
batik □1113	名 バティック
biar □1114	命 〜させろ 接 〜するように *Biar* dia sadar akan pentingnya masalah ini. この問題の重要性について彼に気づかせなさい。
dewan □1115	名 会議、議会
kerajaan □1116	名 王国 【raja】名 王

中級単語

konflik ☐1117	名 紛争
langkah ☐1118	名 歩み、ステップ melangkah 自 歩む
memenuhi ☐1119	他 満たす 【penuh】形 いっぱいの pemenuhan 名 満たすこと Akhirnya lelaki itu menikah dengan wanita pilihan orang tuanya untuk *memenuhi* keinginan almarhum neneknya. ついにその男性は亡き祖母の願いを叶えるために両親が選んだ女性と結婚した。
mengadakan ☐1120	他 （会議、イベントなどを）行なう 【ada】自 ある、いる adalah 自 〜である adanya 名 あること、存在すること berada 自 存在する keadaan 名 状況 tiada 副 〜ではない Pengantin baru itu berencana *mengadakan* resepsi pernikahan di tempat yang sederhana. その新婦（郎）は簡素な場所で結婚パーティーを催すことを計画している。
palsu ☐1121	形 偽の Banyak pelamar kerja yang menggunakan ijasah *palsu*. 多くの求職者が偽の資格証書を使う。
pelaku ☐1122	名 実行者 【laku】 berlaku 自 有効である melakukan 他 行なう perilaku 名 ふるまい perlakuan 名 扱い
peluang ☐1123	名 機会 【luang】

120

roh ☐ 1124	名 霊
tanggapan ☐ 1125	名 考え、反応　【tanggap】 menanggapi 他 聞き入れる、応じる
ajaran ☐ 1126	名 教え belajar 自 勉強する pelajar 名 生徒 pelajaran 名 学習 mengajar 他 教える pengajar 名 教師 mengajarkan 他 教える pengajaran 名 教育 mempelajari 他 学ぶ
batang ☐ 1127	名 〜本 Tinggal dua *batang* rokok saja di dalam kotak. 箱の中にはたった2本のタバコしか残っていない。
bumi ☐ 1128	名 大地、地球
fisik ☐ 1129	名 肉体
Israel ☐ 1130	名 イスラエル
kehilangan ☐ 1131	自 〜を失う　【hilang】 自 消える Akibat korupsi, bupati itu telah *kehilangan* kepercayaan dari rakyatnya. 汚職の結果、その知事は民衆の信用を失った。
kuman ☐ 1132	名 病原菌

中級単語

laporan □1133	名 報告 【lapor】 melapor 自 報告する melaporkan 他 〜を報告する
meminta □1134	他 求める 【minta】他 望む permintaan 名 要求 Saya *meminta* izin ayah untuk dapat ikut kegiatan darmawisata ke pulau Bali. 私は父にバリ島の観光に参加してよいか許可を求めた。
militer □1135	形 軍の Kasus itu akan diadili di pengadilan *militer*. その事件は軍事法廷で裁かれるだろう。
Nabi □1136	名 預言者
sesungguhnya □1137	形 本当の 副 本当は 【sungguh】副 本当に sungguh-sungguh 副 本当に *Sesungguhnya* saya tidak begitu menyukai makanan manis yang dibuat ibu kemarin. 本当のところ、昨日母が作ってくれた甘い食べ物はあまり好きではない。
tanaman □1138	名 (栽培されている) 植物 【tanam】 menanam 他 植える penanaman 名 植栽
angkatan □1139	名 世代、〜軍 【angkat】 berangkat 自 出発する mengangkat 他 持ち上げる
wajar □1140	形 当然の Peserta dari Indonesia berusaha bersikap *wajar* walaupun hatinya berdebar-debar. インドネシアからの参加者は心臓がドキドキしていたが、自然な態度をとろうと努めた。

tulang □1141	名 骨
cocok □1142	形 相応しい、似合う Baju itu sangat *cocok* dengan rok hitam. その上着は黒いスカートと大変合う。
diskusi □1143	名 議論 berdiskusi 自 議論する
gelar □1144	名 称号
jiwa □1145	名 魂、命
kain □1146	名 布
lepas □1147	形 解かれた、自由な melepaskan 他 〜を解き放す *Lepas* dari mulut harimau, masuk ke mulut buaya. 虎口から逃れ、鰐口に入る。（ことわざ）
memerlukan □1148	他 必要とする 【perlu】 ア 必要である 形 必要な keperluan 名 必要 Kuliah di universitas swasta *memerlukan* biaya yang sangat mahal. 私立大学の授業は大変高い費用を必要とする。
mantan □1149	形 前〜、元〜 *Mantan* Menlu itu tidak sering pergi ke luar negeri lagi setelah selesai masa jabatannya. その元外務大臣は在職期間が終わった後は、もはや頻繁に外国へは出かけることはなかった。
Pemilu □1150	略 総選挙　Pemilihan Umum

中級単語

menjalankan ☐1151	他 動かす、実施する　【jalan】名 道 berjalan 自 歩く jalan-jalan 自 そぞろ歩く perjalanan 名 旅行 Sudah sepuluh tahun saya *menjalankan* tugas sebagai guru di sekolah ini. もう10年間、私はこの学校で教師としての務めを行なっている。
meningkatkan ☐1152	他 高める　【tingkat】名 段階、レベル meningkat 自 上がる、増す peningkatan 名 向上 Seminar itu dimaksudkan untuk *meningkatkan* kemampuan karyawan di bidang akuntansi. そのセミナーは会計分野の従業員の能力を高めることが目的とされている。
relatif ☐1153	副 比較的 Daerah ini *relatif* aman dari bahaya virus flu burung. この地域は鳥インフルエンザのウイルスの危険から比較的安全だ。
swasta ☐1154	形 私立の、非政府の Biaya kuliah di universitas *swasta* lebih mahal dibandingkan dengan universitas negeri. 私立大学の授業料は国立大学と比較してより高い。
tradisi ☐1155	名 伝統
wali ☐1156	名 イスラム聖人、後見人
burung ☐1157	名 鳥
pilihan ☐1158	名 選択、選ばれたもの　【pilih】 memilih 他 選ぶ pemilihan 名 選挙

generasi ☐ 1159	名 世代
limbah ☐ 1160	名 廃棄物
mengenal ☐ 1161	他 見知っている、認める 【kenal】 自 見知っている dikenal 受 知られている berkenalan 自 知り合う memperkenalkan 他 紹介する perkenalan 名 紹介 terkenal 形 有名な Manusia harus *mengenal* dirinya sendiri. 人間は自らを知らなければならない。
melayani ☐ 1162	他 要求に応える、対応する 【layan】 pelayan 名 ウェイター、ウェイトレス pelayanan 名 サービス Saya suka kepada pegawai bank itu, karena dia selalu *melayani* pelanggan dengan ramah. その銀行員はいつも親切に顧客に応対するので、私は好きだ。
memperhatikan ☐ 1163	他 注意を払う 【hati】 名 心 perhatian 名 注意、配慮 hati-hati 形 注意して Semua ibu harus *memperhatikan* pertumbuhan anaknya sejak masih dalam kandungan. すべての母親は子供がまだお腹の中にいる時から、その成長に注意を払わねばならない。
pekan ☐ 1164	名 週
pertumbuhan ☐ 1165	名 成長 【tumbuh】 自 育つ tumbuhan 名 植物

中級単語

DPRD □1166	**略** 地方議会　Dewan Perwakilan Rakyat Daerah
prinsip □1167	**名** 原則
produksi □1168	**名** 生産
saluran □1169	**名** （テレビの）チャンネル、流れ　【salur】
seseorang □1170	**代** 誰か、ある人　【orang】**名** 人 seorang **形** ある、1人の
status □1171	**名** 地位
tegas □1172	**形** はっきりした　**副** はっきりと、厳しく menegaskan **他** 断言する Kepala sekolah menindak *tegas* siswa yang melanggar disiplin sekolah. 校長は校則を破った生徒を厳しく処分した。
terdiri □1173	**受** 〜から成り立つ　【diri】**名** 自身 pendirian **名** 創設、自己主張 berdiri **自** 立つ mendirikan **他** 設立する pendiri **名** 創設者 Ujian bahasa Indonesia kali ini *terdiri* dari ujian tulis dan ujian lisan. 今回のインドネシア語のテストは筆記試験と口頭試験から成り立っている。
toh □1174	**副** それでも、〜ですね（肯定） *Toh*, masalah itu sudah ada yang menangani! その問題はすでに対処する人がいるんですよね。

untung ☐1175	名 利益　形 幸運な　副 幸運なことに menguntungkan 他 利益をもたらす keuntungan 名 利益 *Untung* tadi malam saya tidak pergi dengan mobil. Kalau membawa mobil, saya tidak bisa pulang karena salju yang banyak. 幸運にも私は昨晩は車で出かけなかった。もし車で行っていたら、大雪で帰れなかった。
aktif ☐1176	形 活発な Dia sangat *aktif* dalam kegiatan LSM. 彼女はNGOの活動で大変活躍している。
gara-gara ☐1177	接 〜のせいで Saya menderita sakit *gara-gara* minum obat itu. 私はその薬を飲んだせいで病気を患った。
kebiasaan ☐1178	名 習慣　【biasa】形 通常の biasanya 副 普通は
kecenderungan ☐1179	名 傾向　【cenderung】自 〜の傾向がある
kekayaan ☐1180	名 富　【kaya】形 裕福な
layak ☐1181	形 相応しい Penjelasan yang tak berdasar itu *layak* untuk dihapus dari buku pelajaran. その根拠のない説明は教科書から削除されるのが適切だ。
lintas ☐1182	形 横断する、超えた lalu lintas 名 交通 Seminar tahun ini akan mengangkat tema tentang *lintas* budaya. 今年のセミナーは異文化間交流をテーマに取り上げるだろう。

Level 2

中級単語

memandang ☐ 1183	**他 見つめる** 【pandang】 pandangan **名** 見方、凝視 pemandangan **名** 景色 Sejak pagi dia terus *memandang* ke arah laut luas. 朝からずっと彼は広い海の方を見つめている。
menyelesaikan ☐ 1184	**他 終わらせる** 【selesai】**形** 終了した penyelesaian **名** 解決 Kelompok kerja kami berhasil *menyelesaikan* tugas ini dalam beberapa hari saja. 私たちのワーキンググループはたった数日間でこの任務を終わらせることに成功した。
musibah ☐ 1185	**名** 災難
musik ☐ 1186	**名** 音楽
Pemda ☐ 1187	**略** 地方自治体　Pemerintah Daerah
pengelolaan ☐ 1188	**名** 運営 【kelola】 mengelola **他** 運営する pengelola **名** 管理者
peserta ☐ 1189	**名** 参加者 【serta】**接** ～とともに
protes ☐ 1190	**名** 抗議
entah ☐ 1191	**副** ～かどうかわからない Saya bingung *entah* harus pulang sekarang atau menunggu sampai semua dokumen beres. 私は今帰らなければならないのか、すべての書類が整うまで待たなければならないのか、わからず困った。

tampil □1192	**自** 現れる menampilkan **他** 人前で見せる penampilan **名** 外見 Bulan Juni kami akan *tampil* di kompetisi paduan suara di Medan. 6月にメダンで行なわれるコーラスのコンクールに私たちは出場する。
terkena □1193	**受** (事故、病気などを) 被る、(物が) 当たる【kena】 mengenai **前** 〜に関して mengenakan **他** 身に付ける Hampir semua pedagang asongan yang mangkal di pinggir jalan *terkena* razia kemarin. 道端でたむろしている押し売り商人のほとんどすべてが、昨日取り締まりに引っかかった。
angin □1194	**名** 風、風邪
berkurang □1195	**自** 減る 【kurang】 **副** 不足した、十分でない kekurangan **自** 不足している **名** 不足 mengurangi **他** 減らす sekurang-kurangnya **副** 少なくとも Jumlah penduduk di negeri ini semakin *berkurang* dari tahun ke tahun. この国の人口は年々減少する一方だ。
dinas □1196	**名** 公務
menitip □1197	**他** 託す、預ける【titip】 titipan **名** ことづけ物 Orang tua itu *menitip* anaknya di panti asuhan. その両親は子供を託児所に預ける。
sarana □1198	**名** 手段、設備 Sekolah swasta ini lengkap dengan *sarana* pendidikan. この私立学校は教育施設が整っている。

中級単語

hitam ☐ 1199	名 黒
jangka ☐ 1200	名 〜の期間 Dalam *jangka* waktu pendek pembuatan jalan tol itu akan selesai. 近いうちにその高速道路の建設は終わるでしょう。
kesadaran ☐ 1201	名 意識　【sadar】自 わかる、悟る menyadari 他 自覚する、気づく
kesulitan ☐ 1202	名 困難　【sulit】形 難しい
keuangan ☐ 1203	名 金融　【uang】名 お金
korupsi ☐ 1204	名 汚職
kualitas ☐ 1205	名 品質
lomba ☐ 1206	名 競争、コンテスト
menentukan ☐ 1207	他 決定する　【tentu】形 確かな　副 きっと ketentuan 名 規定 tentunya 副 きっと tertentu 形 特定の Di rumah, ayah dan ibulah yang biasanya *menentukan* peraturan untuk seluruh keluarga. 家では、たいてい父と母が家族全員のために規則を決める。
orde ☐ 1208	名 秩序 Pemerintahan Presiden Soeharto disebut *Orde* Baru. スハルト大統領の政権は新秩序体制と呼ばれる。

era ☐ 1209	**名** 時代	
tiket ☐ 1210	**名** 券	
urusan ☐ 1211	**名** 対処すべき事柄　【urus】 mengurus **他** 扱う pengurus **名** 運営者	
bekas ☐ 1212	**形** 元〜、お古の Anak saya senang memakai pakaian *bekas* kakaknya. 私の子供は喜んで兄姉のお古の服を着る。	
bersifat ☐ 1213	**形** 〜の性質の　【sifat】**名** 性質 Undang-undang negara itu *bersifat* demokratis dan nasionalis. その国の法律は民主的で民族主義的である。	
cita-cita ☐ 1214	**名** 理想	
departemen ☐ 1215	**名** 省、学科	
harian ☐ 1216	**形** 毎日の、日刊の　【hari】**名** 日 sehari-hari **副** 日常は seharian **副** 一日中 Kompas adalah salah satu surat kabar *harian* yang terbit di Jakarta. コンパス誌はジャカルタで発行されている日刊紙の1つである。	
izin ☐ 1217	**名** 許可 mengizinkan **他** 許可する	
mirip ☐ 1218	**自** 似ている Walaupun kembar, wajah kedua anak itu sama sekali tidak *mirip*. 双子だったが、その2人の子供の顔はまったく似ていない。	

Level 2

中級単語

jenderal ☐1219	名 大将、軍司令官
Jerman ☐1220	名 ドイツ
kebijakan ☐1221	名 政策、賢明さ 【bijak】形 賢明な
keterangan ☐1222	名 証明、解説 【terang】形 はっきりした、明るい menerangkan 他 説明する penerangan 名 情報、照明
koperasi ☐1223	名 協同組合
lantas ☐1224	接 それから Setelah beristirahat, dia *lantas* makan bubur. 休憩した後、彼はおかゆを食べた。
menanggung ☐1225	他 (責任などを) 負う、保障する 【tanggung】形 保障された bertanggung jawab 自 責任を持つ Setelah bercerai dari suaminya, wanita itu harus *menanggung* tiga anaknya yang masih kecil-kecil. その女性は夫と別れた後、まだ幼い3人の子供に責任を持たなければならなかった。
mencegah ☐1226	他 阻む、防ぐ 【cegah】 Untuk *mencegah* penyakit tertentu semua bayi di bawah lima tahun harus mendapatkan imunisasi. 特定の病気を防ぐために、5歳以下のすべての赤ん坊は予防接種を受けなければならない。
positif ☐1227	形 前向きな、積極的な Setiap orang harus selalu berpikiran *positif*. 誰も常に肯定的に考えねばならない。

museum ☐ 1228	名 博物館
otak ☐ 1229	名 脳
pemilik ☐ 1230	名 所有者　【milik】名 所有 memiliki 他 所有する
janji ☐ 1231	名 約束 berjanji 自 約束する menjanjikan 他 約束する dijanjikan 受 〜と約束される perjanjian 名 契約
pura-pura ☐ 1232	自 ふりをする Saya *pura-pura* tidak mendengar walaupun nama saya dipanggil berulangkali. 私の名前が何度も呼ばれたが、私は聞こえないふりをした。
remaja ☐ 1233	名 若者
RW ☐ 1234	略 町内会　Rukun Warga
terbukti ☐ 1235	受 証明された　【bukti】名 証拠 membuktikan 他 証明する Setelah *terbukti* melakukan kesalahan, koruptor itu dihukum 15 tahun penjara. 過ちを犯したことが証明された後、その収賄者は15年の禁固刑に処せられた。
butuh, **membutuhkan** ☐ 1236	他 必要とする　【butuh】他 必要とする kebutuhan 名 必要、需要 Siapa yang tidak *membutuhkan* uang? 誰がお金を必要としないというのか。

中級単語

tuntutan ☐ 1237	名 要求 【tuntut】 menuntut 他 要求する
binatang ☐ 1238	名 動物
cowok ☐ 1239	名 男の子（俗）
duit ☐ 1240	名 お金（俗）
ide ☐ 1241	名 アイデア
Injil, Kitab Injil ☐ 1242	名 聖書
kekurangan ☐ 1243	自 不足している　名 不足 【kurang】 副 不足した、十分でない berkurang 自 減る mengurangi 他 減らす sekurang-kurangnya 副 少なくとも Jurusan itu *kekurangan* mahasiswa tahun ini. その学科は今年は大学生が不足している。
keperluan ☐ 1244	名 必要 【perlu】 形 必要な memerlukan 他 必要とする
kerugian ☐ 1245	名 損失 【rugi】 自 損をする merugikan 形 他 損害を与える
kerusakan ☐ 1246	名 破壊、故障 【rusak】 形 壊れた merusak 他 破壊する
laku ☐ 1247	形 よく売れる Piano buatan Indonesia *laku* keras di AS baru-baru ini. 最近アメリカではインドネシア製のピアノがよく売れる。

terlibat ☐ 1248	受 〜に巻き込まれる、かかわる 【libat】 melibatkan 他 巻き込む Wakil Gubernur *terlibat* penuh dalam rencana pelaksanaan festival budaya provinsi itu. 副知事はその州の文化フェスティバルの開催計画に全面的にかかわっている。
mengurangi ☐ 1249	他 減らす 【kurang】 副 不足した、十分でない berkurang 自 減る kekurangan 自 不足している 名 不足 sekurang-kurangnya 副 少なくとも Karena mengalami kelebihan berat badan, saya harus *mengurangi* makan makanan yang berlemak. 体重が増えたので、私は油っぽい食べ物を減らさなければならない。
pas ☐ 1250	形 ぴったり合う Ukuran lemari itu *pas* dengan ruangan ini. その棚の寸法はこの部屋にぴったりだ。
pengembang ☐ 1251	名 開発者 【kembang】 名 花 berkembang 自 発展する mengembangkan 他 発展させる pengembangan 名 開発 perkembangan 名 発展、展開
pengunjung ☐ 1252	名 訪問者 【kunjung】 kunjungan 名 訪問 mengunjungi 他 訪れる
publik ☐ 1253	名 大衆
saham ☐ 1254	名 株式

中級単語

Sdr □ 1255	略 ～君　Saudara
sekadar, sekedar □ 1256	副 単に Saya hanya *sekadar* ingin tahu cara membuat makanan Jepang. 私は日本食の作り方をちょっとだけ知りたい。
studi □ 1257	名 勉強
teori □ 1258	名 理論
bencana □ 1259	名 災害
bertahan □ 1260	自 耐える　【tahan】他 こらえる　自 耐える pertahanan 名 防衛 mempertahankan 他 守る、保持する menahan 他 抑える Bagaimana mereka bisa *bertahan* beberapa hari tanpa bantuan dalam musibah itu? その災難の中で援助なしでどうやって彼らは数日間耐えることができるだろう。
katanya □ 1261	副 ～らしい　【kata】名 言葉、単語 berkata 自 話す mengatakan 他 言う perkataan 名 発言 *Katanya*, dia sudah mengundurkan diri dari jabatannya sebagai direktur. 彼は役員としての役職から引退したらしい。
jabatan □ 1262	名 役職　【jabat】 berjabat 自 ～の役職に就く menjabat 他 任務に就く、握手をする pejabat 名 高官

bule ☐ 1263	名 白人
kebenaran ☐ 1264	名 真実 【benar】形 正しい pembenaran 名 正当化 membenarkan 他 正す、是認する sebenarnya 副 本当は
keluhan ☐ 1265	名 不平 【keluh】 mengeluh 自 不平を言う
kesal ☐ 1266	形 いらだたしい Saya *kesal* melihat kelakuan orang bodoh itu. 私はその愚かな人の行ないを見ていらだたしく思った。
lanjut ☐ 1267	形 進んだ melanjutkan 他 続ける selanjutnya 接 次に 形 続く Kita harus mengambil tindak *lanjut* untuk mengatasi masalah ini. 私たちはこの問題を解決するためにフォローアップをしなければならない。
mendirikan ☐ 1268	他 設立する 【diri】名 自身 pendirian 名 創設 berdiri 自 立つ terdiri 受 〜から成り立つ Sepulang menunaikan ibadah haji, kakek *mendirikan* masjid di samping rumahnya. 祖父はメッカ巡礼から帰るやいなや、家の傍にモスクを建てた。
menolak, tolak ☐ 1269	他 拒否する 【tolak】他 拒否する penolakan 名 拒否 Para mahasiswa sedang melaksanakan demo *menolak* kenaikan harga bahan bakar. 学生たちは燃料の値上げに反対するデモを行なっている。

Level 2

中級単語

pengakuan ☐ 1270	名 承認、告白　【aku】 mengaku 自 認める mengakui 他 認める
pertanian ☐ 1271	名 農業　【tani】 bertani 自 農業する
puluhan ☐ 1272	数 数十の、〜十年代　【puluh】数 〜十 sepuluh 数 十 Sudah *puluhan* tahun masyarakat desa itu membuat hasil kerajinan dari jerami. すでに数十年間、その村の人々は藁から工芸品を作ってきた。
sasaran ☐ 1273	名 的、目標　【sasar】
sebetulnya ☐ 1274	副 本当のところ　【betul】形 本当の 副 本当に kebetulan 副 偶然に betul-betul 副 本当に *Sebetulnya* saya kurang setuju anak saya bercita-cita menjadi pramugari. 本当のところ、私は自分の子供がスチュワーデスになるのを理想としているのにはあまり賛成できない。
sejumlah ☐ 1275	形 〜の数の、いくつかの　【jumlah】名 〜の数 *Sejumlah* anak berseragam abu-abu melintasi depan rumah kami. 灰色の制服を着た数人の子供が私たちの家の前を横切った。
sektor ☐ 1276	名 分野、領域
semangat ☐ 1277	名 情熱、精神
siaran ☐ 1278	名 放送　【siar】 menyiarkan 他 放送する penyiaran 名 放送

tempo □ 1279	名 時間
ABRI □ 1280	略 インドネシア国軍 Angkatan Bersenjata Republik Indonesia
benda □ 1281	名 物 Ada *benda* mati dan *benda* hidup. 無生物と生物がある。
dialog □ 1282	名 対話
gratis □ 1283	形 無料の Hari Minggu ini semua pertunjukan bioskop di gedung ini akan *gratis*. 今週の日曜日は、この建物のすべての映画館の上映が無料になる。
kelak □ 1284	副 将来に Anak pintar itu *kelak* akan menjadi orang berguna bagi masyarakat. その賢い子供は将来社会にとって役に立つ人になるでしょう。
kepercayaan □ 1285	名 信頼　【percaya】自 信じる
mayoritas □ 1286	名 大多数
menderita □ 1287	他 〜に苦しむ　【derita】 penderita 名 被害者 penderitaan 名 苦しみ Teman saya *menderita* penyakit ginjal sejak masih bayi. 私の友人は幼児の時から腎臓病を患っている。
penjualan □ 1288	名 販売　【jual】 menjual 他 売る penjual 名 販売者

Level 2

中級単語

nafsu □1289	名 欲求
pameran □1290	名 展覧会 【pamer】
pemeriksaan □1291	名 検査 【periksa】 memeriksa 他 検査する
pengurus □1292	名 運営者 【urus】 mengurus 他 扱う urusan 名 対処すべき事柄
menguasai □1293	他 マスターする、支配する 【kuasa】 名 権力 berkuasa 自 権力を持っている　形 権力のある kekuasaan 名 権力 penguasa 名 支配者 Pemain musik itu *menguasai* beberapa alat musik. その音楽家はいくつかの楽器をマスターしている。
pergaulan □1294	名 付き合い 【bergaul】 自 交際する
perguruan tinggi □1295	名 高等教育機関 【guru】 名 先生
pers □1296	名 ジャーナリズム
piala □1297	名 賞杯
sederhana □1298	形 簡素な Wanita itu selalu berpenampilan *sederhana*. その女性はいつも質素な身なりをしている。
sekutu □1299	名 同盟、仲間

SMA ☐ 1300	略 高等学校　Sekolah Menengah Atas
terbatas ☐ 1301	形 限られた　【batas】名 境界、限度 membatasi 他 制限する pembatasan 名 制限 perbatasan 名 国境 Buku karya pengarang terkenal ini diterbitkan hanya dalam jumlah *terbatas*. この有名な作家の作品は限られた部数のみで出版される。
tertib ☐ 1302	形 整然と ketertiban 名 秩序 Setiap anak masuk kelas dengan *tertib*. どの子供も規則正しく教室に入る。
umumnya ☐ 1303	副 一般的に　【umum】形 一般の 名 世間 mengumumkan 他 公にする pengumuman 名 公表 Pada *umumnya* bangsa Indonesia adalah bangsa yang cinta damai. 一般的にインドネシア民族は平和を愛する民族である。
Asia ☐ 1304	名 アジア
bernama ☐ 1305	自 〜という名前である　【nama】名 名前 menamakan 他 〜と名づける Kota kelahiran saya *bernama* Ayabe. 私の出身地は綾部という名前だ。
bertindak ☐ 1306	自 行動する　【tindak】名 手段、措置 tindakan 名 行動 Polisi *bertindak* keras terhadap massa yang sedang merampok toko-toko. 警察は商店を略奪している民衆に対して厳しく行動した。

中級単語

haji ☐ 1307	名 ハジ（メッカ巡礼の行を終えた者）
direktur ☐ 1308	名 長官、重役
DPR ☐ 1309	略 国会　Dewan Perwakilan Rakyat
gagasan ☐ 1310	名 アイデア
gila ☐ 1311	形 狂った Kejadian itu betul-betul *gila* dan tidak masuk akal. その事件はとても気違いじみていてまったく理解できない。
hadir ☐ 1312	自 出席する kehadiran 名 出席 menghadiri 他 出席する Akibat bencana, hanya sedikit orang yang *hadir* pada upacara peringatan kemerdekaan. 災害のせいで、独立記念式典にはほんのわずかの人しか出席しない。
dimaksudkan ☐ 1313	受 意図される　【maksud】名 目的、意味 memaksudkan 他 意図する bermaksud 自 目的を持つ、意図がある Peraturan itu *dimaksudkan* untuk mencegah korupsi. その法律は汚職をなくすことが目的とされている。
kritis ☐ 1314	形 批判的な Pengamat sastra itu agak *kritis* terhadap pengarang-pengarang wanita angkatan muda. その文学評論家は若い世代の女性作家たちに対してやや批判的である。
kerusuhan ☐ 1315	名 騒乱　【rusuh】

kosong ☐1316	形 空の omong kosong 名 ナンセンス、無意味な話
kelebihan ☐1317	名 過剰、余剰　【lebih】副 超過した、以上に berlebihan 自 程度を越えている melebihi 他 上回る terlebih 副 特に Alangkah baiknya memakai *kelebihan* dana untuk membantu orang miskin. 資金の余剰を貧しい人を助けるために使うことはなんて良いことだろう。
majelis ☐1318	名（協）議会
mempengaruhi ☐1319	他 影響を与える　【pengaruh】名 影響 berpengaruh 自 影響力を持つ terpengaruh 受 影響される Kebudayaan Jawa *mempengaruhi* kehidupan sehari-hari keluarga Sugondo. ジャワ文化はスゴンドさん一家の毎日の生活に影響を与えている。
menanggapi ☐1320	他 聞き入れる、応じる　【tanggap】 tanggapan 名 考え、反応 Pemerintah pusat sering terlambat *menanggapi* musibah yang terjadi di daerah terpencil. 中央政府はしばしば辺境地域で起こった災害に対処するのが遅れる。
menciptakan ☐1321	他 創造する　【cipta】 Tuhan *menciptakan* manusia laki-laki dan perempuan. 神は男性と女性の人間を創造した。
menikmati ☐1322	他 味わう、享受する　【nikmat】 Ibu menonton TV sambil *menikmati* secangkir kopi hangat. 母は1杯の温かいコーヒーを味わいながらテレビを観る。

中級単語

oknum ☐ 1323	**名**（ある）人物
pembantu ☐ 1324	**名** 使用人、アシスタント 【bantu】 bantuan **名** 援助 membantu **他** 手伝う
potensi ☐ 1325	**名** 潜在能力
puncak ☐ 1326	**名** 頂上、頂点
rawan ☐ 1327	**形** もろい、危うい Daerah pasca bencana biasanya *rawan* terhadap berbagai macam penyakit. 災害後の地域は、通常は様々な病気に対してもろい。
seandainya ☐ 1328	**接** もし〜だとすると 【andai】 Dunia terasa indah *seandainya* kita selalu rukun dalam suka dan duka. もし私たちが嬉しいときも悲しいときも常に仲が良ければ世界は美しく感じられる。
serangan ☐ 1329	**名** 襲撃 【serang】 menyerang **他** 攻撃する
sia-sia ☐ 1330	**形** 無駄な Usahanya untuk memenangkan pertandingan itu tidak *sia-sia*. その試合で勝つための彼の努力は無駄ではなかった。
tahan ☐ 1331	**他** こらえる **自** 耐える bertahan **自** 耐える menahan **他** 抑える mempertahankan **他** 守る、保持する pertahanan **名** 防衛 Saya tidak *tahan* terhadap hawa dingin di sini. 私はここの寒い気候に耐えられない。

tambahan ☐ 1332	名 追加　形 追加の　【tambah】副 いっそう bertambah 自 増える menambah 他 増やす menambahkan 他 付け加える penambahan 名 加増 Kami mendapat dana *tambahan* untuk melaksanakan pekan budaya Indonesia. 私たちはインドネシア文化週間を実施するために追加資金を得た。
terdengar ☐ 1333	受 聞こえる　【dengar】 mendengar 他 聞く mendengarkan 他 ～に耳を傾ける pendengar 名 聴衆 pendengaran 名 聴覚 Sejak pagi tadi *terdengar* deru helikopter di atas kawasan pemukiman kami. 今朝から私たちの住宅地の上でヘリコプターの音が聞こえる。
terletak ☐ 1334	受 ～に位置づけられる　【letak】名 位置 meletakkan 他 置く Kepulauan Indonesia *terletak* di garis khatulistiwa. インドネシアの島々は赤道に位置している。
titik ☐ 1335	名 点
adanya ☐ 1336	名 あること、存在すること　【ada】自 ある、いる adalah 自 ～である berada 自 存在する keadaan 名 状況 mengadakan 他 （会議、イベントなどを）行なう tiada 副 ～ではない
bayi ☐ 1337	名 赤ん坊

中級単語

adil ☐1338	形 **公正な** keadilan 名 公正 pengadilan 名 裁判所 Kita harus menjaga sikap yang *adil* dalam hubungan dengan sesama. 我々は同胞との関係において公正な態度を守らなければならない。
beban ☐1339	名 **負担**
berdosa ☐1340	形 **罪のある** 【dosa】名 罪 Saya pikir dia sama sekali tidak *berdosa* walaupun ada berbagai desas-desus. 様々な噂はあるが、私は彼にはまったく罪がないと思う。
berfungsi ☐1341	自 **機能する** 【fungsi】名 役割 Kantor itu *berfungsi* sebagai sekretariat. そのオフィスは事務局として機能している。
bermutu ☐1342	形 **質が高い** 【mutu】名 質 Hasil produk pabrik itu *bermutu* tinggi. その工場の生産物は質が高い。
berteriak ☐1343	自 **叫ぶ** 【teriak】名 叫び teriakan 名 叫び Anak itu *berteriak* untuk meminta pertolongan. その子供は助けを求めて叫んだ。
cewek ☐1344	名 **女の子**（俗）
dangdut ☐1345	名 **ダンドゥット（音楽）**
dini ☐1346	形 **早期の** Saya sering terbangun *dini* hari. 私はよく明け方に目が覚める。

iklan ☐1347	名 広告
Irian ☐1348	名 イリアン
kehadiran ☐1349	名 出席　【hadir】自 出席する menghadiri 他 出席する
kemajuan ☐1350	名 進歩　【maju】形 進んだ
keuntungan ☐1351	名 利益　【untung】名 利益 形 幸運な 副 幸運なことに menguntungkan 他 利益をもたらす
lokasi ☐1352	名 場所
materi ☐1353	名 材料、材質
melibatkan ☐1354	他 〜を巻き込む　【libat】 terlibat 受 〜に巻き込まれる Kegiatan olahraga itu *melibatkan* para murid dan orang tua mereka. そのスポーツ活動は生徒たちと親を巻き込んだ。
menjadikan ☐1355	他 〜にする　【jadi】自 〜になる、実現する kejadian 名 出来事 menjadi 自 成る terjadi 自 起こる、生じる Petani itu berhasil *menjadikan* anak laki-lakinya insinyur. その農民は息子をエンジニアにすることに成功した。
nyonya ☐1356	名 （既婚の）女性、〜さん 代 あなた

中級単語

penyebab □1357	名 原因　【sebab】名 理由　接 ～だから menyebabkan 他 ～の原因となる
pos □1358	名 郵便
racun □1359	名 毒
rugi □1360	自 損をする kerugian 名 損失 merugikan 形 他 損害を与える Saya akan *rugi* kalau meminjam uang ke rentenir itu. その金貸しに金を借りると私は損をするだろう。
sekretaris □1361	名 秘書、事務局長
semata-mata □1362	副 単に Tujuan saya berkunjung ke sini *semata-mata* untuk menghilangkan rasa rindu kepada ayah ibu. 私がここを訪れた目的はひとえに父と母に対する恋しさを癒すためです。
seterusnya □1363	副 その後　形 その後の　【terus】副 ずっと　接 それから meneruskan 他 続ける terus-menerus 副 絶え間なく Mulai hari ini dan *seterusnya* adik akan ikut suaminya tinggal di luar negeri. 今日からそしてその後も、妹は夫に従い海外で暮らすだろう。
tampaknya □1364	副 ～のように見える　【tampak】自 ～のように見える *Tampaknya* dia sedang gelisah menunggu hasil ujian hari ini. 彼は今日の試験の結果を待って落ち着かないように見える。
doktor □1365	名 博士

terus-menerus □1366	副 絶え間なく 【terus】副 ずっと、真っ直ぐ 接 それから meneruskan 他 続ける seterusnya 副 その後 形 その後の Bencana *terus-menerus* melanda Indonesia sejak tahun 2006 lalu. 2006年以来、災害がインドネシアを絶え間なく襲っている。
ukuran □1367	名 サイズ、基準 【ukur】 mengukur 他 測る
unsur □1368	名 要素
upah □1369	名 賃金
belas □1370	数 10の位
bertanggung jawab □1371	自 責任を持つ 【tanggung jawab】名 責任 Siapakah yang *bertanggung jawab* atas pemogokan buruh? 労働者のストライキに責任があるのは誰だ。
dalam □1372	形 深い 前 〜の内に Sungai ini sebenarnya *dalam* airnya walaupun kelihatannya dangkal. この川は浅く見えるが、実際は深い。
tersedia □1373	受 用意される 【sedia】 bersedia 自 〜する気がある persediaan 名 準備、供給 menyediakan 他 用意する、供給する Di toko kue itu tidak *tersedia* bahan-bahan yang saya butuhkan. そのお菓子屋には私が必要としている材料が揃っていない。
dokumen □1374	名 文書

中級単語

fakultas ☐ 1375	名 学部
gambaran ☐ 1376	名 イメージ、描写 【gambar】名 絵 bergambar 自 描く menggambarkan 他 描き出す
gubernur ☐ 1377	名 州知事
investasi ☐ 1378	名 投資
jaksa ☐ 1379	名 検事
kambing ☐ 1380	名 山羊
kesenian ☐ 1381	名 芸術 【seni】名 芸術 seniman 名 芸術家
kesepakatan ☐ 1382	名 合意 【sepakat】形 意見が一致した
khas ☐ 1383	形 特別な Setiap daerah mempunyai makanan *khas*. それぞれの地域には特産の食べ物がある。
komunis ☐ 1384	名 共産主義者
kritik ☐ 1385	名 批判
lawan ☐ 1386	名 相手 melawan 他 抵抗する perlawanan 名 抵抗

Lebaran ☐ 1387	名 レバラン
liar ☐ 1388	形 野生の Binatang *liar* harus dilindungi. 野生動物は保護されなければならない。
macet ☐ 1389	形 渋滞した、滞った Jalan raya di kota selalu *macet*. 町の中の大通りはいつも混雑する。
mahasiswi ☐ 1390	名 女子大学生 【siswa】名 生徒 mahasiswa 名 大学生 beasiswa 名 奨学金
memasuki ☐ 1391	他 ～に入る 【masuk】自 入る memasukkan 他 ～に入れる termasuk 受 含まれる Diam-diam pencuri itu *memasuki* rumah tetangga saya yang sedang kosong. 泥棒はこっそりと留守の隣家に侵入した。
membedakan ☐ 1392	他 区別する 【beda】 pembedaan 名 区別 berbeda 自 ～と異なる perbedaan 名 相違 Saya selalu kesulitan *membedakan* kedua anak kembar itu. 私にはいつでもその双子の2人を区別するのが難しい。
memperbaiki ☐ 1393	他 修理する 【baik】形 良い perbaikan 名 改善 sebaiknya 副 できれば、～したほうが良い terbaik 形 最良の Pemerintah berencana *memperbaiki* beberapa bagian candi Borobudur. 政府はボロブドゥール寺院の数ヵ所を修理する計画だ。

Level 2

中級単語

mendatang □ 1394	形 来たる〜 【datang】 自 来る kedatangan 名 来訪 pendatang 名 来訪者 Untuk beberapa bulan *mendatang* pabrik ini akan kesulitan memperoleh bahan baku. これから数ヵ月間、この工場は原材料を入手するのが困難になるだろう。
mendukung □ 1395	他 支持する 【dukung】 dukungan 名 支持 pendukung 名 支持者 Partai itu telah *mendukung* secara resmi kebijakan politik pemerintahan baru. その政党は新政府の政策を正式に支持した。
menemukan □ 1396	他 見つける 【temu】 bertemu 自 会う penemuan 名 発見 pertemuan 名 会合、出会い menemui 他（人に）会いに行く、出くわす Akhirnya kami berhasil *menemukan* ide cemerlang untuk tema penelitian minggu depan. ついに私たちは来週の調査のテーマの素晴らしいアイデアを発見するのに成功した。
mengganggu □ 1397	他 邪魔する 【ganggu】 gangguan 名 障害 terganggu 受 邪魔される Demo buruh di jalan Sudirman pagi tadi sangat *mengganggu* arus lalu lintas. 今朝のスディルマン通りの労働者のデモは交通の流れを大きく邪魔した。
nyaman □ 1398	形 快適な Kami merasa *nyaman* dengan suasana rumah seperti ini. このような家の雰囲気を私たちは快適に感じる。

mengucapkan □1399	他 発音する、述べる 【ucap】 ucapan 名 発言 Kedua mempelai itu *mengucapkan* janji sehidup semati di hadapan penghulu. その新郎新婦の両人はイスラム導師の前で生死を共にする約束を述べた。
mengungkapkan □1400	他 表明する 【ungkap】 ungkapan 名 表現 Kakak berusaha *mengungkapkan* perasaannya yang sedang bahagia. 姉は自分の幸せな気持ちを表現しようと努めた。
menyangkut □1401	自 引っかかる 他 関係する 【sangkut】 Kelihatannya pemain bulu tangkis itu kurang berkonsentrasi karena beberapa kali bolanya *menyangkut* di net. そのバドミントン選手は何度かシャトルがネットにかかったので、集中力を欠いているように見えた。
sedih □1402	形 悲しい menyedihkan 他 悲しませる Dia tampak *sedih* setelah mendengar kerabatnya sakit. 彼は親戚が病気だと聞いてから悲しそうだ。
paham, faham □1403	自 理解する 名 考え memahami 他 〜を理解する pemahaman 名 理解 Kami tidak *paham* arti sebagian besar kata-kata asing yang ada dalam buku ini. 私たちはこの本の中の大部分の外国語の意味を理解していない。
pembinaan □1404	名 育成 【bina】 membina 他 育成する
penyelesaian □1405	名 解決 【selesai】 形 終了した menyelesaikan 他 終わらせる

Level 2

中級単語

peralatan □ 1406	名 設備　【alat】名 道具
perawatan □ 1407	名 手当て、手入れ　【rawat】 merawat 他 処置する perawat 名 看護師
pergerakan □ 1408	名 活動、(政治)運動　【gerak】名 働き bergerak 自 動く gerakan 名 運動
perhubungan □ 1409	名 関係、連絡　【hubung】 berhubungan 自 関係がある hubungan 名 関係 menghubungi 他 〜と連絡を取る
pesat □ 1410	形 速い Kota ini mengalami kemajuan *pesat* di bidang pariwisata. この町は観光の分野で急速な発展を経験した。
puisi □ 1411	名 詩
ragu-ragu □ 1412	形 ためらって Dia selalu *ragu-ragu* dalam menentukan sesuatu. 彼は何かを決めるときにはいつも躊躇する。
menghubungi □ 1413	他 〜と連絡を取る　【hubung】 hubungan 名 関係 berhubungan 自 〜と関係がある perhubungan 名 関係、連絡 Berulangkali kami berusaha *menghubungi* telepon genggamnya tetapi tidak tersambung. 何度も私たちは彼の携帯電話に連絡を取ったが、つながらなかった。

TV ☐ 1414	名 テレビ	
seringkali ☐ 1415	副 しばしば 【kali】 名 回 berkali-kali 副 何度も sekali 副 非常に 名 1回 sekaligus 副 同時に Kedua kakak beradik itu *seringkali* bertengkar walaupun sebentar kemudian sudah berbaikan lagi. その2人の兄弟は、暫くするとまた仲直りをするが、しばしば喧嘩をする。	
teratur ☐ 1416	形 規則正しい 【atur】 aturan 名 規則 mengatur 他 整える peraturan 名 規則 Untuk menurunkan berat badan, Anda harus menjalani diet secara *teratur*. 体重を減らすために、あなたは規則的にダイエットをしなければならない。	
terbit ☐ 1417	自 出現する menerbitkan 他 出版する penerbitan 名 出版 Matahari *terbit* di ufuk timur. 太陽は東の地平線から昇る。	
turut ☐ 1418	自 従う menurut 前 〜によると Kami *turut* mendoakan kebahagian kedua mempelai. 私たちは2人の新郎新婦の幸福をともに祈る。	
segar ☐ 1419	形 さわやかな、新鮮な Buah-buahan yang baru dipetik dari pohon terlihat *segar* sekali. 木から摘んだばかりの果物はとても新鮮に見える。	

Level 2

中級単語

ucapan ☐ 1420	名 発音、発言、〜のことば 【ucap】 mengucapkan 他 発言する
angkutan ☐ 1421	名 運搬 【angkut】 mengangkut 他 輸送する
arus ☐ 1422	名 流れ
Batak ☐ 1423	名 バタック
bergabung ☐ 1424	自 加わる 【gabung】 Dia tidak mau *bergabung* dengan panitia pelaksana. 彼は実行委員に加わりたくない。
berwarna ☐ 1425	自 形 〜の色である 【warna】名 色 Mobilku yang baru *berwarna* merah jambu. 新しい僕の自動車はえんじ色だ。
buruh ☐ 1426	名 労働者
ciri ☐ 1427	名 特徴
darat ☐ 1428	名 陸 mendarat 他 着陸する、上陸する
jalur ☐ 1429	名 ルート
jamu ☐ 1430	名 伝統薬ジャムゥ
kedatangan ☐ 1431	名 到来 【datang】自 来る mendatang 形 来る〜 pendatang 名 来訪者

keadilan ☐ 1432	名 公正　【adil】形 公正な pengadilan 名 裁判所	
jelek ☐ 1433	形 悪い Sikap pejabat tinggi itu *jelek*, terutama terhadap orang kecil. その高官の態度は悪い、特に庶民に対しては。	
keinginan ☐ 1434	名 欲求　【ingin】自 ～したい menginginkan 他 望む	
KTP ☐ 1435	略 身分証明書　Kartu Tanda Penduduk	
latar belakang ☐ 1436	名 背景	
loket ☐ 1437	名 売り場窓口	
lucu ☐ 1438	形 可愛い Tampang boneka itu *lucu* sekali. その人形の表情は大変愛らしい。	
lukisan ☐ 1439	名 絵画　【lukis】 melukis 他 描く pelukis 名 画家	
melahirkan ☐ 1440	他 生む　【lahir】自 生まれる kelahiran 名 生まれ Adik perempuan saya *melahirkan* anaknya yang keempat minggu lalu. 私の妹は先週、4番目の子供を生んだ。	
parkir ☐ 1441	自 駐車する memarkir 他 駐車する Tidak boleh parkir di sekitar situ! その近辺に駐車してはいけません！	

中級単語

memutuskan □1442	他 決める、断ち切る 【putus】 自 切れる keputusan 名 決定 Kondisi kesehatannya terus menurun sehingga dia *memutuskan* untuk berhenti bekerja. 健康状態が悪化し続けたので、彼は働くことをやめると決めた。
mengajak □1443	他 誘う 【ajak】 Tetangga sebelah rumah selalu *mengajak* kami makan bersama setiap bulan di rumahnya. 隣人は私たちを毎月いつも家へ食事に誘ってくれる。
mengandung □1444	他 内包する 自 妊娠する 【kandung】 kandungan 名 胎内、内容物 Asap kendaraan bermotor *mengandung* karbon dioksida yang cukup membahayakan pernapasan. 原動機付きの乗り物の煙は呼吸をかなり危険にする二酸化炭素を含んでいる。
menilai □1445	他 評価する 【nilai】 名 価値 penilaian 名 評価 Pemandu acara itu *menilai* penonton kurang antusias terhadap pertunjukan sulap hari ini. その催しの司会者は観客がその日の手品の公演にあまり熱中していないと評価した。
panggung □1446	名 舞台
memungkinkan □1447	他 可能にする 【mungkin】 副 おそらく kemungkinan 名 可能性 Cuaca yang sangat buruk tidak *memungkinkan* pesawat untuk terbang hari ini. ひどく悪い天候なので今日のフライトは不可能だ。
perjanjian □1448	名 契約 【janji】 名 約束 berjanji 自 約束する menjanjikan 他 約束する dijanjikan 受 〜と約束される

pinggang ☐1449	名 腰
PKI ☐1450	略 インドネシア共産党　Partai Komunis Indonesia
potongan ☐1451	名（切り取られた）片、値引き　【potong】名 〜切れ memotong 他 切る sepotong 数 ひときれ
pulsa ☐1452	名 電話の通話単位、脈拍
putra ☐1453	名 子息（丁寧語）、王子
putri ☐1454	名 息女（丁寧語）、王女
sebanyak ☐1455	形 〜の量（数）の　【banyak】形 多い 副 多く kebanyakan 形 大部分の Adik mengambil nasi *sebanyak* yang dia inginkan. 弟は欲しいだけご飯をとった。
sewa ☐1456	名 借り賃 menyewa 他 借りる menyewakan 他 貸す Biaya *sewa* gedung untuk pesta pernikahan sangat mahal. 結婚パーティーのための会場の借り賃は大変高い。
tertulis ☐1457	形 書かれた、筆記の　【tulis】 menulis 他 書く penulis 名 著述家 tulisan 名 文書、著作 Semua hasil rapat harus disampaikan dalam bentuk *tertulis*. すべての会議の結果は、文書で届けられなければならない。

中級単語

teks □ 1458	名 テキスト
telekomunikasi □ 1459	名 電気通信 komunikasi 名 コミュニケーション
tersesat □ 1460	受 道に迷う 【sesat】 Para pendaki gunung itu pernah *tersesat* ketika mendaki gunung Himalaya. その登山家たちはヒマラヤに登ったときに迷ったことがある。
tambah □ 1461	副 いっそう bertambah 自 増える menambah 他 増やす menambahkan 他 付け加える penambahan 名 加増 tambahan 名 追加 形 追加の Sudah lima tahun kami tidak bertemu dan sekarang saya melihat tubuhnya *tambah* tinggi. もう5年も私たちは会わなかったので、今や彼の身長はずっと高くなっていた。
adat □ 1462	名 慣習
anjing □ 1463	名 犬
bangga □ 1464	形 誇らしい、光栄とする Saya *bangga* melihat anak saya lulus sekolah. 私は子供が学校を卒業したのを見て誇らしく思った。
beragama □ 1465	自 信仰する 【agama】 名 宗教 Pacar saya *beragama* Kristen. 私の恋人はキリスト教を信仰している。
Dayak □ 1466	名 ダヤク

bersama-sama ☐ 1467	副 一緒に 【sama】 形 同じ bersama 前 〜と 副 〜と一緒に sama-sama 副 〜と一緒に persamaan 名 類似 sesama 名 仲間、同士 Mari kita pergi ke tempat tamasya *bersama-sama*. 一緒に観光地へ行きましょう。
gagal ☐ 1468	自 失敗する Siswa itu *gagal* dalam ujian masuk universitas. その生徒は大学入学試験で失敗した。
hebat ☐ 1469	形 凄い Dalam kurun waktu yang singkat pengusaha muda itu sudah mencapai prestasi yang *hebat*. 短期間でその若い実業家はすごい偉業を成し遂げた。
kandungan ☐ 1470	名 胎内、内容物 【kandung】 mengandung 他 内包する、妊娠する
kenaikan ☐ 1471	名 上昇 【naik】 自 上がる、乗る、登る menaikkan 他 揚げる、上げる
komunitas ☐ 1472	名 共同体
lulusan ☐ 1473	名 卒業生 【lulus】 自 パスする、卒業する
mari ☐ 1474	命 さあ〜しましょう *Mari* kita makan bersama-sama! さあ一緒に食べましょう。
pemikiran ☐ 1475	名 考え 【pikir】 berpikir 自 考える memikirkan 他 考える pikiran 名 考え

Level 2

中級単語

membicarakan ☐ 1476	他 議論する 【bicara】 自 喋る berbicara 自 喋る pembicaraan 名 議論 Seminar itu *membicarakan* seluk-beluk kesehatan anak. そのセミナーは子供の健康の様々な事について議論する。
mengakibatkan ☐ 1477	他 〜の結果をもたらす、原因となる 【akibat】 名 結果 Bencana tanah longsor di Solok Sumatera *mengakibatkan* banyak warga kehilangan rumahnya. スマトラのソロックの土砂崩れ災害は多くの住民が家を失う結果をもたらした。
menganggap ☐ 1478	他 〜だと見なす 【anggap】 dianggap 受 〜だとみなす anggapan 名 見方 Jangan pernah *menganggap* enteng masalah ini. この問題を決して軽くみなしてはいけない。
menghasilkan ☐ 1479	他 生産する 【hasil】 名 結果 berhasil 自 成功する penghasilan 名 収入 Tahun ini daerah persawahan itu kembali *menghasilkan* panen padi berlimpah. 今年、その水田地帯は再び何倍もの米の収穫に成功した。
menyadari ☐ 1480	他 自覚する、気づく 【sadar】 自 わかる、悟る kesadaran 名 意識 Saya *menyadari* sangat sulit untuk bisa berhasil tanpa belajar dan berusaha keras. 私は勉強し、一生懸命努力することなく成功することはとても難しいと気づいた。
merusak ☐ 1481	他 壊す 【rusak】 形 壊れた kerusakan 名 破壊 Ada kritik yang membangun tetapi ada juga kritik yang *merusak*. 建設的な批判もあれば、破壊的なものもある。

mogok ☐ 1482	**自 車が故障する、ストライキする** pem*ogok*an 名 ストライキ Para pengungsi melakukan aksi *mogok* makan, karena tuntutan mereka belum dipenuhi pemerintah. 避難者たちは彼らの要求が政府に受け入れられなかったので、ハンガーストライキを行なった。
normal ☐ 1483	**形 通常の、正規の** Akhirnya ibu itu bisa melahirkan anaknya secara *normal* tanpa melalui operasi. 最終的に、その母親は手術をせずに正常に子供を生むことができた。
pelaksanaan ☐ 1484	**名 実行、実施**　【laksana】 melaksanakan 他 行なう dilaksanakan 受 実施される
pemakai ☐ 1485	**名 使用者**　【pakai】 前 〜を使って memakai 他 使う pakaian 名 服 berpakaian 自 着る pemakaian 名 使用
memanfaatkan ☐ 1486	**他 〜を利用する**　【manfaat】 名 有益性 pemanfaatan 名 効用 Saat ini hampir semua bidang usaha telah *memanfaatkan* teknologi komputer. 現在、ほとんどすべての分野の事業が、すでにコンピュータ技術を利用している。
pengembangan ☐ 1487	**名 開発**　【kembang】 名 花 berkembang 自 発展する mengembangkan 他 発展させる pengembang 名 開発者 perkembangan 名 発展、展開

中級単語

penguasa □1488	**名** 支配者　【kuasa】**名** 権力 berkuasa **自** 権力を持っている **形** 権力のある kekuasaan **名** 権力 menguasai **他** マスターする、支配する
perbaikan □1489	**名** 改善　【baik】**形** 良い memperbaiki **他** 修理する sebaiknya **副** できれば、〜したほうが良い terbaik **形** 最良の
persyaratan □1490	**名**（必要）条件　【syarat】**名** 条件
saksi □1491	**名** 証人 menyaksikan **他** 目撃する
sanggup □1492	**ア** 〜できる Saya *sanggup* menggantikan Ibu guru yang sedang cuti melahirkan selama 3 bulan. 私は3ヵ月間出産休暇をとっている女の先生の代わりをすることができる。
satu-satunya □1493	**形** 唯一の bersatu **自** 統合する persatuan **名** 協会、統一 kesatuan **名** 統一体、部隊 Dia sangat menyayangi anak perempuan *satu-satunya* itu. 彼はそのたった1人の娘をとても可愛がった。
serikat □1494	**名** 連合
sesama □1495	**名** 仲間、同士　【sama】**形** 同じ bersama **前** 〜と **副** 一緒に bersama-sama **副** 一緒に sama-sama **副** 〜と一緒に persamaan **名** 類似

serupa ☐ 1496	形 似ている 【rupa】 名 形 berupa 自 〜の形をとる merupakan 他 〜を形成する rupanya 副 〜のようだ Saya mempunyai dua adik laki-laki yang wajahnya hampir *serupa*. 私には顔がそっくりの2人の弟がいる。
tersangka ☐ 1497	名 容疑者 【sangka】 menyangka 他 予想する
tertarik ☐ 1498	受 興味を持つ 【tarik】 menarik 形 興味深い Tampaknya anak saya *tertarik* pada seni lukis. 私の子供は絵画に興味を持っているようだ。
tiada ☐ 1499	副 〜ではない adalah 自 〜である adanya 名 あること、存在すること berada 自 存在する keadaan 名 状況 mengadakan 他 （会議、イベントなどを）行なう Ketika dia terbaring sakit, *tiada* satu pun teman yang datang mengunjunginya. 彼が病気で臥せっていたとき、彼を見舞いに来た友人は1人もいなかった。
wawancara ☐ 1500	名 インタビュー
zat ☐ 1501	名 物質、本質
baju ☐ 1502	名 服（上半身に着るもの）

中級単語

batas ☐ 1503	**名 境界、限度** membatasi 他 制限する pembatasan 名 制限 perbatasan 名 国境 terbatas 形 限られた Dalam segala hal ada *batas*nya. すべてのことには限りがある。
berakhir ☐ 1504	**自 終わる** 【akhir】 **名 終わり** akhir-akhir ini 副 最近 akhirnya 副 最後には mengakhiri 他 終わらせる terakhir 形 最後の Perselisihan pendapat antara dua kelompok itu akan segera *berakhir*. その2つのグループ間の意見の食い違いはすぐに終わるだろう。
berkaitan ☐ 1505	**自 ～と関係がある** 【kait】 perkaitan 名 関係 kaitan 名 繋がり terkait 受 ～と結び付けられる Masalah lingkungan *berkaitan* dengan pembangunan. 環境問題は開発と関係がある。
bersalah ☐ 1506	**形 誤った** 【salah】 **形 間違いの、誤った** kesalahan 名 誤り Ternyata orang itulah yang *bersalah* dalam peristiwa perkelahian kemarin. 昨日の抗争事件で過ちを犯したのはその人だったことが判明した。
bertentangan ☐ 1507	**自 対立する** 【tentang】 **前 ～について** pertentangan 名 対立 menentang 他 反抗する Tuntutan pihak karyawan *bertentangan* dengan pendapat pihak direksi. 従業員側の要求は理事会側の意見と対立している。

berusia ☐1508	🅐 〜歳である 【usia】 🅝 年齢 Tahun depan nenek saya *berusia* 90 tahun. 来年、私の祖母は 90 歳になる。
betapa ☐1509	🅐 なんて〜 *Betapa* harumnya bunga melati itu! なんてそのジャスミンの花の香りはいいんだろう。
bos ☐1510	🅝 ボス、長
buru-buru ☐1511	🅐 慌てて 【buru】 Dia berangkat *buru-buru* begitu mendapat kabar duka. 悲報に接するや、彼は慌てて出発した。
dijanjikan ☐1512	🅟 〜と約束される 【janji】 🅝 約束 berjanji 🅐 約束する menjanjikan 🅣 約束する perjanjian 🅝 契約 Anak itu sudah *dijanjikan* pelbagai hadiah oleh orang tuanya apabila dia lulus ujian. その子は試験が通れば様々なプレゼントが両親によって約束されている。
gampang ☐1513	🅕 容易な Sebaiknya kita mencari cara yang paling *gampang*. 私たちはもっとも容易な方法を探したほうがよい。
garis ☐1514	🅝 線
ikatan ☐1515	🅝 繋がり、絆 【ikat】
melewati ☐1516	🅣 〜を通る 【lewat】 🅟 〜を通して 🅐 過ぎた Setiap hari mobil saya *melewati* jalan di depan restoran itu. 毎日、私の自動車はそのレストランの前の道を通る。

Level 2

中級単語

kedokteran □1517	名 医学　【dokter】名 医者
keyakinan □1518	名 確信　【yakin】自 確信する meyakinkan 他 確信させる
khawatir □1519	自 心配する kekhawatiran 名 心配 Dia sangat *khawatir* akan hasil operasi ibunya. 彼は母親の手術の結果をとても心配している。
klub □1520	名 クラブ
komponen □1521	名 構成要素
kriteria □1522	名 基準
lambat □1523	形 遅い terlambat 形 遅れた Semua sepeda motor harus melewati jalur *lambat* dan menyalakan lampu di siang hari. すべてのオートバイは低速車線を通行し、昼間に点灯しなければならない。
melepaskan □1524	他 〜を解き放す　【lepas】形 解かれた、自由な Dengan berat hati ibu *melepaskan* anaknya yang pergi ke luar negeri untuk bekerja. 母は辛い気持ちで、外国へ働きにでかける子供を手放した。
karangan □1525	名 作文、創作　【karang】 mengarang 他 創作する pengarang 名 著者

membentuk ☐ 1526	他 形成する 【bentuk】 名 形 berbentuk 自 ～の形をとる pembentukan 名 形成 terbentuk 受 形成される Dengan susah payah adik berusaha *membentuk* rumah-rumahan dari pasir. 苦心しながら弟は砂の家を頑張って作った。
memegang ☐ 1527	他 つかむ 【pegang】 pegangan 名 拠り所 pemegang 名 保持者 Kakek saya menderita stroke, sehingga sulit *memegang* gelas dengan tangan kanannya. 私の祖父は脳梗塞を患った結果、右手でコップをつかむのが困難だ。
mempertahankan ☐ 1528	他 守る、保持する 【tahan】 他 こらえる 自 耐える bertahan 自 耐える pertahanan 名 防衛 menahan 他 抑える Ibu guru itu berusaha *mempertahankan* pendapatnya di dalam rapat pengurus sekolah. その女の先生は、学校の運営委員会で自分の主張を譲るまいと頑張った。
menanyakan ☐ 1529	他 ～について尋ねる 【tanya】 bertanya 自 尋ねる pertanyaan 名 質問 mempertanyakan 他 質問する、問題にする Pembantu itu akan *menanyakan* kepada majikannya mengapa ia belum menerima gaji. そのお手伝いは、なぜまだ給料をもらっていないのか雇い主に尋ねるだろう。
perkebunan ☐ 1530	名 農園 【kebun】 名 庭

中級単語

mengembangkan □ 1531	他 発展させる 【kembang】 名 花 berkembang 自 発展する pengembang 名 開発者 pengembangan 名 開発 perkembangan 名 発展、展開 Pemerintah bertekad *mengembangkan* pulau Lombok sebagai daerah pariwisata. 政府はロンボック島を観光地域として開発しようと目論んでいる。
menghancurkan □ 1532	他 粉砕する 【hancur】 形 砕けた Kakak menendang bola terlalu kencang sehingga mengenai dan *menghancurkan* kaca jendela rumah tetangga. 兄があまりに強くボールを蹴ったので、ボールは隣の家の窓ガラスに当たって割ってしまった。
mengirimkan □ 1533	他 送る 【kirim】 mengirim 他 送る pengiriman 名 送付 Markas Palang Merah telah *mengirimkan* truk-truk berisi bahan bantuan untuk para pengungsi. 赤十字本部は避難民のために援助物資を積んだトラックを送り出した。
mental □ 1534	形 心の Akhir-akhir ini banyak anak muda mengalami gangguan *mental* karena tekanan hidup yang cukup berat. 最近、多くの若者がかなり厳しい生活のストレスから精神的な障害を抱えている。
pembicaraan □ 1535	名 会話、議論 【bicara】 berbicara 自 喋る membicarakan 他 議論する
seakan-akan □ 1536	接 あたかも Dia menganggap *seakan-akan* saya ini adik kandungnya. 彼はこの私のことをあたかも実の弟のようにみなした。

menyerahkan □ 1537	他 手渡す 【serah】 menyerah 他 ゆだねる terserah 受 任せられた 慣 お好きなように Wali kota *menyerahkan* medali kepada para pemenang lomba. 市長は競技の勝者たちにメダルを授与した。
panggilan □ 1538	名 呼び名、呼び出し 【panggil】 memanggil 他 呼ぶ
menunjuk □ 1539	他 指し示す 【tunjuk】 mempertunjukkan 他 上演する menunjukkan 他 示す pertunjukan 名 上演 petunjuk 名 指示 Guru *menunjuk* salah seorang mahasiswa untuk membaca cerita dalam buku pelajaran. 先生は1人の学生に教科書の物語を読むように指名した。
penghargaan □ 1540	名 高い評価 【harga】 名 値段 berharga 形 貴重な menghargai 他 尊重する
penjual □ 1541	名 販売者 【jual】 menjual 他 売る penjualan 名 販売
mengatur □ 1542	他 整える 【atur】 aturan 名 規則 peraturan 名 規則 teratur 形 規則正しい Kami berusaha sebaik-baiknya *mengatur* jadwal ujian masuk bagi mahasiswa baru. 私たちは新しく大学生になる人のためにできるだけきちんと入学試験の日程を組もうとした。

中級単語

potong ☐1543	**名 ～切れ** memotong 他 切る potongan 名（切り取られた）片、値引き sepotong 数 ひときれ
rangka ☐1544	**名 ～の枠組み** Dia mengajar bahasa Inggeris di SMP dalam *rangka* tugas praktek dari sebuah mata kuliah. 彼女はある授業の実習課題の一環として中学校で英語を教える。
rombongan ☐1545	**名 グループ**　【rombong】
menyediakan ☐1546	**他 供給する**　【sedia】 bersedia 自 ～する気がある persediaan 名 準備、供給 tersedia 受 用意される Pada saat pelaksanaan bazar kami *menyediakan* berbagai masakan Indonesia. バザーを開催するとき、私たちは様々なインドネシア料理を準備する。
sipil ☐1547	**形 文民の、民事の** Banyak rakyat *sipil* menjadi korban peperangan. 多くの文民が戦争の犠牲になった。
tahap ☐1548	**名 段階** bertahap-tahap 副 段階的に
teater ☐1549	**名 劇場**
terkejut ☐1550	**自 驚く**　【kejut】 mengejutkan 他 驚かす kejutan 名 驚き Kami tidak *terkejut* ketika tahu anak itu tidak naik kelas. その子が進級しないと知ったとき、私たちは驚かなかった。

terbaik ☐ 1551	形 最良の 【baik】形 良い memperbaiki 他 修理する perbaikan 名 改善 sebaiknya 副 できれば、〜したほうが良い Para siswa *terbaik* dari berbagai sekolah di kota kami akan mendapat penghargaan. 私たちの町の様々な学校の最も優秀な生徒たちが表彰を受ける。
terlebih ☐ 1552	副 特に 【lebih】副 超過した、以上に berlebihan 自 程度を越えている kelebihan 名 余剰、過度 melebihi 他 上回る Saya merasa tenang mengikuti lomba ini, *terlebih* ketika ibu hadir. とりわけ母が出席していることもあって、私は落ち着いてこの大会に参加している。
tersendiri ☐ 1553	形 独自の 【sendiri】副 自ら sendiri-sendiri 副 個人で、ひとりひとり sendirian 副 1人きりで Gadis itu mempunyai ruang *tersendiri* di hatiku. その少女は私の心の中に独自の場所を占めている。
Thailand ☐ 1554	名 タイ
total ☐ 1555	名 総計
tuduhan ☐ 1556	名 告発、非難 【tuduh】 menuduh 他 告発する
warisan ☐ 1557	名 遺産 【waris】 *mewaris 他 相続する
Al-Kitab ☐ 1558	名 聖書

中級単語

berbahaya ☐ 1559	形 危険な 【bahaya】名 危険 membahayakan 他 脅かす Tidak boleh mendekati barang *berbahaya*. 危険物に近づいてはいけない。
bau ☐ 1560	名 におい *Bau* selimut ini busuk sekali karena sudah lama tidak pernah dicuci. この毛布はずいぶん洗っていないから、とても臭い。
berpendapat ☐ 1561	自 〜と考える 【dapat】ア 〜できる mendapat 他 得る pendapat 名 考え、意見 terdapat 受 見られる、〜がある mendapatkan 他 手に入れる pendapatan 名 収入 Dia *berpendapat* bahwa kabinet baru tidak akan bertahan lama. 新内閣は長続きしないと彼は考えている。
cucu ☐ 1562	名 孫
detik ☐ 1563	名 秒
diskon ☐ 1564	名 ディスカウント
fungsi ☐ 1565	名 役割 berfungsi 自 機能する
gembira ☐ 1566	形 嬉しい Dia *gembira* mencapai nilai tertinggi dalam ujian terakhir. 彼は最後の試験で最高の評価に到達して喜んでいる。
jarak ☐ 1567	名 距離

goreng ☐1568	形 揚げた、炒めた menggoreng 他 油で揚げる、炒める Pada umumnya anak-anak suka makan kentang *goreng*. 一般的に子供はポテトフライを食べるのが好きだ。
judi ☐1569	名 賭博
judul ☐1570	名 題 berjudul 自 〜という題である
juru ☐1571	名 熟練者
Kalimantan ☐1572	名 カリマンタン
kanker ☐1573	名 癌
kasihan ☐1574	形 かわいそうな 【kasih】 名 愛情 mengasih 他 与える dikasih 受 与えられる Waduh, *kasihan* sekali anak itu karena ditinggal orang tuanya. ああ、その子は両親に先立たれてとてもかわいそうだ。
Katolik ☐1575	形 カトリックの Vatikan, yang terletak di Roma, Italia, adalah pusat Gereja *Katolik* sedunia. イタリアのローマに位置するバチカンは世界のカトリック教会の中心である。
kelemahan ☐1576	名 弱さ 【lemah】 形 弱い

中級単語

kenal □ 1577	**自 見知っている** mengenal 他 知っている、認める dikenal 受 知られている terkenal 形 有名な berkenalan 自 知り合う memperkenalkan 他 紹介する perkenalan 名 紹介 Apakah Anda *kenal* penyanyi terkenal itu? あなたはその有名な歌手を知っていますか。
kertas □ 1578	**名 紙**
ketentuan □ 1579	**名 決定、規定** 【tentu】形 確かな 副 きっと tertentu 形 特定の menentukan 他 決定する tentunya 副 きっと
kewajiban □ 1580	**名 義務** 【wajib】形 義務の
komisi □ 1581	**名 手数料、委員会**
kuno □ 1582	**形 古代の** Dia meneliti naskah *kuno* selama puluhan tahun. 彼は数十年間、古文書を研究している。
mabuk □ 1583	**形 酔った** Saya pasti *mabuk* kalau naik perahu. 私は舟に乗ると必ず酔う。
mandiri □ 1584	**形 自立した** Salah satu sikap yang penting dalam diri setiap anak adalah sikap *mandiri*. それぞれの子供にとって大切な態度の1つは自立的態度である。

matang ☐ 1585	形 熟した、煮えた
melompat ☐ 1586	自 とび跳ねる 【lompat】 pelompatan 名 跳躍 Karena takut melihat anjing yang besar itu, adik *melompat* ke samping ibu sambil memegang tangan ibu kuat-kuat. 妹はその大きな犬を見て怖かったので、母の手を強く握り締めながら母の傍に跳び退いた。
periksa, memeriksa ☐ 1587	他 検査する 【periksa】 pemeriksaan 名 検査 Besok hari Senin adalah jadwal untuk *memeriksa* kesehatan seluruh murid kelas satu. 明日の月曜日は1年生の全生徒の健康を検査する日程になっている。
menangani ☐ 1588	他 扱う 【tangan】 名 手 *penanganan 名 扱い Bagian Personalia bertugas *menangani* seluruh urusan karyawan termasuk penggajiannya. 人事課は給与を含めて従業員の全業務を管掌する。
mengajarkan ☐ 1589	他 教える 【ajar】 mengajar 他 教える pengajar 名 教師 pengajaran 名 教育 ajaran 名 教え belajar 自 勉強する pelajar 名 生徒 pelajaran 名 学習 mempelajari 他 学ぶ Orang tua itu *mengajarkan* anaknya untuk selalu bersikap sopan. その両親は子供にいつも礼儀正しくするように教える。

中級単語

mengunjungi ☐ 1590	他 訪れる 【kunjung】 kunjungan 名 訪問 pengunjung 名 訪問者 Walaupun hanya tiga hari saya berada di Bali, saya sudah *mengunjungi* cukup banyak tempat wisata di sana. 私はわずか3日しかバリにいなかったが、かなり多くの観光地を訪れた。
menyuruh ☐ 1591	他 〜するように言う、命令する 【suruh】 Karena hari sudah larut malam, ibu *menyuruh* anak-anaknya segera tidur. もう夜も更けたので、母は子供たちにすぐに寝るように言った。
padat ☐ 1592	形 密な Penduduk di Jakarta lebih *padat* daripada penduduk di Surabaya. ジャカルタの人口はスラバヤよりも稠密だ。
pajak ☐ 1593	名 税
peduli ☐ 1594	自 気にする Seluruh warga sangat *peduli* terhadap kebersihan lingkungan. すべての住民が環境衛生についてとても気にしている。
pelanggan ☐ 1595	名 顧客 【langgan】 langganan 名 馴染みの客
pembentukan ☐ 1596	名 形成 【bentuk】 名 形 berbentuk 自 〜の形をとる membentuk 他 形成する terbentuk 受 形成される
pemecatan ☐ 1597	名 解雇 【pecat】 memecat 他 首にする
pengertian ☐ 1598	名 概念、理解 【erti】 mengerti 他 理解する

peningkatan ☐ 1599	**名 向上** 【tingkat】**名** 段階、レベル meningkatkan **他** 高める meningkat **自** 上がる
perilaku ☐ 1600	**名 ふるまい** 【laku】 berlaku **自** 有効である melakukan **他** 行なう pelaku **名** 実行者 perlakuan **名** 扱い
periode ☐ 1601	**名 期間**
peternakan ☐ 1602	**名 畜産、飼育場** 【ternak】**名** 家畜
pokoknya ☐ 1603	**副 要するに** 【pokok】**形** 基本の **名** 根幹 Pokoknya kamu harus segera menyelesaikan tugas itu hari ini! 要するに、君は今日その任務を速やかに終わらせねばならない。
ruangan ☐ 1604	**名 部屋、広間** 【ruang】**名** 空間、室
sabar ☐ 1605	**形 辛抱強い** Guru yang mengajar di Taman Kanak-kanak harus *sabar* menghadapi anak-anak kecil. 幼稚園で教えている先生は、幼い子供たちに対して辛抱強くなければならない。
saran ☐ 1606	**名 提案**
sebesar ☐ 1607	**形 〜と（同じ）大きさの** 【besar】**形** 大きい Roti yang dimakan kakak *sebesar* yang dimakan adik. 姉が食べたパンは妹が食べたのと同じ大きさだ。
senjata ☐ 1608	**名 武器**

中級単語

sempit ☐1609	形 **狭い** Rumah ini terlalu *sempit* untuk dihuni oleh kami berempat. この家は私たち４人で住むには狭すぎる。	
surga ☐1610	名 **天国**	
tajam ☐1611	形 **鋭い** Pisau yang dipakai ibu untuk mengiris daging sangat *tajam*. 母が肉を切るために使うナイフはとても鋭い。	
tarif ☐1612	名 **料金**	
undang-undang ☐1613	名 **法律**	
utang ☐1614	名 **借金**	
ziarah ☐1615	名 **巡礼**	
AC ☐1616	略 **エアコン** Air Conditioner	
baku ☐1617	形 **標準の** Sebaiknya kita menggunakan bahasa *baku*. 私たちは標準語を使うほうが良い。	
becak ☐1618	名 **ベチャ（輪タク）**	
berdoa ☐1619	自 **祈る** 【doa】 名 祈り Kami *berdoa* semoga nanti kami dapat mengamalkan apa yang sudah kami pelajari. 私たちはすでに学んだことを生かすことができるように祈ります。	

berkali-kali ☐ 1620	副 何度も 【kali】 名 回 sekali 副 非常に 名 1回 sekaligus 副 同時に seringkali 副 しばしば Dia meminta maaf *berkali-kali*. 彼は何度も許しを乞うた。
bersikap ☐ 1621	自 〜の態度をとる 【sikap】 名 態度 Banyak anggota DPR *bersikap* tak peduli terhadap para korban bencana alam itu. 多くの国会議員はその自然災害の犠牲者に対して無関心の態度をとった。
bintang ☐ 1622	名 星
bola ☐ 1623	名 ボール sepak bola 名 サッカー
damai ☐ 1624	形 平和な perdamaian 名 平和、和解 Berkat campur tangan PBB, daerah sengketa itu untuk sementara menjadi kawasan *damai*. 国連の介入のお陰で、その紛争地域は暫くの間、休戦（平和）地帯となった。
dipastikan ☐ 1625	受 決められる 【pasti】 副 形 確かに memastikan 他 決定する Hari pernikahan mereka sudah *dipastikan* bersama oleh keluarga kedua belah pihak. 彼らの結婚の日どりは双方の家族で一緒に決められた。
efektif ☐ 1626	形 効果的な Kita harus menempuh cara yang lebih *efektif*. 私たちはより効率的な方法を採らなければならない。
hiburan ☐ 1627	名 娯楽 【hibur】

Level 2

中級単語

hukuman ☐1628	名 刑罰　【hukum】名 法
ilmuwan ☐1629	名 学者　【ilmu】名 学問
jahat ☐1630	形 悪の kejahatan 名 罪悪 penjahat 名 犯罪者 Sebenarnya dia tidak punya niat yang *jahat*. 本当は彼は悪意は持っていない。
jantung ☐1631	名 心臓
jari ☐1632	名 指
kaitan ☐1633	名 繋がり　【kait】 terkait 受 〜と結び付けられる berkaitan 自 〜と関係がある perkaitan 名 関係
kalimat ☐1634	名 文
kemanusiaan ☐1635	名 人間性　形 人間的な　【manusia】名 人間
kompleks ☐1636	名 〜地域　形 複雑な Masalah yang dihadapinya sangat *kompleks*. 彼の直面している問題は大変複雑だ。
koneksi ☐1637	名 縁故
kredit ☐1638	名 信用販売

dibandingkan ☐ 1639	慣 〜と比較すると（後に dengan を伴う）【banding】 membandingkan 他 比較する perbandingan 名 比較
lemak ☐ 1640	名 脂肪
maha- ☐ 1641	形 偉大な mahasiswa 名 大学生 mahaguru, mahasiswa dan mahasiswi 教授、大学生、女子大生
masak ☐ 1642	副 まさか *Masak* sih anjing bisa mengerti bahasa manusia! まさか、犬が人間のことばを理解できるなんて。
melaksanakan ☐ 1643	他 行なう 【laksana】 dilaksanakan 受 実施される pelaksanaan 名 実施 Membuat rencana itu baik, namun lebih baik lagi *melaksanakan* apa yang sudah direncanakan. 計画を立てることは良いが、もっと良いことは計画されたことを実行することである。
memakan ☐ 1644	他（時間、費用を）食う 【makan】 自 食べる makanan 名 食べ物 Penerbangan dari Surabaya ke Jakarta *memakan* waktu kurang lebih satu seperempat jam. スラバヤ・ジャカルタ間のフライトはおよそ1時間15分かかる。
membayangkan ☐ 1645	他 想像する 【bayang】 bayangan 名 陰 Pemuda itu selalu *membayangkan* mempunyai kekasih bintang film terkenal. その若者は有名な映画俳優の恋人を持つことをいつも空想している。

中級単語

memikirkan ☐ 1646	他 〜について考える、考慮する 【pikir】 pemikiran 名 考え berpikir 自 考える Setelah beberapa hari terus-menerus *memikirkan* hal itu, hari ini dia dapat bernapas lega karena sudah dapat mengatasi masalahnya. 数日間ずっとそのことばかりを考え続けていた後、やっと問題を解決できたので、今日彼はほっと息がつけた。
mendadak ☐ 1647	副 突然に 【dadak】 dadakan 形 突然の Walaupun sejak pagi cuaca cerah, akhirnya *mendadak* turun hujan juga. 朝から天気は良かったが、最後に、突然雨が降った。
menemui ☐ 1648	他 (人に) 会いに行く、出くわす 【temu】 menemukan 他 見つける bertemu 自 会う pertemuan 名 会合、出会い Setelah *menemui* mantan kekasihnya, dia merasa gelisah. 元の恋人に会った後、彼は落ち着かなく感じた。
menengah ☐ 1649	形 中級の 【tengah】 名 真ん中 副 途中である setengah 名 半分 pertengahan 名 中間 Harga perumahan ini hanya bisa dijangkau oleh kalangan *menengah* ke atas. この家の値段は中流から上の人にのみ手が届く。
mengelola ☐ 1650	他 運営する 【kelola】 pengelola 名 管理者 pengelolaan 名 運営 Pihak pemerintah mencoba *mengelola* air bersih bagi masyarakat. 政府側は人々に清潔な水を手配しようとした。

mengutip ☐ 1651	他 引用する 【kutip】 kutipan 名 引用 Setiap penulis boleh *mengutip* pendapat penulis yang lain asal mencatat sumbernya. どの筆者も出典を記しさえすれば他の筆者の考えを引用しても良い。
menyampaikan ☐ 1652	他 伝える 【sampai】 自 到達する、到着する Dalam pidatonya kepala sekolah *menyampaikan* rencana pelaksanaan pertandingan olahraga antar sekolah minggu depan. 演説の中で校長は来週の学校間スポーツ大会の実施計画を伝えた。
menyerang ☐ 1653	他 攻撃する 【serang】 serangan 名 攻撃 Walaupun berada di dalam kurungan, singa liar itu berusaha *menyerang* pengunjung kebun binatang. 檻の中にいたが、その野生のライオンは動物園の来場者を攻撃しようとする。
neraka ☐ 1654	名 地獄
nona ☐ 1655	名 （未婚の）女性、〜さん 代 あなた
payah ☐ 1656	形 疲れた 間 参った susah payah 副 苦心して Walaupun terlihat sangat *payah*, anak itu sangat bangga karena berhasil menjadi juara lari. その子はとても疲れたように見えたが、かけっこで優勝したのでとても誇らしげだ。
pembuatan ☐ 1657	名 作成 【buat】 前 〜のために membuat 他 作る、〜を−にする berbuat 他 行なう、為す perbuatan 名 行ない

中級単語

pengantin □1658	**名** 花嫁、花婿
perayaan □1659	**名** 祝賀　【raya】**形** 偉大な merayakan **他** 祝う
pertimbangan □1660	**名** 計量（器）、考慮【timbang】 mempertimbangkan **他** 考慮する
prihatin □1661	**形** 心痛の Kami turut *prihatin* atas musibah yang menimpa keluarga Anda. 私たちはあなたの家族に降りかかった災難に心を痛めています。
ratu □1662	**名** 女王
santai □1663	**形** くつろいだ Hari Minggu hampir seharian saya *santai* di rumah dengan anak-anak. 日曜日はほとんど一日中私は子供たちと家でくつろいだ。
sebelah □1664	**名** 片側　【belah】**名** 片方
sepi □1665	**形** 静かな、寂しい Saya berjalan cepat-cepat ketika melewati kuburan yang *sepi* itu. 私はその寂しい墓地を通るときは足早に歩く。
sukses □1666	**名** 成功　**形** 成功した Tim bola basket Universitas Surabaya *sukses* mempertahankan gelar juara di kompetisi bola basket antar mahasiswa. スラバヤ大学のバスケットチームは大学間のバスケットボール大会で首位を守ることに成功した。
susu □1667	**名** ミルク

tempe ☐1668	名 テンペ（大豆発酵食品）
terbesar ☐1669	形 最大の　【besar】形 大きい besar-besaran 副 大々的に membesarkan 他 大きくする sebesar 形（〜と同じ）大きさの Danau Toba di provinsi Sumatra Utara adalah danau *terbesar* di Indonesia. 北スマトラ州のトバ湖はインドネシアで最も大きな湖だ。
tertinggi ☐1670	形 最も高い　【tinggi】形 高い Dia meraih nilai *tertinggi* untuk pelajaran fisika di kelasnya. 彼は学級で物理の科目の最高点を取った。
tindak ☐1671	名 手段、措置 bertindak 自 行動する tindakan 名 行動
truk ☐1672	名 トラック
wisata ☐1673	名 観光 berwisata 自 観光に行く darmawisata 名 遠足 pariwisata 名 観光
administrasi ☐1674	名 事務管理、行政
berkuasa ☐1675	自 権力を持っている　形 権力のある　【kuasa】名 権力 kekuasaan 名 権力 menguasai 他 マスターする、支配する penguasa 名 支配者 Orang itu sangat *berkuasa* dalam menentukan kebijakan pemerintah. その人は政府の政策決定において大変権力をもっている。

Level 2

中級単語

berulang □ 1676	自 繰り返す 【ulang】 mengulang 他 繰り返す Sejarah *berulang*, kata orang. 歴史は繰り返すと、人は言う。
dada □ 1677	名 胸
demam □ 1678	名 熱
emas □ 1679	名 金
gajah □ 1680	名 象
gerak □ 1681	名 動き bergerak 自 動く pergerakan 名 活動、(政治)運動 gerakan 名 運動
haram □ 1682	形 (イスラム法で)禁じられた Makanan ini *haram* menurut agama Islam. この食べ物はイスラム教によると禁じられている。
jurusan □ 1683	名 学科、〜行き(乗り物) 【jurus】
kampanye □ 1684	名 キャンペーン
kebangsaan □ 1685	名 民族性 【bangsa】 名 民族
kebersihan □ 1686	名 衛生 【bersih】 形 清潔な membersihkan 他 掃除する pembersihan 名 清掃

kemasan ☐ 1687	名 包装　【kemas】 mengemas 他 包装する
kena ☐ 1688	自 蒙る mengenai 前 〜に関して mengenakan 他 身に着ける terkena 受 （事故、病気などを）被る、（物が）当たる Murid itu *kena* marah dari gurunya karena dia cukup nakal. その生徒はかなり腕白だったので先生の怒りを買った。
ketakutan ☐ 1689	名 恐怖　自 恐れる　【takut】形 恐れる menakutkan 他 怖がらせる 形 怖い Ada orang yang *ketakutan* berada di tempat tinggi. 高いところにいるのを怖がる人がいる。
kilo(gram) ☐ 1690	名 キログラム
kimia ☐ 1691	名 化学
kodok ☐ 1692	名 蛙
kontrol ☐ 1693	名 管理 mengontrol 他 監督する
LSM ☐ 1694	略 NGO　Lembaga Swadaya Masyarakat
makhluk ☐ 1695	名 創造物
memadai ☐ 1696	他 〜を満たす　【pada】形 十分な 前 〜に Sekolah itu belum mempunyai fasilitas olahraga yang *memadai*. その学校はまだ満足のいくスポーツ施設を持っていない。

Level 2

中級単語

memaksa ☐ 1697	他 ～を強制する 【paksa】 他 ～を強制する pemaksaan 名 強制 terpaksa 他 やむなく～する Meskipun hari kerja, ibu *memaksa* ayah untuk beristirahat di rumah karena agak sakit. 出勤日だったが、父がやや具合が悪かったので、母は父を家で休養させた。
bunuh, membunuh ☐ 1698	他 殺す 【bunuh】 他 殺す pembunuhan 名 殺人 Masyarakat desa berusaha *membunuh* tikus yang telah merusak sawah mereka. 村の人々は田んぼを荒らしたネズミを殺そうと頑張った。
memperlihatkan ☐ 1699	他 見せる 【lihat】 melihat 他 見る dilihat 受 見られる terlihat 受 見られる kelihatan 自 ～のように見える Seluruh peserta lomba menyanyi sudah *memperlihatkan* segenap kemampuan mereka di depan juri. 歌のコンクールの全参加者は審査員の前で自分の実力を披露した。
menangkap ☐ 1700	他 捕捉する、逮捕する 【tangkap】 penangkapan 名 捕獲 Polisi berhasil *menangkap* penjahat yang sudah tiga bulan melarikan diri ke luar negeri. 警察は、すでに3ヵ月間海外へ逃亡していた悪人を逮捕するのに成功した。
mendorong ☐ 1701	他 押す、～することを促す 【dorong】 dorongan 名 動機 Ayah berjalan sambil *mendorong* sepeda adik pelan-pelan. 父は弟の自転車をゆっくりと押しながら歩いた。

mengancam ☐ 1702	他 脅す 【ancam】 ancaman 名 脅迫 Saya masih ingat ketika kakak *mengancam* akan mogok makan bila tidak diizinkan melanjutkan kuliah. 兄が大学での勉強を許してもらえなかったとき、ハンガーストライキをすると脅したのを私はまだ憶えている。
mengantar ☐ 1703	他 連れて行く、届ける 【antar】 mengantarkan 他 届ける pengantar 名 案内、配達 Setiap hari ibu *mengantar* adik ke jalan menunggu bis sekolah pada pukul 8 lebih 25 menit. 毎日、母は8時25分過ぎに学校のバスを待つために通りへ弟を送っていく。
mengingatkan ☐ 1704	他 気づかせる 【ingat】 自 思い出す memperingati 他 記念する memperingatkan 他 注意する peringatan 名 警告、記念 ingatan 名 記憶 mengingat 他 思い出す、覚える Wajah lelaki itu *mengingatkan* saya akan sahabat saya yang sekarang sedang merantau. その男性の顔は私に出稼ぎをしている親友を思い出させた。
menjabat ☐ 1705	他 任務に就く、握手をする 【jabat】 berjabat 自 〜の役職に就く pejabat 名 高官 jabatan 名 役職 Semasa mahasiswa dia *menjabat* sebagai ketua bidang kesenian di organisasi kampus. 学生時代、彼は大学の組織で芸能部門の長の役に就いていた。
penerbitan ☐ 1706	名 出版 【terbit】 自 出現する menerbitkan 他 出版する

中級単語

ongkos ☐ 1707	名 費用
pantat ☐ 1708	名 尻
paru-paru ☐ 1709	名 肺　【paru】
pasukan ☐ 1710	名 軍隊　【pasuk】
pembunuhan ☐ 1711	名 殺害、殺人　【bunuh】他 殺す membunuh 他 殺す
peminat ☐ 1712	名 愛好者　【minat】名 興味 berminat 自 興味をもつ
penampilan ☐ 1713	名 外見　【tampil】自 現れる menampilkan 他 人前で見せる
penerangan ☐ 1714	名 情報、照明　【terang】形 はっきりした、明るい menerangkan 他 説明する keterangan 名 証明、解説
menurun ☐ 1715	自 低下する　【turun】自 下がる、降りる menurunkan 他 低下させる、伝える penurunan 名 低下 keturunan 名 子孫 Setelah sakit selama 3 hari, berat badannya *menurun* drastis. 3日間病気の後、彼の体重は急激に減った。
persetujuan ☐ 1716	名 同意　【tuju】 setuju 自 賛成する menuju 自 〜に向かう tujuan 名 目的

penjahat ☐1717	名 犯罪者　【jahat】 kejahatan 名 罪悪	
pengajaran ☐1718	名 教育　【ajar】 mengajar 他 教える pengajar 名 教師 mengajarkan 他 教える ajaran 名 教え belajar 自 勉強する pelajar 名 生徒 pelajaran 名 学習 mempelajari 他 学ぶ	
pertandingan ☐1719	名 試合　【tanding】 bertanding 自 対戦する	
puas ☐1720	形 満足な kepuasan 名 満足 memuaskan 他 形 満足させる Masyarakat *puas* terhadap hasil kerja pemerintah daerah. 人々は地方政府の業績に満足している。	
pusing ☐1721	形 頭痛の、悩ませる Sehabis kehujanan, kepala saya sangat *pusing*. 雨に濡れた後、私の頭はとても痛かった。	
ringan ☐1722	形 軽い Karena sedang hamil, pegawai itu diizinkan mengerjakan pekerjaan yang *ringan* saja. 妊娠中なので、その職員は軽い仕事だけをすることを許された。	
sarjana ☐1723	名 学士、学者	
wangi ☐1724	名 香り　形 良い香りの Saya suka bunga melati yang *wangi*. 私は良い香りのジャスミンの花が好きだ。	

中級単語

serba ☐ 1725	**副 何もかも** Artis itu dijuluki artis *serba* bisa karena dapat melakukan apa saja. そのアーティストは何でもできるので、万能芸能人と呼ばれている。
setan ☐ 1726	**名 悪魔**
sikat ☐ 1727	**名 ブラシ** sikat gigi **名** 歯ブラシ
sinetron ☐ 1728	**名 テレビの連続ドラマ**
terpenting ☐ 1729	**形 最も重要な** 【penting】**形** 重要な kepentingan **名** 重要性、利害 pentingnya **名** 重要性 Tugas *terpenting* seorang pelajar adalah belajar. 学生の最も重要な務めは勉強することだ。
sempurna ☐ 1730	**形 完璧な、完全な** Penampilan Putri Indonesia dalam ajang Miss Universe tahun ini sangat *sempurna*. 今年のミスユニバースの会場でのミスインドネシアの容姿は完璧だった。
warung ☐ 1731	**名 屋台**
bermaksud ☐ 1732	**自 目的をもつ、意図がある** 【maksud】**名** 目的 memaksudkan **他** 意図する dimaksudkan **受** 意図される Penjahat itu ketahuan *bermaksud* untuk merampok rumah orang kaya itu. その悪党はその金持ちの家に強盗に入ろうとしていることがばれた。

beroperasi □1733	🔵 作動する 【operasi】 🟩 手術、軍事作戦 Pembangkit listrik tenaga nuklir di wilayah itu akan *beroperasi* kembali bulan depan. その地域の原子力発電所は来月再び稼働するだろう。
bersedia □1734	🔵 〜する気がある 【sedia】 persediaan 🟩 準備、供給 menyediakan 🟧 用意する、供給する tersedia 🟥 用意される Untung dia *bersedia* untuk menerima permintaan saya. ありがたいことに彼は私の願いを聞いてくれる気だった。
daftar □1735	🟩 表、リスト
jujur □1736	🟪 正直な Sikapnya yang *jujur* itu membuatnya populer di antara kawan-kawannya. その正直な彼の態度が友人たちの中で彼を人気者にしている。
kafir □1737	🟩（イスラムにとって）異教徒
kecelakaan □1738	🟩 事故 【celaka】 🟪 災難な、不幸な
kekerasan □1739	🟩 暴力 【keras】 🟪 堅い
ketat □1740	🟪 ぴったりした、きつい Tak ada pilihan lain, para pegawai harus menaati peraturan yang *ketat* itu. 選択肢はない、従業員たちはその厳しい規則を守らなければならない。
kontrak □1741	🟩 契約

中級単語

krisis □ 1742	名 危機
lembar □ 1743	名 〜枚
lumayan □ 1744	形 まずまずの Gaji perusahaan itu *lumayan*. その会社の給料はまずまずだ。
melanda □ 1745	他 襲う 【landa】 Badai *melanda* semua desa di pinggir pantai. 嵐は海岸のすべての村を襲った。
melulu □ 1746	副 〜だけ Hanya makan *melulu* yang kamu pikirkan! 食べることしか考えていないんだな。
memasang □ 1747	他 取り付ける 【pasang】 pemasangan 名 設置 pasangan 名 組み合わせ、ペア sepasang 名 1組、1対 Ibu *memasang* kancing baju adik yang lepas. 母は妹の服のとれたボタンを付けた。
mempelajari □ 1748	他 学ぶ 【ajar】 belajar 自 勉強する pelajar 名 生徒 pelajaran 名 学習 ajaran 名 教え mengajarkan 他 教える mengajar 他 教える pengajar 名 教師 pengajaran 名 教育 Linguistik adalah ilmu yang *mempelajari* seluk-beluk bahasa secara ilmiah. 言語学とは言語のあれこれを学術的に学ぶ学問だ。

memulai ☐ 1749	他 ~を始める 【mulai】 自他 始まる Panitia Festival Indonesia *memulai* pertunjukan dengan menampilkan tari Bali. インドネシア・フェスティバル委員たちはバリ舞踊で公演を開始した。	
mengumpulkan ☐ 1750	他 集める 【kumpul】 berkumpul 自 集まる Kami sedang berusaha *mengumpulkan* sumbangan untuk korban bencana alam di Yogyakarta. 私たちはジョグジャカルタの自然災害の被害者のために寄付を集める努力をしている。	
mengurus ☐ 1751	他 扱う、処理する 【urus】 pengurus 名 運営者 urusan 名 対処すべき事柄 Sudah satu minggu ini saya bolak-balik ke kantor imigrasi untuk *mengurus* perpanjangan visa untuk orang asing yang bekerja di kantor saya. この１週間、私の会社で働く外国人のヴィザの延長をするために移民局へ行き来した。	
merebut ☐ 1752	他 奪い取る 【rebut】 Tim Indonesia *merebut* 2 medali emas pada pertandingan atletik. インドネシアチームは陸上競技の試合で２つのメダルを獲得した。	
merugikan ☐ 1753	他 形 損害を与える 【rugi】 自 損をする kerugian 名 損失 Para pejabat yang melakukan korupsi sangat *merugikan* negara. 汚職を行なった高官たちは、国に大変な損害を与えた。	
mesjid ☐ 1754	名 モスク	
persaingan ☐ 1755	名 競争 【saing】 bersaing 自 競う	

中級単語

murni □1756	形 純粋な kemurnian 名 純粋さ Saat ini jarang sekali ditemui emas *murni* 24 karat. 現在は24金の純金にはめったにお目にかからない。
pemahaman □1757	名 理解 【paham】自 理解する 名 考え memahami 他 ～を理解する
pemenang □1758	名 受賞者 【menang】自 勝つ memenangkan 他 勝ち取る、勝たせる kemenangan 名 勝利
pendukung □1759	名 支持者 【dukung】 mendukung 他 支持する dukungan 名 支持
pengantar □1760	名 紹介、案内、配達 【antar】 mengantar 他 連れて行く、届ける mengantarkan 他 届ける
perintah □1761	名 命令 memerintahkan 名 命じる pemerintah 名 政府 pemerintahan 名 行政
permukaan □1762	名 表面 【muka】名 顔、正面 mengemukakan 他 表明する
miliar □1763	数 10億 Kuis itu memberikan hadiah sebanyak 1 *miliar* rupiah. そのクイズは10億ルピアの賞金を与える。
praktis □1764	形 実用的な、実際的な Dalam menghadapi persoalan orang cenderung mengambil jalan keluar secara *praktis*. 問題に直面すると、人は実際的な解決法を採る傾向がある。

proklamasi ☐ 1765	**名** 宣言（主にインドネシア共和国独立宣言を指す）
ribut ☐ 1766	**形** 騒がしい Ketika guru tidak ada, suasana kelas *ribut* sekali. 先生がいない時、教室はとても騒がしい雰囲気だ。
risiko ☐ 1767	**名** リスク
setidaknya ☐ 1768	**副** 少なくとも 【tidak】**副** ～ではない Walaupun bukan orang kaya, *setidaknya* saya sudah mempunyai rumah sendiri. 金持ちではなかったが、少なくとも私は自分の家をすでに持っている。
SIM ☐ 1769	**略** 自動車運転免許証　Surat Izin Mengemudi
singkat ☐ 1770	**形** 簡潔な Pelari itu berhasil mencapai finis dalam waktu yang sangat *singkat*. その走者は大変短い時間でゴールするのに成功した。
taman ☐ 1771	**名** 公園
tawar ☐ 1772	**形** 味がない、淡水の Anak saya tidak menyukai teh *tawar*. 私の子供は砂糖の入っていない紅茶が好きではない。
tepi ☐ 1773	**名** 端
TNI ☐ 1774	**略** インドネシア国軍　Tentara Nasional Indonesia（旧称）

Level 2

中級単語

terkait □1775	受 〜と結び付けられる 【kait】 berkaitan 自 〜と関係がある perkaitan 名 関係 kaitan 名 繋がり Saya sama sekali tidak *terkait* dengan masalah yang dihadapi rekan kerja saya itu. 私は仕事場の同僚が直面している問題にまったく関わりがない。
terminal □1776	名 ターミナル
TK □1777	略 幼稚園　Taman Kanak-kanak
terbentuk □1778	受 形成される 【bentuk】名 形 berbentuk 自 〜の形をとる membentuk 他 形成する pembentukan 名 形成 Arca itu *terbentuk* dari tanah liat. その碑は粘土で作られている。
tol □1779	名 通行料金 jalan tol 名 有料道路
tumbuhan □1780	名 植物 【tumbuh】自 育つ pertumbuhan 名 成長
turis □1781	名 旅行者
tutup □1782	形 閉まっている menutup 他 閉じる tertutup 受 閉じられた Pada hari Minggu dan hari libur besar nasional toko itu selalu *tutup*. 日曜日と国民の休日は、その店はいつも閉まっている。

tutur ☐ 1783	名 発言
TVRI ☐ 1784	略 インドネシア国営放送　Televisi Republik Indonesia
anggaran ☐ 1785	名 予算　【anggar】
berbentuk ☐ 1786	自 〜の形をとる　【bentuk】名 形 membentuk 他 形成する pembentukan 名 形成 terbentuk 受 形成される Donat yang paling umum adalah donat *berbentuk* cincin dengan lubang di tengah. 最も一般的なドーナツは真ん中に穴が空いた指輪型のドーナツだ。
berpakaian ☐ 1787	自 着る　【pakai】 memakai 他 使う pemakai 名 使用者 pemakaian 名 使用 pakaian 名 服 Anak perempuan saya suka *berpakaian* kebaya dan kain panjang. 私の娘はカバヤとカインを着るのが好きだ。
berkat ☐ 1788	前 〜のお陰で Saya dapat lulus sekolah *berkat* bantuan beliau. 私はあの方の援助のおかげで卒業できた。
berjudul ☐ 1789	自 〜という題である　【judul】名 題 Cerpen terbarunya *berjudul* "Senja Terakhir." 彼の最新作の短編は「最後の夕焼け」という題だ。
kemenangan ☐ 1790	名 勝利　【menang】自 勝つ memenangkan 他 勝ち取る、勝たせる pemenang 名 受賞者

中級単語

bioskop □1791	名 映画館
bulu □1792	名 (体) 毛、羽
demonstrasi □1793	名 デモ
juara □1794	名 優勝者
karet □1795	名 ゴム
kedudukan □1796	名 地位　【duduk】自 座る menduduki 他 (場所、地位) を占める、〜の上に座る penduduk 名 住民、人口 pendudukan 名 占領
kejahatan □1797	名 罪悪　【jahat】形 悪の penjahat 名 犯罪者
besar-besaran □1798	副 大々的に　【besar】形 大きい membesarkan 他 大きくする sebesar 形 (〜と同じ) 大きさの terbesar 形 最大の Kampanye partai politik itu diadakan *besar-besaran*. その政党のキャンペーンが大々的に行なわれる。
kesatuan □1799	名 統一体、部隊　【satu】数 1 bersatu 自 統合する persatuan 名 協会、統一 satu-satunya 形 唯一の
keseluruhan □1800	名 全体　【seluruh】形 全体の

kiai ☐ 1801	名 キアイ（イスラム導師）
kontak ☐ 1802	名 連絡
Korea ☐ 1803	名 韓国
lulus ☐ 1804	自 パスする、卒業する lulusan 名 卒業生 Kalau tidak ada hambatan, dia akan *lulus* universitas tahun depan. 問題がなければ、彼は来年大学を卒業するだろう。
makna ☐ 1805	名 意味
malang ☐ 1806	形 不幸な、不運な Petuah lama mengatakan manusia harus menerima nasib *malang* dengan sabar. 人は不幸な運命を我慢強く受け入れなければならない、と古い教えは言う。
melukis ☐ 1807	他 描く 【lukis】 lukisan 名 絵画 pelukis 名 画家 Anak saya pandai sekali *melukis* pemandangan. 私の子供は景色を描くのがとても上手い。
membenarkan ☐ 1808	他 正す、是認する 【benar】 形 正しい pembenaran 名 正当化 kebenaran 名 真実 sebenarnya 副 本当は Sambil memeriksa PR adik, ibu *membenarkan* tulisannya yang masih kurang bagus. 弟の宿題をチェックしながら、母はまだ上手くない弟の字を直した。

Level 2

中級単語

membuktikan ☐ 1809	他 証明する 【bukti】 名 証拠 terbukti 受 証明された Pemain bulu tangkis itu *membuktikan* kemampuannya dengan mengalahkan lawannya hari ini. そのバドミントン選手は今日、敵を負かすことで彼の能力を証明した。
memuaskan ☐ 1810	他形 満足させる 【puas】 形 満足な kepuasan 名 満足 Dia puas karena berhasil lulus ujian dengan predikat *memuaskan*. 彼は満足のいく成績で試験をパスしたので満足している。
mencabut ☐ 1811	他 引き抜く、取り消す 【cabut】 pencabutan 名 剥奪 Ibu melarang kami *mencabut* bulu kaki. 母は私たちに足の毛を抜くのを禁じる。
mencatat ☐ 1812	他 書き留める、記録する 【catat】 pencatatan 名 記録 tercatat 受 書き留められる catatan 名 メモ Sejak kecil ibu membiasakan kami untuk *mencatat* semua kegiatan di buku harian. 小さいときから母は私たちにすべての活動を日記に書き留めるように習慣付けてきた。
mengajukan ☐ 1813	他 提示する 【aju】 Setelah mempertimbangkan banyak hal, akhirnya saya *mengajukan* permohonan pengunduran diri. 多くのことを考慮した後、ついに私は辞表を提出した。
mengejar ☐ 1814	他 追いかける 【kejar】 Sambil mengacungkan pistolnya, polisi *mengejar* pencopet yang berusaha melarikan diri. 警官はピストルを上げながら、逃げようとするスリを追いかけた。

menyaksikan ☐1815	他 目撃する 【saksi】 名 証人 Saya sangat takut *menyaksikan* film horor. 私はホラー映画を観るのがとても怖い。
menyambut ☐1816	他 歓迎する 【sambut】 sambutan 名 歓迎スピーチ Persiapan *menyambut* tamu negara sudah kami lakukan sejak 1 bulan yang lalu. 国賓を歓迎する準備をすでに1ヵ月前から行なっている。
menyusul ☐1817	自 他 後を追う 【susul】 Bulan depan kami akan *menyusul* ayah yang sudah terlebih dahulu pergi ke Indonesia. 来月、私たちはすでに先にインドネシアへ行った父の後を追うだろう。
minat ☐1818	名 興味 berminat 自 興味をもつ peminat 名 愛好者
monyet ☐1819	名 猿
nelayan ☐1820	名 漁師
niat ☐1821	名 意図
omong-omong ☐1822	自 おしゃべりをする 副 ところで 【omong】 omong kosong 名 ナンセンス、無意味な話 *Omong-omong*, kapan ya kita bisa berkunjung ke rumah kamu? ところで、いつ私たちは君の家を訪れていいんだい。
pacar ☐1823	名 恋人 pacaran 自 デートする

中級単語

paha □1824	名 腿
Pancasila □1825	名 建国五原則
pangkat □1826	名 地位
papan □1827	名 板
pasang □1828	名 〜対　自 潮が満ちる pasangan 名 組み合わせ、ペア sepasang 名 1組、1対 pemasangan 名 設置 Air laut *pasang* surut atau *pasang* naik sesuai dengan kondisi cuaca. 海水は天気の状態に従って干潮と満潮がある。
paspor □1829	名 パスポート
pejuang □1830	名 戦士　【juang】 berjuang 自 戦う perjuangan 名 戦争
pemirsa □1831	名 視聴者　【pirsa】
pembukaan □1832	名 開始　【buka】　形 開いている membuka 他 開ける terbuka 形 開かれた
pemberian □1833	名 授与　【beri】 memberi 他 与える memberikan 他 〜に与える

pencuri ☐ 1834	**名 泥棒** 【curi】 mencuri 他 盗む pencurian 名 窃盗
pensiun ☐ 1835	**自 定年退職する** Pegawai negeri *pensiun* pada usia 60 tahun. 公務員は 60 歳が定年だ。
percakapan ☐ 1836	**名 会話** 【cakap】 bercakap-cakap 自 おしゃべりする
perikanan ☐ 1837	**名 漁業** 【ikan】 名 魚
peringatan ☐ 1838	**名 警告、記念** 【ingat】 自 思い出す memperingati 他 記念する memperingatkan 他 注意する ingatan 名 記憶 mengingat 他 思い出す、覚える mengingatkan 他 気づかせる
pidato ☐ 1839	**名 演説**
pinggir ☐ 1840	**名 端**
tanjung ☐ 1841	**名 岬**
senantiasa ☐ 1842	**副 常に** Ayah dan ibu *senantiasa* memberikan yang terbaik untuk putra-putrinya. 父と母は常に最も良いものを息子と娘に与える。
senyum ☐ 1843	**名 微笑み** tersenyum 自 微笑む

Level 2

中級単語

seru ☐1844	形 白熱した、興奮した *Seru* sekali menonton pertandingan sepak bola bersama teman-teman sekantor. 会社の友人たちと一緒にサッカーの試合を観ると、とても熱くなる。
SMP ☐1845	略 中学校　Sekolah Menengah Pertama
soalnya ☐1846	副 要するに　【soal】名 問題 persoalan 名 問題、訴訟事件
semestinya ☐1847	副 本来なら　【mesti】ア ～ねばならない mestinya 副 本来は Sudah *semestinya* seorang kakak berbahagia atas prestasi adiknya. 本来なら兄として彼の弟のやり遂げたことを幸せに思うはずだ。
tenis ☐1848	名 テニス
tergolong ☐1849	受 ～に分類される　【golong】 golongan 名 集団 Badak bercula satu *tergolong* binatang langka. 一角犀は希少動物に分類されている。
tertutup ☐1850	形 閉じられた、覆われた　【tutup】形 閉まっている menutup 他 閉める Ketika saya datang, pintu ini masih dalam keadaan *tertutup*. 私が来たとき、この扉はまだ閉じられた状態だった。
unjuk-rasa ☐1851	名 デモ
Al-Quran ☐1852	名 コーラン

berbunyi ☐ 1853	自 鳴る 【bunyi】 名 音 Lonceng *berbunyi* tepat pada pukul 12 siang. 鐘が正午ちょうどに鳴る。
bercampur ☐ 1854	自 混じる 【campur】 mencampur 他 混ぜる Menurut ramalan cuaca, sore nanti akan turun hujan *bercampur* salju. 天気予報によると今日の夕方は、雨に雪が混じるだろう。
bercerita ☐ 1855	自 語る 【cerita】 名 話 menceritakan 他 〜について語る Kakek saya sering *bercerita* tentang kenang-kenangan semasa perang. 祖父は戦時中の思い出をしばしば語る。
berguna ☐ 1856	形 役に立つ 【guna】 名 益、効用 menggunakan 他 利用する penggunaan 名 利用 Pedoman itu sangat *berguna* bagi para siswa SMU untuk menghadapi ujian akhir. その手引きは最終試験に臨む高校生にとって大変ためになる。
berpengaruh ☐ 1857	自 影響力を持つ 形 影響力をもった 【pengaruh】 名 影響 mempengaruhi 他 影響を与える terpengaruh 受 影響される Pernyataan direktur Bank Negara sangat *berpengaruh* pada kegiatan ekonomi. 国立銀行理事の発言は経済活動に大変影響する。
bersiap ☐ 1858	自 準備する 【siap】 形 準備ができた menyiapkan 他 用意する persiapan 名 用意 Polisi sudah *bersiap* siaga terhadap ancaman teroris. 警察はテロリストの脅威に対して準備万端だ。

中級単語

celana ☐ 1859	名 ズボン
debat ☐ 1860	名 論争
hormat ☐ 1861	名 尊敬 menghormati 他 尊敬する terhormat 形 尊敬すべき、（手紙などで）親愛なる
Italia ☐ 1862	名 イタリア
kaget ☐ 1863	形 驚いた Dia *kaget* betul melihat kejadian itu. 彼はその出来事を見て本当に驚いた。
kalian ☐ 1864	代 君たち sekalian 形 全員の 接 〜と同時に *Kalian* tidak boleh masuk ke ruangan sebelum sidang selesai. 君たちは会議が終わるまで部屋に入ってはいけない。
kepribadian ☐ 1865	名 個性 【pribadi】形 個人の 名 個人
keraton ☐ 1866	名 王宮
kerja sama ☐ 1867	名 協力
ketinggalan ☐ 1868	自 とり残された 【tinggal】自 住む meninggal 自 亡くなる meninggalkan 他 残す tertinggal 受 置き忘れられた Kemarin saya *ketinggalan* bis di depan mal. 昨日私はモールの前でバスに乗り遅れた。

layar □ 1869	名 帆、画面
lidah □ 1870	名 舌
lumpur □ 1871	名 泥
maklum □ 1872	自 〜と了承する *Maklum*, orang asing itu belum mengerti adat istiadat Indonesia. その外国人がまだインドネシアの慣習を理解していないのは致し方ない。
melanggar □ 1873	他 （法律などを）破る 【langgar】 pelanggaran 名 違反 Dia selalu *melanggar* peraturan lalu lintas, karena tidak pernah memakai helm. 彼は1度もヘルメットを被ったことはなかったので、いつも交通ルールに違反していた。
melaporkan □ 1874	他 〜を報告する 【lapor】報告する melapor 自 報告する laporan 名 報告 Setiap awal bulan semua kepala bagian harus *melaporkan* hasil produksi bulanan pada bagiannya. 毎月の初めにすべての課長はその部署の月間の生産高を報告しなければならない。
mendengarkan □ 1875	他 〜に耳を傾ける 【dengar】 mendengar 他 聞く pendengar 名 聴衆 pendengaran 名 聴覚 terdengar 受 聞こえる Di rumah, saya selalu belajar sambil *mendengarkan* musik dangdut. 家では私はいつもダンドゥット音楽を聴きながら勉強する。

中級単語

menahan □ 1876	他 抑制する 【tahan】 他 こらえる 自 耐える bertahan 自 耐える mempertahankan 他 守る、保持する pertahanan 名 防衛 Dengan sekuat tenaga kakak *menahan* bangku yang diduduki adik agar tidak jatuh. 落ちないように兄は全力で弟が座っている椅子を押さえた。
menaikkan □ 1877	他 揚げる、上げる 【naik】 自 上がる、乗る、登る kenaikan 名 上昇 Karena mempunyai prestasi kerja bagus, direktur *menaikkan* pangkat karyawan itu. 労働実績が素晴らしかったので、社長はその社員の職階を上げた。
menceritakan □ 1878	他 〜について語る 【cerita】 名 話 bercerita 自 語る Nenek selalu *menceritakan* kisah masa mudanya kepada semua cucunya. 祖母は若いときの話をすべての孫たちに話して聞かせる。
melindungi □ 1879	他 〜を保護する 【lindung】 pelindungan 名 保護 Hari ini udara sangat panas, pakailah payung untuk *melindungi* diri dari sinar matahari. 今日はとても暑い、陽の光から身を守るために傘をさしなさい。
mengerjakan □ 1880	他 行なう、やり遂げる 【kerja】 名 仕事 bekerja 自 働く pekerja 名 労働者 pekerjaan 名 労働、仕事 Perlu waktu yang cukup lama untuk *mengerjakan* proyek air bersih di daerah Pacitan. パチタン地域の飲料水（清潔な）プロジェクトを行なうためにはかなり長い時間が必要だ。

menentang ☐ 1881	他 反抗する 【tentang】 前 〜について bertentangan 自 対立する pertentangan 名 対立 Masyarakat setempat *menentang* rencana pembangunan pabrik di desanya. 現地の住民はその村に工場を建設する計画に反対した。	
menerapkan ☐ 1882	他 応用する、適用する 【terap】 penerapan 名 適用 Setelah lulus dia berusaha *menerapkan* ilmu yang sudah pernah dipelajarinya. 卒業後、彼はかつて学んだ学問を応用しようとした。	
mengenakan ☐ 1883	他 身に着ける 【kena】 mengenai 前 〜に関して terkena 受 (事故、病気などを) 被る、(物が) 当たる Para peserta lomba harus *mengenakan* busana tradisional dari daerah masing-masing. 大会参加者たちはそれぞれの地域の伝統衣装を身に着けなければならない。	
menelepon ☐ 1884	他 電話をかける 【telepon】 名 電話 telepon seluler (略 ponsel) 名 携帯電話 Sejak pagi tadi ayah berulangkali *menelepon* ibu yang sedang menjaga adik di rumah sakit. 今日は朝から父は病院で弟の看病をしている母に何度も電話した。	
menghentikan ☐ 1885	他 止める 【henti】 名 停止 berhenti 自 止まる perhentian 名 停車場 Ayah berusaha keras *menghentikan* kebiasaan merokoknya. 父は喫煙の習慣を止めようと懸命に努力した。	
menjaga ☐ 1886	他 見守る、見張る 【jaga】 形 目が覚めている penjaga 名 警備員 Anjing itu sudah terlatih untuk *menjaga* keamanan rumah ini. その犬はこの家を守るよう訓練されている。	

中級単語

menurunkan ☐ 1887	他 低下させる、(子孫などに)伝える 【turun】自 下がる、降りる menurun 自 低下する penurunan 名 低下 keturunan 名 子孫 Kakek *menurunkan* ketrampilan berlayang-layang kepada cucu-cucunya. 祖父は孫たちに凧揚げのノウハウを伝授した。
menyukai ☐ 1888	他 好む 【suka】自 好き Ayah *menyukai* musik klasik dan dangdut. 父はクラシック音楽とダンドゥットが好きだ。
Mesir ☐ 1889	名 エジプト
meyakinkan ☐ 1890	他 確信させる 形 確信できる 【yakin】自 確信する keyakinan 名 確信 Pelatih *meyakinkan* kemenangan terhadap para pemain asal tetap menjaga kepercayaan diri dan kekompakan selama bertanding. トレーナーは、試合中、自信と団結をずっと維持しさえすれば勝利すると選手たちに確信させた。
nak ☐ 1891	名 (子供に対する呼びかけ) おまえ Kalau menyeberang jalan, harus hati-hati, *nak*! 道を渡るときは、気をつけなさい。
nanas ☐ 1892	名 パイナップル
pahlawan ☐ 1893	名 英雄
panen ☐ 1894	名 収穫

pangeran ☐ 1895	名 王子
penangkapan ☐ 1896	名 捕獲、逮捕 【tangkap】 menangkap 他 捕捉する
pendapatan ☐ 1897	名 収入 【dapat】 ア ～できる mendapat 他 得る mendapatkan 他 手に入れる pendapat 名 考え、意見 berpendapat 自 ～と考える terdapat 受 見られる、～がある
penerimaan ☐ 1898	名 受容 【terima】 menerima 他 受け取る
penghasilan ☐ 1899	名 収入 【hasil】 名 結果 berhasil 自 成功する menghasilkan 他 生産する
penyair ☐ 1900	名 詩人 【syair】 名 詩
perdagangan ☐ 1901	名 商業 【dagang】 名 商業 berdagang 自 商売する pedagang 名 商人
perhitungan ☐ 1902	名 計算 【hitung】 berhitung 自 計算する menghitung 他 数える
permintaan ☐ 1903	名 要求、依頼 【minta】 自 望む meminta 他 求める
permohonan ☐ 1904	名 要請、申請 【mohon】 自 願う

中級単語

persiapan ☐ 1905	名 用意　【siap】形 準備ができた bersiap 自 準備する menyiapkan 他 用意する
persis ☐ 1906	副 ちょうど Baju yang dipakai orang itu *persis* seperti baju yang baru saya beli kemarin. その人が着ている服は昨日私が買ったばかりの服とそっくりだ。
perwakilan ☐ 1907	名 （組織的）代理、代表　【wakil】名 代表、副〜 mewakili 他 代表する
pesantren ☐ 1908	名 イスラム教育施設　【santri】名 敬虔なイスラム教徒
pintar ☐ 1909	形 上手な Walaupun hatinya sedang sedih, dia *pintar* sekali menyembunyikan perasaannya. 彼は悲しくても、その気持ちを隠すのにとても長けている。
pompa ☐ 1910	名 ポンプ
praktek ☐ 1911	名 実行、実践
prestasi ☐ 1912	名 業績
putaran ☐ 1913	名 回転（するもの）、〜回　【putar】 berputar 自 回転する
rinci ☐ 1914	形 詳細な Pegawai akuntansi itu menyebut secara *rinci* biaya yang sudah dikeluarkan bulan lalu. その経理の職員は、先月に支出された費用を詳細に述べた。

rasanya ☐ 1915	副 ～のように感じる　【rasa】名 感覚、味 自 思う berasa 自 感じる merasa 他 感じる merasakan 他 感じ取る perasaan 名 感情、気持ち terasa 受 感じられる *Rasanya* seperti di atas awang-awang ketika mendengar kata-kata rayuannya. 褒め言葉を聞いたとき、雲の上にいるように感じた。
riwayat ☐ 1916	名 経歴 riwayat hidup 名 履歴
sekian ☐ 1917	形 それくらいの　慣 これで終わる　【kian】 *Sekian* sambutan saya dan terima kasih! 私の挨拶は以上です、ありがとうございました。
sopan ☐ 1918	形 礼儀正しい Kita harus bersikap *sopan* terhadap orang tua. 私たちは年長者に対して礼儀正しくしなければならない。
tekanan ☐ 1919	名 圧力、アクセント　【tekan】 menekan 他 押す
tema ☐ 1920	名 テーマ
tenggara ☐ 1921	名 東南
terserah ☐ 1922	受 任せられた　慣 お好きなように　【serah】 menyerah 他 ゆだねる menyerahkan 他 手渡す Silakan makan! *Terserah* mau ambil yang mana terlebih dahulu. どうぞ召し上がってください。どれを先にとるかはお好きなように。

中級単語

ton □ 1923	名 トン
transportasi □ 1924	名 輸送
Turki □ 1925	名 トルコ
bahagia □ 1926	形 幸せな Semoga Anda berdua menempuh kehidupan yang *bahagia*. お2人が幸せに暮らされますように。
darurat □ 1927	形 緊急の Pesawat terbang itu mendarat secara *darurat*. その飛行機は緊急着陸した。
kelamin □ 1928	名 性別
ketertiban □ 1929	名 秩序 【tertib】形 整然と
khususnya □ 1930	副 特に 【khusus】形 特別な 副 特に Masalah perdagangan, *khususnya* perdagangan hasil pertanian, akan dirundingkan lagi. 通商問題、特に農産物の問題が再び議論されるだろう。
kode □ 1931	名 符号
menginginkan □ 1932	他 望む 【ingin】自 〜したい keinginan 名 欲求 Pengusaha itu *menginginkan* anak tunggalnya bisa menggantikan posisinya di perusahaan. その企業家は一人息子（娘）が会社での自分の地位を継ぐことを望んでいる。

lengan ☐ 1933	名 腕
lipat ☐ 1934	名 倍
melanjutkan ☐ 1935	他 続ける 【lanjut】 形 進んだ selanjutnya 接 次に 形 続く Kita tetap *melanjutkan* usaha demi kebaikan. 私たちは善のために努力し続けた。
membahas ☐ 1936	他 議論する 【bahas】 pembahasan 名 議論 Seminar yang diadakan minggu depan akan *membahas* kondisi keuangan perusahaan. 来週に開催されるセミナーは会社の財政状況を議論するだろう。
mencuri ☐ 1937	他 盗む 【curi】 pencuri 名 泥棒 pencurian 名 窃盗 Sekali-sekali anak kecil itu *mencuri* pandang ke arah orang tua berjenggot di sampingnya. 時折、その幼子は隣の顎ひげを生やした老人の方を盗み見た。
menegaskan ☐ 1938	他 断言する 【tegas】 形 副 はっきりとした Pihak kepolisian *menegaskan* akan segera menindak para pelaku kejahatan di mana pun. 警察側はどこであろうと犯罪者たちにすぐに対処すると断言した。
menekan ☐ 1939	他 押す、圧力をかける 【tekan】 tekanan 名 圧力 Anda dapat menggunakan kereta dorong ini dengan *menekan* pegangannya terlebih dahulu. あなたはまず取っ手を押してこのカートを利用することができる。

Level 2

中級単語

mengakhiri ☐ 1940	他 終わらせる 【akhir】 名 終わり berakhir 自 終了する akhirnya 副 最後には akhir-akhir ini 副 最近 terakhir 形 最後の Kedua suku itu sepakat untuk *mengakhiri* pertikaian di antara mereka. 双方の民族集団は彼らの間の紛争を終わらせることに合意した。
menghitung ☐ 1941	他 数える 【hitung】 berhitung 自 計算する perhitungan 名 計算 Bocah Indonesia itu sudah bisa *menghitung* angka dalam bahasa Jepang. そのインドネシアの子供は日本語で数字を数えることができるようになった。
kuasa ☐ 1942	名 権力 berkuasa 自 権力を持っている 形 権力のある menguasai 他 マスターする、支配する penguasa 名 支配者 kekuasaan 名 権力 Dia menyalahgunakan *kuasa* untuk merebut kedudukan yang lebih tinggi. 彼はより高い地位を奪い取るために権力を濫用した。
menjamin ☐ 1943	他 保障する 【jamin】 Pihak bank sudah *menjamin* bahwa tabungan kami aman selama berada di sana. 銀行側は私たちの預金がそこにある間は安全だと保証した。
modal ☐ 1944	名 資本

mewah □1945	形 豪華な Pengusaha itu menyerahkan mobil *mewah* sebagai mas kawinnya. その企業家は婚資として高級車を渡した。
merayakan □1946	他 祝う　【raya】形 偉大な perayaan 名 祝賀 Ibu membuat nasi kuning untuk *merayakan* ulang tahun nenek yang ke-60. 母は60回目の祖母の誕生日を祝うために黄色ご飯を作った。
Nusantara □1947	名 インドネシア群島
pakar □1948	名 専門家
pandai □1949	形 上手な、賢い Saya mempunyai teman yang sangat *pandai* memasak masakan Jepang. 私にはとても上手に日本料理を作る友達がいる。
pantas □1950	形 似合う　ア ～するのにふさわしい Ibu terlihat *pantas* sekali dengan gaun malam biru itu. 母はその青いナイトドレスがとても似合って見える。
patut □1951	形 適切な　ア ～するのにふさわしい Anak itu *patut* menjadi contoh bagi adik-adiknya. その子は弟たちの手本になるのにふさわしい。
pecah □1952	形 割れた　自 割れる、勃発する memecahkan 他 解決する、壊す pemecahan 名 解決 Hati-hati, jangan sampai gelas itu *pecah*! 気をつけろ、グラスが割れないように！
pegangan □1953	名 取っ手、よりどころ　【pegang】 memegang 他 つかむ pemegang 名 保持者

Level 2

中級単語

pelangi ☐1954	名 虹
pemakaian ☐1955	名 使用 【pakai】前 ～を使って memakai 他 使う pemakai 名 使用者 pakaian 名 服 berpakaian 自 着る
pemandu ☐1956	名 ガイド 【pandu】
pemanfaatan ☐1957	名 効用、利用 【manfaat】名 有益性 memanfaatkan 他 利用する
pengacara ☐1958	名 弁護士 【acara】名 催し
pengganti ☐1959	名 後継者、代替人（物）【ganti】 mengganti 他 取り換える menggantikan 他 取って代わる penggantian 名 交換 berganti 自 変わる
persatuan ☐1960	名 協会、統一 【satu】数 1 bersatu 自 統合する kesatuan 名 統一体、部隊 satu-satunya 形 唯一の
pertama-tama ☐1961	副 まず最初に *Pertama-tama*, kami mengucapkan banyak terima kasih kepada semua undangan yang telah hadir malam ini. まず最初に、私どもは今晩ご出席のすべての来賓の皆様に厚くお礼を申し上げます。

peta ☐ 1962	名 地図
plastik ☐ 1963	名 ビニール、プラスチック
punggung ☐ 1964	名 背中
Quran ☐ 1965	名 コーラン
ramah ☐ 1966	形 親切な Anak itu terkenal *ramah* dan mudah bergaul dengan siapa pun. その子は親切で誰とでも仲よくできることで知られている。
rubrik ☐ 1967	名（新聞、雑誌の）欄
rupanya ☐ 1968	副 〜のようだ 【rupa】名 形 berupa 自 〜の形をとる merupakan 他 〜を形成する serupa 形 似ている Sejak tadi *rupanya* dia terus memperhatikan saya. 先ほどからずっと彼は私を注目しているようだ。
sah ☐ 1969	名 法的に有効な、正当な
senja ☐ 1970	名 夕暮れ
sepakat ☐ 1971	形 意見が一致した 【pakat】 Saya dan suami *sepakat* untuk memberi kursus seni lukis kepada anak pertama kami. 私と夫は一番上の子供に絵画のレッスンをさせることで意見が一致した。

中級単語

Singapura ☐ 1972	名 シンガポール
sop ☐ 1973	名 スープ
sumbangan ☐ 1974	名 寄付、貢献 【sumbang】 menyumbang 他 寄付する
taksi ☐ 1975	名 タクシー
menarik ☐ 1976	他 引っ張る 【tarik】 penarikan 名 撤回 Saya menyeberang jalan sambil *menarik* tangan adik. 私は弟の手を引きながら道を渡った。
teluk ☐ 1977	名 湾
terganggu ☐ 1978	受 邪魔される 【ganggu】 gangguan 名 障害 mengganggu 他 邪魔する Kami merasa *terganggu* sejak kehadiran tetangga sebelah. 隣人が現れて以来、私たちは迷惑している（と感じている）。
unggul ☐ 1979	形 卓越した Desa ini selalu *unggul* di bidang kerajinan tangan. この村はいつも手工芸の分野で抜きん出ている。
wajib ☐ 1980	ア ～しなければならない　形 義務の kewajiban 名 義務 Bahasa Indonesia adalah mata kuliah *wajib* di Jurusan Studi Asia. インドネシア語はアジア学科の必修科目だ。
cuaca ☐ 1981	名 天気

halo □ 1982	慣 こんにちは、もしもし
ibu kota □ 1983	名 首都
keberatan □ 1984	名 障害 【berat】形 重い
keliling □ 1985	自 回る berkeliling 自 回る sekeliling 名 周囲 Saya ingin *keliling* dunia setelah pensiun. 定年後に私は世界を回りたい。
kesimpulan □ 1986	名 結論 【simpul】 menyimpulkan 他 結論づける
kopor □ 1987	名 トランク、鞄
kopi □ 1988	名 コーヒー
ladang □ 1989	名 畑
lapar □ 1990	形 空腹の Saya *lapar* sekali karena belum makan apa-apa dari pagi. 私は朝から何もまだ食べていないのでとてもお腹が空いている。
mematikan □ 1991	他 〜を消す、殺す 【mati】自 死ぬ kematian 名 死 Setiap kali meninggalkan kamar mandi ayah selalu lupa *mematikan* lampu. バスルームを出るときはいつも、父は電気を消し忘れる。

中級単語

membakar ☐ 1992	他 燃やす、焼く 【bakar】 pembakaran 名 燃焼 kebakaran 名 火事 terbakar 受 燃えた Setiap malam Jumat Kliwon, tetangga sebelah rumah selalu *membakar* kemenyan. 毎週金曜日のクリウォンの夜に、隣人はいつも香を焚く。
membalas ☐ 1993	他 返答する、応じる 【balas】 Anak-anak harus *membalas* kebaikan orang tua dengan kasih sayang. 子供たちは愛情をもって両親の好意に報いなければならない。
membela ☐ 1994	他 守る 【bela】 pembelaan 名 擁護 Orang itu selalu *membela* adiknya yang nakal, walaupun semua orang lain menyalahkannya. 他のみんなが腕白な彼の弟を悪く言ったが、その人はいつも彼を擁護した。
memelihara ☐ 1995	他 飼う、育てる 【pelihara】 pemeliharaan 名 飼育 Ibu tidak memperbolehkan kakak *memelihara* kucing di rumah. 母は姉が家で猫を飼うのを許さない。
memimpin ☐ 1996	他 率いる 【pimpin】 pemimpin 名 指導部、上層部 pemimpinan 名 指導 Ketua kelas *memimpin* teman-temannya memberi salam kepada Pak guru. 級長は先生に礼をするよう友人たちを導いた。
menampilkan ☐ 1997	他 人前で見せる 【tampil】 自 現れる penampilan 名 外見 Pagelaran musik kemarin *menampilkan* beberapa pianis tingkat dunia. 昨日の音楽会には数名の世界レベルのピアニストが出演した。

menambahkan ☐ 1998	他 〜を付け加える 【tambah】 副 いっそう menambah 他 増やす penambahan 名 加増 bertambah 自 増える tambahan 名 追加　形 追加の Nenek *menambahkan* sedikit garam dan gula agar sup itu semakin enak. 祖母はそのスープがより美味しくなるように塩と砂糖を少々加えた。
memperkuat ☐ 1999	他 強くする 【kuat】 形 強い kekuatan 名 力 Pemain kawakan itu akan ikut *memperkuat* tim bulu tangkis Indonesia di Olimpiade tahun depan. そのベテラン選手は来年のオリンピックでインドネシアのバドミントン・チームを強化するだろう。
cetak, mencetak ☐ 2000	他 印刷する 【cetak】 他 印刷する pencetakan 名 印刷 percetakan 名 印刷所 Ayah *mencetak* foto ulang tahun kakak untuk dikirim kepada nenek. 父は祖母に送るために姉の誕生日の写真をプリントした。
menduga ☐ 2001	他 〜ではないかと推測する 【duga】 dugaan 名 推測 Saya sama sekali tidak *menduga* bahwa dia akan tersinggung mendengar komentar saya. 彼が私のコメントを聞いて傷つくだろうとは、私はまったく思ってもみなかった。
mengundang ☐ 2002	他 招待する 【undang】 undangan 名 招待 Ibu *mengundang* rekan-rekannya untuk makan malam di rumah kami besok. 母は明日、彼女の同僚を家での夕食に招待する。

Level 2

中級単語

mengembalikan ☐ 2003	他 返す 【kembali】 自 戻る 副 再び pengembalian 名 返還 Pengadilan memutuskan bahwa terdakwa harus *mengembalikan* semua uang yang telah dikorupsi. 裁判所は被告に対し、汚職で得たすべての金を返却しなければならないと決定した。
menghargai ☐ 2004	他 尊重する 【harga】 名 値段 penghargaan 名 高い評価 berharga 形 価値のある Apabila kamu *menghargai* orang lain, maka kamu juga akan dihargai. 君が他人を尊重するとき、また君も尊重されるだろう。
mengisi ☐ 2005	他 詰める 【isi】 名 内容 berisi 自 含む Dengan hati-hati Pak guru *mengisi* botol plastik itu dengan cairan berwarna merah. 先生は注意深く赤色の液体をそのペットボトルに詰めた。
meneliti ☐ 2006	他 調査する 【teliti】 形 注意深い peneliti 名 研究者 penelitian 名 調査 Sebelum membeli barang, Anda harus *meneliti* barang tersebut dengan seksama. 品物を購入する前に、あなたは注意深くその品物を調べなければならない。
mengusulkan ☐ 2007	他 提案する 【usul】 他 提案 usulan 名 提案 Panitia *mengusulkan* agar dilaksanakan tes susulan untuk peserta yang terlambat hadir pada tes pertama. 委員会は最初の試験に遅れた参加者のために追試をするように提案した。
mi, mie ☐ 2008	名 麺

menyelamatkan ☐ 2009	他 救う 【selamat】 形 無事な、安全な 慣 おめでとう selamatan 名 お祝いや祈りの宴 keselamatan 名 安全、平安 Orang berusaha *menyelamatkan* semua benda berharga ketika terjadi bencana banjir. 人々は洪水災害が起こったとき、貴重なものすべてを救おうとした。
pahit ☐ 2010	形 苦い Buah ini rasanya *pahit* sekali. この果物はとても苦い味がする。
partisipasi ☐ 2011	名 参加
pasaran ☐ 2012	名 市場 【pasar】 名 市場 memasarkan 他 売り出す
pelabuhan ☐ 2013	名 港 【labuh】 berlabuh 自 停泊する
pelanggaran ☐ 2014	名 違反 【langgar】 melanggar 他 違反する
pelatih ☐ 2015	名 コーチ 【latih】 melatih 他 鍛える latihan 名 訓練
pendeta ☐ 2016	名 僧侶
peneliti ☐ 2017	名 研究者 【teliti】 形 注意深い meneliti 他 調査する penelitian 名 調査
pengawasan ☐ 2018	名 監視 【awas】 慣 危ない

Level 2

中級単語

perbatasan　☐2019	名 国境　【batas】名 境界、限度 membatasi 他 制限する pembatasan 名 制限 terbatas 形 限られた
perdamaian　☐2020	名 平和、和解　【damai】形 平和な
perlakuan　☐2021	名 扱い　【laku】 berlaku 自 有効である melakukan 他 行う pelaku 名 実行者 perilaku 名 ふるまい
pertahanan　☐2022	名 防衛　【tahan】他 こらえる 自 耐える bertahan 自 耐える menahan 他 抑える mempertahankan 他 守る、保持する
petunjuk　☐2023	名 指示　【tunjuk】 menunjuk 他 指し示す menunjukkan 他 示す mempertunjukkan 他 上演する pertunjukan 名 上演
populer　☐2024	形 人気がある Lagu ini sangat *populer* di kalangan anak muda. この曲は若者の間でとても人気がある。
restoran　☐2025	名 レストラン
sekalian　☐2026	形 全員の　接 ～と同時に　【kali】名 回 kalian 代 君たち Bawa saja kursi itu *sekalian* mejanya untuk diletakkan di kamarmu. その椅子と一緒に机もおまえの部屋に置くように運びなさい。

selera ☐ 2027	名 嗜好
tantangan ☐ 2028	名 挑戦 【tantang】 menantang 他 挑戦する
terjun ☐ 2029	自 飛び込む Olahraga *terjun* payung banyak diminati anak muda. スカイダイビングのスポーツは多くの若者に愛されている。
terpisah ☐ 2030	受 離される 【pisah】 memisahkan 他 分割する、離れさせる pemisahan 名 分離 Pada saat bencana tsunami banyak anak yang *terpisah* dari orang tuanya. 津波の災害時に多くの子供たちが両親と離れ離れになった。
celaka ☐ 2031	形 災難な、不幸な kecelakaan 名 事故 Alangkah *celaka*nya nasib anak yatim itu! その孤児の運命のなんて不幸なことか。
dikasih ☐ 2032	受 与えられる 【kasih】 名 愛情 mengasih 他 与える kasihan 形 かわいそうな Gadis manja itu selalu *dikasih* uang oleh orang tuanya. その甘やかされた娘はいつも親にお金を与えられる。
gado-gado ☐ 2033	名 ガドガド（サラダの１つ）
hati-hati ☐ 2034	形 注意して 【hati】 名 心 perhatian 名 注意、配慮 memperhatikan 他 注意する *Hati-hati* di jalan karena sudah malam. もう夜になったから帰りは気をつけて！

中級単語

kenangan ☐ 2035	名 思い出　【kenang】 mengenang 他 思い出す
komersial ☐ 2036	形 商業の Pesawat jet *komersial* tidak boleh beroperasi di wilayah ini. 商業ベースのジェット機はこの地域では運行してはいけない。
korek api ☐ 2037	名 マッチ
kos ☐ 2038	名 下宿
leher ☐ 2039	名 首
lubang ☐ 2040	名 穴
lurus ☐ 2041	形 副 真っ直ぐな Kalau mau ke kantor pos, *lurus* saja ikuti jalan ini. 郵便局へ行きたければ、この道に沿って真っ直ぐです。
lutut ☐ 2042	名 膝
manfaat ☐ 2043	名 有益性 memanfaatkan 他 利用する pemanfaatan 名 効用 Adakah *manfaat* yang Anda rasakan setelah membaca buku filsafat itu? その哲学書を読んであなたは役に立つと感じましたか。
memalukan ☐ 2044	形 恥ずかしい 他 恥をかかせる　【malu】 形 恥ずかしい kemaluan 名 羞恥、性器 Anak itu diusir dari rumah karena sudah *memalukan* keluarganya. その子供は家族に恥をかかせたので、家から追い出された。

membahayakan ☐ 2045	他 脅かす　【bahaya】 名 危険 berbahaya 形 危険な Kegiatan arung jeram termasuk dalam kategori olahraga yang cukup *membahayakan*. ラフティングはかなり危険なスポーツの部に入る。
membatasi ☐ 2046	他 制限する　【batas】 名 境界、限度 pembatasan 名 制限 terbatas 形 限られた perbatasan 名 国境 Klinik bersalin ini *membatasi* jam berkunjung sampai dengan jam 7 malam. この産婦人科はお見舞いの時間を夜の7時までに制限している。
membesarkan ☐ 2047	他 大きくする　【besar】 形 大きい besar-besaran 副 大々的に sebesar 形 〜の大きさの terbesar 形 最大の Orang itu ikut andil dalam *membesarkan* perusahaan ini. その人はこの会社を大きくすることに貢献した。
bikin, membikin ☐ 2048	他 作る、（ある状態）にする　【bikin】 他 作る Hampir setiap hari, nenek *membikin* kue untuk cucunya. ほとんど毎日、祖母は孫にお菓子を作る。
memerintahkan ☐ 2049	他 命じる　【perintah】 名 命令 pemerintah 名 政府 pemerintahan 名 行政 Pimpinan perusahaan *memerintahkan* seluruh anak buahnya untuk masuk kerja pada hari Minggu karena adanya kepentingan mendesak. 会社の指導者は切迫した重要事があったので、日曜日にすべての部下に出社するように命じた。
penyanyi ☐ 2050	名 歌手　【nyanyi】 menyanyi 自 歌う menyanyikan 他 歌う

中級単語

memperpanjang ☐ 2051	他 伸ばす、延長する 【panjang】 形 長い perpanjangan 名 延長 sepanjang 前 〜中、ずっと Walaupun tidak puas dengan gaji yang diterima, dia tetap *memperpanjang* kontrak kerjanya di luar negeri. 彼は受け取る給料に満足してはいなかったが、外国での仕事の契約を延長した。
mempertanyakan ☐ 2052	他 質問する、問題にする 【tanya】 bertanya 自 尋ねる pertanyaan 名 質問 menanyakan 他 〜について尋ねる Para buruh *mempertanyakan* hasil keputusan rapat direksi kepada manajer personalia. 労働者たちは人事課長に対して役員会の決定を問いただした。
mengalahkan ☐ 2053	他 負かす 【kalah】 自 負ける Selama ini kami berlatih keras agar pada pertandingan besok dapat *mengalahkan* lawan. これまで私たちは明日の試合で相手を負かすことができるように厳しい練習をしてきた。
nasihat ☐ 2054	名 忠告
menjatuhkan ☐ 2055	他 落とす、下す 【jatuh】 自 落ちる Karena tergesa-gesa, tanpa sengaja adik *menjatuhkan* gelas yang dipegangnya. 慌てていたので、過って妹は持っていたグラスを落とした。
menyiapkan ☐ 2056	他 用意する 【siap】 形 準備ができた bersiap 自 準備する persiapan 名 用意 Ibu sedang *menyiapkan* makan malam untuk kami berdua. 母は私たち2人のために夜食を準備しているところだ。

meraih ☐ 2057	**他 勝ち得る、手を伸ばしてつかむ**　【raih】 Karena kemahirannya melukis, anak kami beberapa kali *meraih* penghargaan di luar negeri. 絵を描くことに長けていたので、私たちの子供は何度も海外で賞を勝ち取った。
mewakili ☐ 2058	**他 代表する、代理を務める**　【wakil】 **名** 代表、副〜 perwakilan **名** 代表 Manajer personalia *mewakili* perusahaan untuk melakukan perundingan dengan karyawan tentang kenaikan gaji. 人事課長は会社を代表して昇給について従業員と会議を行なう。
mundur ☐ 2059	**自 後戻りする、退く** kemunduran **名** 後退 Seniman itu memutuskan *mundur* dari dunia seni. その芸術家は芸術の世界から引退すると決めた。
mengeluh ☐ 2060	**自 不平を言う**　【keluh】 keluhan **名** 不平 Ayah *mengeluh* ketika melihat sikap adik yang tidak juga berhenti merokok. いっこうにタバコを止めようとしない弟の態度を見て、父は嘆いている。
pelajar ☐ 2061	**名 生徒**　【ajar】 pelajaran **名** 学習 belajar **自** 勉強する mempelajari **他** 学ぶ ajaran **名** 教え mengajar **他** 教える mengajarkan **他** 教える pengajar **名** 教師 pengajaran **名** 教育
pengemudi ☐ 2062	**名 運転者**　【kemudi】 mengemudi **他** 運転する

Level 2

中級単語

tercatat ☐ 2063	受 書き留められる 【catat】 mencatat 他 メモする pencatatan 名 記録 catatan 名 メモ Pak Amin *tercatat* sebagai salah satu dosen yang akan mengajar bahasa Indonesia. アミン氏はインドネシア語を教える講師の１人として登録されている。
memperingati ☐ 2064	他 記念する 【ingat】 自 思い出す peringatan 名 警告、記念 ingatan 名 記憶 memperingatkan 他 注意する mengingat 他 思い出す、覚える mengingatkan 他 気づかせる Setiap tanggal 21 April seluruh bangsa Indonesia *memperingati* Hari Kartini. 毎年４月21日にはインドネシア民族すべてがカルティニの日を記念する。
perak ☐ 2065	名 銀
perlawanan ☐ 2066	名 抵抗 【lawan】 名 相手 melawan 他 抵抗する
pertengahan ☐ 2067	名 中間 【tengah】 名 真ん中 副 途中である menengah 形 中級の setengah 名 半分
pinjaman ☐ 2068	名 融資 【pinjam】 meminjam 他 借りる meminjamkan 他 貸す
pipa ☐ 2069	名 パイプ

perahu ☐2070	名 小舟
Puskesmas ☐2071	略 国民健康センター　Pusat Kesehatan Masyarakat
rahasia ☐2072	名 秘密
rekening ☐2073	名 預金口座、請求書
romo ☐2074	名 神父
RRC ☐2075	略 中華人民共和国　Republik Rakyat Cina
sarapan ☐2076	名 朝食　【sarap】
sate ☐2077	名 串焼き
sekitarnya ☐2078	名 周辺　【kitar】 sekitar 前 およそ、〜の近辺
seragam ☐2079	形 一様な　名 制服　【ragam】名 種、様式 Semua hadirin mempunyai pendapat yang *seragam* tentang hal ini. すべての出席者はこのことについて一様の意見を持っている。
sok ☐2080	副 気取って、〜ぶる（俗） Dia *sok* tahu di depan kawan-kawan. 彼は友達の前で知ったかぶりをする。
dompet ☐2081	名 財布

Level 2

中級単語

telanjang ☐ 2082	**形 裸の** Polisi menangkap penari *telanjang* yang beroperasi di hotel. 警官はホテルで営業しているヌードダンサーを逮捕した。
tercapai ☐ 2083	**受 到達される** 【capai】 mencapai 他 達成する Akhirnya dengan perjuangan keras *tercapai* juga apa yang menjadi cita-citanya. 厳しい試練の末に、彼の理想としていたものが達成された。
terkesan ☐ 2084	**形 印象深い　受 印象づけられる** 【kesan】**名 印象** mengesankan 他 印象づける Semua juri *terkesan* dengan penampilan peserta dari Sumatera Barat. 審査員のすべてが西スマトラからの参加者の容姿に強い印象を受けた。
tumpah ☐ 2085	**自 あふれる** Soto ayam itu *tumpah* di atas meja. そのチキンスープがテーブルの上にこぼれた。
tahunan ☐ 2086	**形 1年の、年1回の** 【tahun】**名 年** TVRI selalu menyiarkan secara langsung festival bunga *tahunan* di Pasadena Amerika. インドネシア国営テレビはいつもアメリカのパサデナの年1回の花博覧会をライブで放送する。
kelapa ☐ 2087	**名 ヤシ**
kembang ☐ 2088	**名 花** berkembang 自 発展する mengembangkan 他 発展させる pengembang 名 開発者 pengembangan 名 開発 perkembangan 名 発展、展開

kuil ☐ 2089	**名 神社**
lemari ☐ 2090	**名 棚**
letak ☐ 2091	**名 位置** terletak 受 〜に位置付けられる meletakkan 他 置く
logam ☐ 2092	**名 金属**
melengkapi ☐ 2093	**他 〜を備える** 【lengkap】形 完全な perlengkapan 名 装備 Menjelang batas waktu, para pencari kerja sibuk *melengkapi* berkas lamarannya. 締め切りが近づくにつれて、就職希望者は応募書類を揃えるのに忙しくなった。
memasukkan ☐ 2094	**他 〜の中に入れる** 【masuk】自 入る memasuki 他 〜に入る termasuk 受 含まれる Ibu *memasukkan* semua perbekalan kami untuk piknik ke dalam tas besar. 母はピクニックのための私たちのすべての食糧を大きな鞄に入れた。
membatalkan ☐ 2095	**他 取りやめる** 【batal】自 取りやめる pembatalan 名 キャンセル Kepala sekolah *membatalkan* acara darmawisata karena cuaca sangat buruk. 天候がひどく悪かったので、校長は遠足の行事を中止した。
mimpi ☐ 2096	**名 夢**

中級単語

menampung ☐ 2097	他 受け入れる、収容する 【tampung】 Masjid Istiqlal Jakarta mampu *menampung* lebih dari 1000 orang jamaah. ジャカルタのイスティクラル・モスクは千人以上の礼拝者を収容することができる。
menanam ☐ 2098	他 植える 【tanam】 penanaman 名 植栽 tanaman 名 植物 Kakek *menanam* jagung dan ubi di belakang rumahnya. 祖父は家の裏にトウモロコシと芋を植えた。
mendekati ☐ 2099	他 〜に近づく 【dekat】形 近い pendekatan 名 接近 Saat-saat *mendekati* hari perkawinannya, hatinya semakin gelisah. 結婚式の当日が近づくと、彼の心は益々落ち着かなくなった。
menghabiskan ☐ 2100	他 費やす 【habis】自 終わる Hari libur ini, saya dan adik *menghabiskan* waktu berjam-jam di depan komputer. この休みには私と弟は何時間もコンピュータの前で時間を費やした。
mengontrol ☐ 2101	他 管理する 【kontrol】名 管理 Alat ini berfungsi untuk *mengontrol* kelebihan kolesterol dalam tubuh manusia. この機器は人間の体内の余分なコレステロールをコントロールする機能がある。
memukul ☐ 2102	他 なぐる 【pukul】他 たたく 副 〜時 pukulan 名 殴打 Karena takut, adik berusaha *memukul* anjing yang mendekatinya dengan tongkat. 弟は怖かったので、近づいてきた犬を棒で叩こうとした。
pasir ☐ 2103	名 砂

patah ☐ 2104	形 折れた Ketika jatuh dari pohon, adik mengalami *patah* tulang sehingga harus diopname 3 hari. 弟は木から落ちたとき、骨を折ったので3日間入院しなければならなかった。
pelayan ☐ 2105	名 ウェイター、ウェイトレス 【layan】 pelayanan 名 サービス melayan 他 要求に応える、対応する
pemegang ☐ 2106	名 保持者 【pegang】 memegang 他 つかむ pegangan 名 拠り所
penerbangan ☐ 2107	名 飛行 【terbang】 自 飛ぶ
penjajahan ☐ 2108	名 占領統治 【jajah】 menjajah 他 支配する
ponsel ☐ 2109	略 携帯電話 telepon seluler
sambungan ☐ 2110	名 接続、続き、電話回線 【sambung】
sawah ☐ 2111	名 水田
sekeliling ☐ 2112	副 周囲に 【keliling】 自 回る berkeliling 自 回る Pemandangan di *sekeliling* pegunungan ini sangat indah. この山地の周囲の景色はとても美しい。
SMU ☐ 2113	略 高等学校 Sekolah Menengah Umum

中級単語

syukur □2114	**名 感謝　感 ああ、よかった！** bersyukur 自 感謝する Kami mengucapkan *syukur* kepada Tuhan, karena dia selamat dari kecelakaan. 彼が事故で助かったので、私たちは神に感謝を述べた。
tawaran □2115	**名 申し出**【tawar】 menawar 自 値段交渉する penawaran 名 提供
pengajar □2116	**名 教師**【ajar】 mengajar 他 教える mengajarkan 他 教える pengajaran 名 教育 ajaran 名 教え belajar 自 勉強する pelajar 名 生徒 pelajaran 名 学習 mempelajari 他 学ぶ
terjemahan □2117	**名 翻訳**【terjemah】 menerjemahkan 他 翻訳する
terpengaruh □2118	**受 影響される**【pengaruh】**名 影響** mempengaruhi 他 影響を与える berpengaruh 自 影響を持つ、影響を持った Sebagian besar aliran musik di Indonesia *terpengaruh* oleh grup musik dari Amerika. インドネシアでの音楽潮流の大部分はアメリカの音楽グループに影響されている。
tiang □2119	**名 柱**
usulan □2120	**名 提案**【usul】 mengusulkan 他 提案する

wayang □2121	名 ワヤン（影絵芝居）
jangan-jangan □2122	接 〜でなければよいのだが 【jangan】 命 〜してはいけない *Jangan-jangan* dia kehujanan di jalan. 彼が途中で雨に降られなければ良いのだけれど。
kancing □2123	名 ボタン
kering □2124	形 乾いた Hawa di kota ini sangat *kering* pada musim dingin. この町の気候は冬には大変乾燥する。
konsultasi □2125	名 相談、諮問
kuburan □2126	名 墓地 【kubur】 mengubur 他 埋める
kuda □2127	名 馬
kursus □2128	名 講座
masakan □2129	名 料理 【masak】 memasak 他 料理する
membersihkan □2130	他 掃除する 【bersih】 形 清潔な pembersihan 名 清掃 kebersihan 名 衛生 Tugas yang harus saya kerjakan setiap pagi adalah *membersihkan* tempat tidur. 毎朝私がやらなければならない仕事はベッドを掃除することだ。

中級単語

membingungkan ☐2131	形 戸惑わせる　【bingung】　形 困惑した Sepulang sekolah, kakak menangis tersedu-sedu sehingga *membingungkan* bapak dan ibu. 姉は学校から帰ってくるとしゃくりあげて泣いたので、父母を困惑させた。
membongkar ☐2132	他 分解する、暴露する　【bongkar】 pembongkaran 名 暴露 Ayah berusaha membetulkan mainan adik yang rusak dengan *membongkar* beberapa bagiannya. 父はいくつかの部品を分解して壊れた弟のおもちゃを直そうとした。
membuang ☐2133	他 捨てる　【buang】 pembuangan 名 廃棄 Hari Rabu dan Jumat adalah jadwal untuk *membuang* sampah plastik. 水曜日と金曜日はプラスチックのごみを捨てる日になっている。
membujuk ☐2134	他 説得する　【bujuk】 Ibu berusaha *membujuk* adik agar mau berangkat ke sekolah. 母は弟が学校に行く気になるように懸命に説得した。
menabrak ☐2135	他 〜に衝突する　【tabrak】 tabrakan 名 衝突 Sopir yang sedang mabuk itu *menabrak* becak yang sedang menyeberang. その酔っ払いの運転手は道を横切っていたベチャに衝突した。
mencium ☐2136	他 キスする、匂いをかぐ　【cium】　名 キス penciuman 名 臭覚 Karena gemas berulangkali ayah *mencium* pipi adik. 愛らしいので何度も父は弟の頬にキスをした。
menghormati ☐2137	他 尊敬する　【hormat】　名 尊敬 terhormat 形 尊敬すべき、(手紙などで)親愛なる *Menghormati* orang tua adalah kewajiban anak. 両親を敬うことは子供の義務だ。

meneruskan □2138	他 続ける 【terus】 副 ずっと 接 それから seterusnya 副 その後 形 その後の terus-menerus 副 絶え間なく Saya berusaha keras untuk masuk di universitas itu agar dapat *meneruskan* cita-cita ibu. 私は母の理想を継承すべくその大学に入るために一生懸命努力した。
menghadiri □2139	他 出席する 【hadir】 自 出席する kehadiran 名 出席 Banyak pejabat datang *menghadiri* resepsi pernikahan artis terkenal itu. 多くの高官がその有名なアーティストの結婚パーティーに出席しにやってきた。
mencopet □2140	他 スリをする 【copet】 名 スリ *pencopet 名 スリ（を行なう者） *pencopetan 名 スリ（という行為） Tidak mengherankan, pekerjaan *mencopet* sudah dilakukannya sejak masih muda. スリ行為を彼がまだ若い時分からやっていたとしても驚くに値しない。
menguntungkan □2141	他 利益をもたらす 形 もうかる 【untung】 名 利益 形 幸運な 副 幸運なことに keuntungan 名 利益 Perjanjian ekstradisi antara pemerintah RI dan Singapura diharapkan dapat *menguntungkan* kedua belah pihak. インドネシアとシンガポール政府の犯人引渡し条約は双方に利益をもたらすことが期待されている。
meniru □2142	他 まねる 【tiru】 tiruan 名 偽物 Akhir-akhir ini banyak anak muda *meniru* gaya berpakaian artis terkenal itu. 最近は多くの若者がその有名なアーティストの服の着方を真似している。

Level 2

中級単語

mentah □2143	**形 生の、熟していない** Makanan sushi terbuat dari ikan *mentah*. すしは生の魚から作られている。
menyenangkan □2144	**他 喜ばせる 形 楽しい** 【senang】**形** 楽しい Anak yang baik selalu berusaha *menyenangkan* hati orang tua. 良い子はいつも両親を喜ばそうと努める。
merica □2145	**名 コショウ**
MPR □2146	**略 国民協議会** Majelis Permusyawaratan Rakyat
musuh □2147	**名 敵**
nakal □2148	**形 いたずらな、素行が悪い** Di kelas si Budi terkenal sebagai anak *nakal*. クラスでブディはやんちゃな子供として有名だ。
natal □2149	**名 クリスマス** Selamat Hari *Natal*! メリークリスマス！
pangan □2150	**名 食糧**
pendekatan □2151	**名 接近、アプローチ** 【dekat】**形** 近い mendekati **他** 近づく
pengumuman □2152	**名 公表** 【umum】**形** 一般の **名** 世間 mengumumkan **他** 公にする umumnya **副** 一般的に
penjaga □2153	**名 警備員** 【jaga】**形** 目が覚めている menjaga **他** 見張る、見守る

perawat ☐ 2154	名 看護人 perawatan 名 手当て、手入れ merawat 他 処置する
perbankan ☐ 2155	名 銀行業界　【bank】名 銀行
percobaan ☐ 2156	名 試み、企て　【coba】命 試してごらん mencoba 他 試みる
perdana menteri ☐ 2157	名 首相
perkawinan ☐ 2158	名 結婚　【kawin】名 結婚 自 結婚する
pertunjukan ☐ 2159	名 公演　【tunjuk】 mempertunjukkan 他 上演する menunjuk 他 指し示す menunjukkan 他 示す petunjuk 名 指示
piring ☐ 2160	名 皿
pisau ☐ 2161	名 包丁、ナイフ
porno ☐ 2162	形 ポルノの Kami melarang keras anak-anak menonton film *porno*. 私たちは子供たちがポルノ映画を観ることを厳しく禁じている。
roda ☐ 2163	名 車輪
sepak bola ☐ 2164	名 サッカー

中級単語

sendirian □2165	副 **1人きりで** 【sendiri】副 自ら sendiri-sendiri 副 個人で、ひとりひとり tersendiri 形 独自の Hari ini saya *sendirian* di rumah sejak pagi hingga sore. 今日私は朝から夕方まで1人で家にいる。
tentunya □2166	副 **きっと** 【tentu】形 確かな 副 きっと ketentuan 名 規定 tertentu 形 特定の menentukan 他 決定する Berita musibah itu *tentunya* membuat kami khawatir untuk bepergian dengan kapal laut. その災害のニュースを聞いて、船で出かけようとしていた私たちは当然のことながら心配になった。
bagasi □2167	名 **手荷物、車のトランク**
beasiswa □2168	名 **奨学金** 【siswa】名 生徒 mahasiswa 名 大学生 mahasiswi 名 女子大学生
berkenalan □2169	自 **知り合う** 【kenal】自 見知っている perkenalan 名 紹介 mengenal 他 知っている、認める dikenal 受 知られている memperkenalkan 他 紹介する terkenal 形 有名な Saya ingin *berkenalan* dengan ketua komisi itu. 私はその委員会の長と知り合いになりたい。
lembut □2170	形 **優しい、柔らかい** Sikapnya *lembut* dan suaranya pun halus. 彼の態度は優しく、その声も上品だ。
dongeng □2171	名 **説話**

film 2172	名 映画
isu 2173	名 争点
kehutanan 2174	名 森林 【hutan】名 森
konsulat 2175	名 領事
betul-betul 2176	副 本当に 【betul】形 本当の 副 本当に kebetulan 副 偶然に sebetulnya 副 本当のところ Saya *betul-betul* kagum pada kesetiaannya terhadap sang kiai itu. 私はそのイスラム導師に対する彼の誠実さに本当に感心している。
markas 2177	名 司令部
melapor 2178	自 報告する 【lapor】 melaporkan 他 〜を報告する laporan 名 報告 Ayah selalu *melapor* apabila pulang terlambat. 父は遅く帰宅するときにはいつも連絡した。
membagi 2179	他 〜を分ける 【bagi】 pembagian 名 分割 bagian 名 部分 sebagian 名 1部 Hari ini guru kami *membagi* kembali kertas hasil ulangan matematika kemarin. 今日、先生は昨日の数学のテストの結果を返した。

Level 2

中級単語

pecat, memecat ☐ 2180	他 首にする 【pecat】他 首にする pemecatan 名 解雇 Dalam bulan ini perusahaan sudah *memecat* lima karyawan yang melanggar peraturan. 今月、会社は規則を破った５人の従業員を解雇した。
memesan ☐ 2181	他 注文する 【pesan】名 ことづけ pesanan 名 注文 Untuk persiapan pameran yang akan diselenggarakan bulan depan, kita harus *memesan* tempat mulai sekarang. 来月に開催される展覧会の準備のために、私たちは今から場所を予約しなければならない。
mempercepat ☐ 2182	他 速める 【cepat】形 早い kecepatan 名 早さ Penggunaan peralatan modern perlu untuk *mempercepat* pembangunan jalan tol menuju bandara internasional. 近代的機械の使用は国際空港へ向かう有料道路の建設を速めるために必要だ。
memuji ☐ 2183	他 称賛する 【puji】 pujian 名 称賛 Ayah *memuji* kakak yang telah berhasil menyelesaikan PR matematikanya. 父は数学の宿題を終わらせることができた兄を誉めた。
menakutkan ☐ 2184	他 怖がらせる 形 怖い 【takut】形 恐れる、怖がる ketakutan 名 恐怖 Akhir-akhir ini acara televisi banyak menampilkan film-film yang *menakutkan*. 最近、テレビ番組は怖い映画を多く見せる。
menaruh ☐ 2185	他 置く 【taruh】 Kalau selesai menggunakan mobil, ayah selalu *menaruh* kunci mobil di atas meja. 車を使い終わった後、父はいつも机の上に車の鍵を置く。

menempati ☐ 2186	他 (場所、地位) を占める　【tempat】名 場所 menempatkan 他 ～に据える penempatan 名 設置 setempat 形 地元の Adik ipar saya *menempati* rumah kami selama kami sekeluarga berada di luar negeri. 私の義理の弟は私たち家族が外国にいる間、私たちの家に住んでくれた。
menerangkan ☐ 2187	他 説明する　【terang】形 はっきりした penerangan 名 情報、照明 keterangan 名 証明、解説 Dosen itu *menerangkan* teori linguistik dengan penuh semangat. その大学講師は精力的に言語学の理論を説明した。
menerjemahkan ☐ 2188	他 翻訳する　【terjemah】 terjemahan 名 翻訳 Tugas hari ini adalah *menerjemahkan* novel dari bahasa Inggris ke bahasa Indonesia. 今日やらなければならないことは英語の小説をインドネシア語に翻訳することだ。
menggantikan ☐ 2189	他 ～に取って代わる　【ganti】 mengganti 他 取り換える pengganti 名 後継者、代替人（物） penggantian 名 交換 berganti 自 変わる Dekan fakultas ekonomi bertugas sementara *menggantikan* rektor yang menjalani masa pensiun. 経済学部長は停年になった学長の代理を一時的に務める。
mengizinkan ☐ 2190	他 許可する　【izin】名 許可 Petugas bandara tidak *mengizinkan* pesawat untuk terbang karena cuaca yang sangat buruk. 空港の係官は天候が非常に悪かったので飛行機が飛ぶことを許可しなかった。

中級単語

mengharapkan □ 2191	他 期待する 【harap】 自 希望する berharap 自 望む harapan 名 希望 Dua minggu yang lalu saya mengirim surat lamaran kerja dan saat ini saya sangat *mengharapkan* balasannya. ２週間前に私は求職の手紙を送り、今はその返事をとても期待している。
mengobati □ 2192	他 治療する 【obat】 名 薬 pengobatan 名 治療 obat-obatan 名 薬品 Salep ini dapat digunakan untuk *mengobati* luka bakar. この塗り薬は火傷を治療するのに使うことができる。
mengumumkan □ 2193	他 公にする 【umum】 形 一般の 名 世間 pengumuman 名 公表 umumnya 副 一般的に Koran yang terbit hari ini akan *mengumumkan* hasil ujian masuk perguruan tinggi negeri. 今日の新聞は国立大学の入学試験の結果を公表するだろう。
menyanyi □ 2194	自 歌う 【nyanyi】 bernyanyi 自 歌う penyanyi 名 歌手 menyanyikan 他 歌う Sambil bermain gitar dia *menyanyi* di atas panggung. ギターを弾きながら、彼は舞台の上で歌った。
menyusun □ 2195	他 積む、まとめる 【susun】 Adik berusaha *menyusun* balok-balok itu menjadi rumah-rumahan. 弟はそれらのブロックを積んでおもちゃの家を作ろうとした。
merokok □ 2196	自 喫煙する 【rokok】 名 タバコ perokok 名 喫煙家 Ayah berhenti *merokok* sejak 2 tahun yang lalu. 父は２年前からタバコを止めている。

obat-obatan ☐ 2197	**名 薬品** 【obat】 名 薬 mengobati 他 治療する pengobatan 名 治療
pariwisata ☐ 2198	**名 観光** 【wisata】 名 観光 berwisata 自 観光に行く
pembayaran ☐ 2199	**名 支払い** 【bayar】 membayar 他 支払う
pembebasan ☐ 2200	**名 解放、免除** 【bebas】 形 自由な kebebasan 名 自由
perekonomian ☐ 2201	**名 経済** 【ekonomi】 名 経済
perlindungan ☐ 2202	**名 保護** 【lindung】 melindungi 他 保護する
mempertimbangkan ☐ 2203	**他 考慮する** 【timbang】 pertimbangan 名 考慮 Bupati harus *mempertimbangkan* kondisi kesehatan demi kepentingan masyarakat. 県知事は住民の利益のために衛生状況を考慮しなければならない。
potret ☐ 2204	**名 写真** memotret 他 写真を撮る
PR ☐ 2205	**略 宿題** Pekerjaan Rumah
puasa ☐ 2206	**名 断食** 自 断食をする Dia biasanya *puasa* hari Senin dan Kamis. 彼は通常、月曜日と木曜日に断食をする。
reformasi ☐ 2207	**名 改革**

中級単語

repot ☐ 2208	形 煩わしい、忙しい Orang itu *repot* mengurus lima anaknya yang masih kecil-kecil. その人はまだ幼い5人の子供を世話するのに忙しい。
Rusia ☐ 2209	名 ロシア
sayangnya ☐ 2210	副 残念なことに 【sayang】形 残念な 自 大切に思う *menyayangi 他 かわいがる Saya sudah siapkan banyak makanan, *sayangnya* bibi tidak bisa datang ke rumah kami. 私はたくさんの食べ物を準備したが、残念なことに叔母は私たちの家に来ることができなかった。
sayur ☐ 2211	名 野菜
senior ☐ 2212	名 先輩　形 シニアの Penyanyi *senior* itu telah berkunjung ke hampir seluruh penjuru dunia. そのシニアの歌手は世界の至る所を訪れた。
sesak ☐ 2213	形 混み合った、息ができない Bis ini akan penuh *sesak* pada jam pulang kantor. このバスは会社帰りの時間には満員で混雑する。
tebu ☐ 2214	名 さとうきび
telinga ☐ 2215	名 耳
terhormat ☐ 2216	形 尊敬すべき、(手紙などで)親愛なる 【hormat】名 尊敬 menghormati 他 尊敬する Semua tamu *terhormat* duduk di tribun utama. すべての来賓は特別席に座っている。

terbakar □2217	受 燃えた 【bakar】 membakar 他 焼く pembakaran 名 燃焼 kebakaran 名 火事 Semua sampah yang mudah *terbakar* dikumpulkan di kantong plastik merah. すべての簡単に燃えるゴミは赤いビニール袋に集められる。
Timtim □2218	略 東ティモール　Timor Timur
topi □2219	名 帽子
memasak □2220	他 料理する 【masak】 masakan 名 料理 Ibu sedang *memasak* makanan khusus untuk tamu. 母はお客さんのために特別な食べ物を料理しているところだ。
akhir-akhir ini □2221	副 最近 【akhir】名 終わり akhirnya 副 最後には berakhir 自 終了する terakhir 形 最後の mengakhiri 他 終わらせる *Akhir-akhir ini* muncul mode yang unik. 最近、ユニークなファッションが現れた。
aturan □2222	名 規則 【atur】 mengatur 他 整える teratur 形 規則正しい peraturan 名 規則
bandara □2223	略 空港　Bandar Udara
bantal □2224	名 枕

中級単語

barisan ☐2225	名 列 【baris】名 列、行
baru-baru ini ☐2226	副 最近 【baru】形 新しい Nampaknya *baru-baru ini* saja semakin banyak wanita memakai kerudung. 最近になって多くの女性がイスラムのスカーフを身につけているようだ。
basah ☐2227	形 濡れた Kamu lebih baik segera mengganti pakaian *basah* itu. 君はすぐにその濡れた服を着替えた方が良い。
berdagang ☐2228	自 商売する 【dagang】名 商売 perdagangan 名 商売 pedagang 名 商人 Ibu tua itu rajin *berdagang* ke mana-mana. その年老いた婦人はあちこちへ熱心に商売する。
berjumpa ☐2229	自 出会う 【jumpa】 Semoga kita dapat *berjumpa* lagi. また会うことができますように。
bersembahyang ☐2230	自 祈る 【sembahyang】名 祈り Kawan saya sangat rajin *bersembahyang*. 私の友人はとても熱心にお祈りをする。
bibi ☐2231	名 叔母、伯母
biro ☐2232	名 代理店 biro perjalanan 名 旅行会社
datar ☐2233	形 平坦な Jalan hidup kita tidak selalu *datar*. 私たちの人生行路はいつも平坦というわけではない。
garam ☐2234	名 塩

gelas ☐ 2235	名 グラス
hendaknya ☐ 2236	副 願わくば 【hendak】ア ～したい *Hendaknya* kita selalu ingat bahwa nasib kita ada di tangan Tuhan. 願わくば我々の運命が神の手にあることをいつも覚えていたいものだ。
HP ☐ 2237	略 携帯電話　Hand Phone
kebebasan ☐ 2238	名 自由　【bebas】形 自由な pembebasan 名 解放、免除
kedua-duanya ☐ 2239	副 ともに、両方とも 【dua】数 2 kedua 数 第2の、双方の Anak kembar itu *kedua-duanya* pintar. その双子は2人とも賢い。
kedutaan besar ☐ 2240	名 大使館 【duta】名 使節
kehujanan ☐ 2241	自 雨に遭う 【hujan】名 雨 Rombongan mahasiswa *kehujanan* dalam perjalanan pulang dari piknik. 大学生の団体はピクニックの帰り道に雨に遭った。
kemaluan ☐ 2242	名 羞恥、性器 【malu】形 恥ずかしい memalukan 形 恥ずかしい
kemarau ☐ 2243	名 乾季
kemeja ☐ 2244	名 シャツ

中級単語

kereta api ☐ 2245	**名** 汽車
keringat ☐ 2246	**名** 汗
keselamatan ☐ 2247	**名** 安全、平安　【selamat】**形** 無事な、安全な　**慣** おめでとう menyelamatkan **他** 救う selamatan **名** お祝いや祈りの宴
khotbah ☐ 2248	**名** 説教
koma ☐ 2249	**名** コンマ
Konghucu ☐ 2250	**名** 儒教
konsumsi ☐ 2251	**名** 飲食物、消費
kotak ☐ 2252	**名** 箱
kretek ☐ 2253	**名** クレテック煙草
kuli ☐ 2254	**名** 労務者
lampau ☐ 2255	**形** 過ぎ去った Pada umumnya orang tua suka bercerita tentang masa *lampau*. 一般的に老人は過去について話したがる。
les ☐ 2256	**名** レッスン、習い事

liburan ☐ 2257	**名** 休暇　【libur】**名** 休暇
lisan ☐ 2258	**形** 口承の Ada sastra tulisan dan ada sastra *lisan*. 書かれる文学と口承文学がある。
Lombok ☐ 2259	**名** ロンボク
losmen ☐ 2260	**名** 安宿
lotre ☐ 2261	**名** くじ
lurah ☐ 2262	**名** 村長
makmur ☐ 2263	**形** 繁栄した Pada abad ke-11 kerajaan itu sangat *makmur*. その王国は11世紀に非常に繁栄した。
macam-macam, **bermacam-macam** ☐ 2264	**形** 様々な　【macam】**名** 種類 semacam **名** 一種 Perusahaan itu menghasilkan *bermacam-macam* kerajinan tangan yang khas. その会社は様々な独特の手工芸品を生産する。
mangkuk ☐ 2265	**名** 茶碗
meledak ☐ 2266	**自** 爆発する　【ledak】 ledakan **名** 爆発 Penyanyi itu tidak menyangka bahwa albumnya *meledak* di pasaran. その歌手は、彼女のアルバムが市場で爆発的に売れるとは予想していなかった。

中級単語

melemparkan ☐2267	他 投げる 【lempar】 Adik *melemparkan* pensil ke atas meja. 弟は机の上に鉛筆を投げた。
memaafkan ☐2268	他 許す 【maaf】 慣 すみません Wanita itu selalu *memaafkan* kekasihnya yang berulangkali melakukan kesalahan yang sama. その女性は同じ過ちを何度も犯す恋人をいつも許してやる。
memanggil ☐2269	他 呼ぶ 【panggil】 panggilan 名 呼び出し、呼び名 Ibu *memanggil* adik dengan suara keras. 母は大きい声で弟を呼んだ。
memarkir ☐2270	他 駐車する 【parkir】 自 駐車する Banyak orang *memarkir* kendaraan di tepi jalan. 多くの人が道端に駐車する。
membalik ☐2271	他 裏返す 【balik】 名 裏側 terbalik 受 ひっくり返った Adik berusaha *membalik* pakaian yang hendak dipakainya. 弟は着ようと思った服をひっくり返そうとがんばった。
membandingkan ☐2272	他 比較する 【banding】 berbanding 自 比較する perbandingan 名 比較 Sering karyawan coba *membandingkan* gaji perusahaannya dengan perusahaan lain. しばしば従業員は自分の会社と他の会社の給料を比較しようとする。
meminjamkan ☐2273	他 貸す 【pinjam】 meminjam 他 借りる pinjaman 名 融資 Kepala Sekolah *meminjamkan* lapangan olahraga untuk kegiatan bazar para siswa. 校長は生徒のバザー活動のために運動場を貸した。

memberitahu ☐ 2274	他 知らせる 【tahu】 自 知る、分かる pemberitahuan 名 告知 Dalam rapat kemarin, kepala personalia berusaha *memberitahu* dengan hati-hati tentang rencana penurunan gaji karyawan. 昨日の会議で人事課長は従業員の給料を下げる計画について慎重に伝えようとした。
membohongi ☐ 2275	他 だます 【bohong】 名 嘘 pembohongan 名 嘘 Berulangkali lelaki itu *membohongi* pacarnya. 何度もその男性は恋人をだました。
membolos ☐ 2276	他 さぼる 【bolos】 pembolosan 名 浪費 Selama duduk di kelas 1, anak itu sekalipun tidak pernah *membolos*. 1年生の時、その子は1度も学校をさぼったことがなかった。
membosankan ☐ 2277	形 たいくつな 【bosan】 形 飽きた Acara TV hari ini sangat *membosankan*. 今日のテレビ番組はとても退屈だ。
membungkus ☐ 2278	他 包む 【bungkus】 名 包み Sedari tadi kakak sibuk membantu ibu *membungkus* kue-kue yang sudah selesai dibakar. さっきから姉は母を手伝って焼き上がったお菓子を忙しく包んでいる。
memecahkan ☐ 2279	他 解決する、壊す 【pecah】 形 割れた 自 割れる pemecahan 名 解決 Adik ketakutan karena baru saja *memecahkan* pot bunga kesayangan ibu. 弟は母が大切にしている花瓶を壊してしまって怖れている。
mengantuk ☐ 2280	自 眠くなる 【kantuk】 Anak itu belum juga *mengantuk* padahal sudah jam 12 malam. その子はもう夜の12時になったがまだ眠くなかった。

中級単語

memindahkan ☐ 2281	他 移動させる 【pindah】 自 移る pemindahan 名 移動 Kakak dan ayah sedang berusaha *memindahkan* tempat tidur adik ke kamar atas. 兄と父は弟のベッドを2階の部屋へ移そうとしているところだ。
membangunkan ☐ 2282	他 起こす 【bangun】 自 起きる terbangun 受 起こされる bangunan 名 建造物 membangun 他 建設する pembangunan 名 建設 Pagi tadi ibu terlambat *membangunkan* kakak. 今朝、母は姉を起こすのが遅くなった。
memisahkan ☐ 2283	他 分かつ 【pisah】 pemisahan 名 分離 terpisah 受 離される Ibu *memisahkan* duri ikan sebelum menyuapi adik. 母は弟に食べさせる前に魚の骨をとった。
memotret ☐ 2284	他 写真を撮る 【potret】 名 写真 Ketika pergi ke Jepang untuk berlibur, kakak suka sekali *memotret* bunga sakura. 兄は日本へ休暇で行った時、桜の花の写真を喜んで撮った。
memperingatkan ☐ 2285	他 注意する 【ingat】 自 思い出す peringatan 名 警告、記念 memperingati 他 記念する ingatan 名 記憶 mengingat 他 思い出す、覚える mengingatkan 他 気づかせる Kepala sekolah selalu *memperingatkan* para siswa tentang bahaya narkoba. 校長は常に薬物の危険性について生徒たちに注意する。

memperkenalkan □ 2286	他 紹介する 【kenal】 自 見知っている perkenalan 名 紹介 mengenal 他 知っている、認める dikenal 受 知られている terkenal 形 有名な berkenalan 自 知り合う Dengan malu-malu murid baru itu *memperkenalkan* diri di depan kelas. その新入生は恥ずかしがりながらクラスのみんなの前で自己紹介をした。
memperkirakan □ 2287	他 推測する 【kira】 自 ～と考える、思う perkiraan 名 推測 kira-kira 副 およそ Kami sudah *memperkirakan* bahwa bulan depan akan terjadi peningkatan biaya produksi. 私たちは来月、生産コストの上昇が起きることを推測していた。
mempertunjukkan □ 2288	他 上演する、展示する 【tunjuk】 pertunjukan 名 上演 menunjuk 他 指し示す menunjukkan 他 示す petunjuk 名 指示 Kami menyaksikan para pesulap *mempertunjukkan* kebolehannya dalam pertunjukan sirkus tadi malam. 私たちは昨晩のサーカスの公演で手品師たちがその技を披露するのを見た。
menabung □ 2289	自 （お金を）貯める 【tabung】 tabungan 名 蓄え Kedua suami istri itu sangat rajin *menabung* untuk biaya sekolah putra-putrinya. その夫婦は子供たちの学費を貯めるのにとても熱心だ。

Level 2

中級単語

menamakan □2290	他 〜と名づける 【nama】 名 名前 bernama 自 〜という名である Adik *menamakan* anak kucing yang baru lahir itu "si meong". 弟はその生まれたばかりの猫をメオンと名づけた。
menandatangani □2291	他 署名する 【tanda tangan】 名 署名 Pemerintah kedua negara telah *menandatangani* kontrak kerja sama perdagangan. 両国の政府は通商協力協定にサインした。
menari □2292	自 踊る 【tari】 名 踊り penari 名 踊り手 tarian 名 踊り Setiap hari Sabtu jam 2 siang, ibu selalu mengantar saya latihan *menari*. 毎土曜日のお昼の2時に、母はいつも私を踊りの練習に送ってくれる。
mencintai □2293	他 愛する 【cinta】 名 愛 Kedua mempelai berjanji untuk saling *mencintai* dan tetap setia sehidup semati. 新郎新婦両人は生涯互いに愛し合い、誠実であることを約束した。
mendarat □2294	自 着陸する、上陸する 【darat】 名 陸 Pesawat itu dapat *mendarat* dengan selamat walaupun mengalami kerusakan mesin. その飛行機はエンジンが故障したが、無事に着陸することができた。
menduduki □2295	他 (場所、地位) を占める、〜の上に座る 【duduk】 自 座る penduduk 名 住民、人口 pendudukan 名 占領 kedudukan 名 地位 Pasukan Amerika berhasil *menduduki* sejumlah wilayah Irak pada serangan pertamanya. アメリカ軍は最初の攻撃でかなりのイラク領土を占領するのに成功した。

menemani ☐ 2296	他 同伴する 【teman】 名 友人 Seharian saya bertugas *menemani* nenek di rumahnya karena semua orang sedang bepergian. みんな出かけていたので、1日中祖母の家で祖母の相手を務めた。
menembak ☐ 2297	他 撃つ 【tembak】 penembakan 名 射撃 Atlet petembak itu sudah mulai rutin latihan *menembak* sejak usia 17 tahun. その射撃選手は17歳から射撃練習をルーティン化した。
menempatkan ☐ 2298	他 (場所、地位) に据える 【tempat】 名 場所 penempatan 名 設置 menempati 他 ～を占める setempat 形 地元の Ibu pandai sekali mengatur dan *menempatkan* berbagai hiasan. 母は様々な飾りをアレンジし据え付けるのがとても上手だ。
menetapkan ☐ 2299	他 定める 【tetap】 副 依然とした 形 一定の menetap 自 留まる Direksi mengadakan rapat untuk *menetapkan* standar gaji baru yang akan diberlakukan per 1 April. 役員会は4月1日から適用される新しい給与基準を定めるために会議を開いた。
mengangkut ☐ 2300	他 輸送する 【angkut】 angkutan 名 運搬 Hampir seharian banyak truk *mengangkut* pasir lewat di depan rumah. ほとんど一日中、多くのトラックが家の前を通って砂を運んだ。
menggigit ☐ 2301	他 噛む 【gigit】 Ketika membersihkan pekarangan rumah, banyak nyamuk *menggigit* lengan dan kaki saya. 家の庭を掃除しているとき、たくさんの蚊が手足を刺した。

mengasuh □2302	他 育てる 【asuh】 Panti asuhan sebelah rumah saya *mengasuh* lebih dari 50 anak yatim piatu. 私の家の隣の孤児院は50人以上の孤児を養育している。
mengemukakan □2303	他 表明する 【muka】名 顔、正面 permukaan 名 表面 Dengan tutur kata halus Pak guru *mengemukakan* beberapa alasan yang menyebabkan murid itu tidak naik kelas. 丁寧な言葉遣いで、先生はその生徒が進級できないいくつかの理由を明らかにした。
menggali □2304	他 掘る 【gali】 Sudah hampir 20 meter kami *menggali* sumur ini tapi sama sekali tidak ada airnya. 私たちはほぼ20メートルこの井戸を掘ったが、まったく水が出ない。
menggambarkan □2305	他 描き出す 【gambar】名 絵 bergambar 自 描く gambaran 名 イメージ、描写 Pihak direksi *menggambarkan* rencana perluasan pabrik pada rapat umum pemegang saham. 役員側は株主総会で工場の拡張計画を説明した。
memenangkan □2306	他 勝ち取る、勝たせる 【menang】自 勝つ kemenangan 名 勝利 pemenang 名 受賞者 Tim bola voli Indonesia berhasil *memenangkan* pertandingan hari ini dalam 2 set langsung. インドネシア・バレーボールチームは今日の試合でストレート2セットで勝利を収めた。
menggoreng □2307	他 油で揚げる、炒める 【goreng】 Setelah semua bumbu siap, maka langkah selanjutnya adalah *menggoreng* ikannya. すべての調味料がそろったら、次の手順は魚を揚げることだ。

mengherankan □2308	他 驚嘆させる　形 不思議な　【heran】形 驚いた、あきれた Penampilan adik yang sangat rapi hari ini cukup *mengherankan* kami. 今日のとてもきちんとした妹のいでたちは、私たちをかなり驚かせた。
menghidupkan □2309	他（機械、スイッチなどを）点ける　【hidup】名 生　自 生きる kehidupan 名 生活 Ayah selalu *menghidupkan* mesin mobil setiap pagi sebelum pergi mandi. 父は毎朝、水浴びをする前にいつも車のエンジンをかける。
menghindari □2310	他 避ける　【hindar】 Untuk *menghindari* gigi berlubang kamu harus rajin sikat gigi sehari dua kali. 歯に穴が開くのを防ぐために、君はまじめに1日2回歯を磨かねばならない。
mengobrol, ngobrol □2311	自 おしゃべりする　【obrol】 obrolan 名 会話 Ayah dan kakek *mengobrol* seharian di depan rumah sambil minum kopi dan makan singkong. コーヒーを飲み、キャッサバを食べながら父と祖父は家の前で1日中お喋りしている。
menguji □2312	他 テストする　【uji】名 検査 ujian 名 試験 Mengisi teka-teki silang adalah salah satu cara praktis untuk *menguji* kecerdasan. クロスワードパズルを埋めるのは頭の良さを試すひとつの実践的方法だ。
menuduh □2313	他 告発する、非難する　【tuduh】 tuduhan 名 非難 Jaksa *menuduh* terdakwa melakukan perampokan bank sebanyak lima kali. 検事は被告が5回の銀行強盗を行なったと告発した。

中級単語

menipu □2314	他 だます 【tipu】 penipuan 名 詐欺 Tega sekali anak itu telah *menipu* orang tuanya. その子は親を騙すなんて、とても非情だ。
menjahit □2315	他 縫う 【jahit】 Ibu pandai memasak tetapi tidak pandai *menjahit*. 母は料理をするのが上手だが、裁縫はうまくない。
menjemur □2316	他 干す 【jemur】 jemuran 名 干場、洗濯物 Cuaca hari ini cukup panas sehingga para petani bisa *menjemur* padi hasil panen kemarin. 今日の天気はかなり暑かったので、農民たちは昨日収穫した稲を干すことができた。
mentraktir □2317	他 奢る 【traktir】 Karena sedang berulang tahun, hari ini saya *mentraktir* teman-teman satu kelas makan bakso. 誕生日だったので、今日私はクラス全員の友人たちにつみれそばをご馳走した。
mengusahakan □2318	他 〜するよう努力する、営む 【usaha】名 努力、ビジネス pengusaha 名 企業家 perusahaan 名 企業 berusaha 自 努力する Setiap orang tua selalu *mengusahakan* yang terbaik buat anak-anaknya. すべての親は子供たちのためにいつも最善を尽くす努力をする。
menukar □2319	他 交換する 【tukar】 Kami harus ke bank untuk *menukar* uang yen dengan uang rupiah. 私たちは円をルピアと交換するため銀行に行かなければならない。
Muang Thai □2320	名 タイ

menyetir □2321	他 運転する 【setir】 名 ハンドル Saya tidak pandai *menyetir* mobil walaupun sudah beberapa kali berlatih. すでに何度も練習したが、私は車を上手く運転できない。
menyewakan □2322	他 貸す 【sewa】 名 借り賃 menyewa 他 借りる Perusahaan itu tidak *menyewakan* mobil dan bus untuk pariwisata. その会社は観光には自動車もバスも貸さない。
menyiarkan □2323	他 放送する 【siar】 siaran 名 放送 penyiaran 名 放送 TV dan radio berulangkali *menyiarkan* peristiwa bencana tanah longsor yang baru saja terjadi di Sumatera. テレビとラジオはスマトラで起きたばかりの土砂崩れの災害の事件を何度も放送している。
mestinya □2324	副 本来は 【mesti】 ア ～しなければならない semestinya 副 本来なら *Mestinya* setiap tanggal 2 gaji semua karyawan sudah masuk ke rekeningnya masing-masing. 本来は毎月2日にすべての従業員の給料がそれぞれの口座に入る。
menyesuaikan □2325	他 適合させる 【sesuai】 形 相応しい、～に合った penyesuaian 名 適合 Sulit bagi dia *menyesuaikan* diri di lingkungan barunya. 新しい環境に適応することは彼には難しい。
nangka □2326	名 ジャックフルーツ
nyamuk □2327	名 蚊
oli □2328	名 油脂

中級単語

Olimpiade ☐ 2329	名 オリンピック
omong kosong ☐ 2330	名 ナンセンス、無意味な話
paksa ☐ 2331	形 強制の memaksa 他 ～を強制する pemaksaan 名 強制 terpaksa 他 やむなく～する Sudah bukan jamannya lagi menikahkan anak secara *paksa*. もはや強制的に子供を結婚させるような時代ではない。
panci ☐ 2332	名 鍋
pedesaan ☐ 2333	名 村落 【desa】名 村
pegunungan ☐ 2334	名 山岳地帯 【gunung】名 山
pelacur ☐ 2335	名 売春婦 【lacur】 pelacuran 名 売春行為
penari ☐ 2336	名 踊り手 【tari】名 踊り menari 自 踊る tarian 名 舞踊
pencak ☐ 2337	名 インドネシア式拳法
pengangguran ☐ 2338	名 失業 【anggur】 menganggur 自 失業する
prangko ☐ 2339	名 切手

pentingnya ☐ 2340	名 重要性　【penting】形 重要な kepentingan 名 重要性、利害 terpenting 形 最も重要な
pengarang ☐ 2341	名 著者　【karang】 mengarang 他 創作する karangan 名 作文、創作
perempat ☐ 2342	数 4分の〜　【empat】数 4 seperempat 数 4分の1 Hari ini saya membuat kue dengan menggunakan terigu se*perempat* kilogram. 今日私は4分の1キロの小麦を使ってお菓子を作った。
berhitung ☐ 2343	自 計算する　【hitung】 menghitung 他 数える perhitungan 名 計算 Pedagang itu pintar *berhitung*. その商売人は計算するのが上手い。
permisi ☐ 2344	慣 失礼します Saya *permisi* sebentar hendak ke kamar kecil. トイレに行きたいのでちょっと失礼します。
persediaan ☐ 2345	名 供給、備蓄　【sedia】 bersedia 自 〜する気がある tersedia 受 用意される menyediakan 他 用意する、供給する
persegi ☐ 2346	名 四角形、〜平方　【segi】名 角、面 Tanah ini luasnya 150 meter *persegi*. この土地は広さが150平方メートルだ。
pipi ☐ 2347	名 頬

中級単語

piyama □ 2348	名 パジャマ
Portugal □ 2349	名 ポルトガル
pramugari □ 2350	名 スチュワーデス
Protestan □ 2351	形 プロテスタントの Penganut agama Kristen *Protestan* banyak terdapat di Sulawesi Utara. プロテスタント教徒が北スラウェシに多くいる。
psikologi □ 2352	名 心理学
pulpen □ 2353	名 万年筆
ramalan □ 2354	名 予想 【ramal】 meramal 他 予想する
rok □ 2355	名 スカート
rumit □ 2356	形 複雑な Persoalan yang sedang dihadapi perusahaan itu sangat *rumit*. その会社が直面している問題はとても複雑だ。
sabun □ 2357	名 せっけん
salju □ 2358	名 雪
sarung □ 2359	名 サルン（スカート状の民族衣装）

sambutan ☐ 2360	名 応答、(歓迎) スピーチ 【sambut】 menyambut 他 歓迎する
sama sekali ☐ 2361	副 全く、完全に Murid-murid *sama sekali* tidak tahu apakah hari ini Pak guru sakit. 今日、先生が病気だということを生徒たちはまったく知らない。
sayuran ☐ 2362	名 野菜（類）【sayur】名 野菜
seekor ☐ 2363	形 1匹の、ある〜 【ekor】名 尾、〜匹 Kami memelihara *seekor* kucing jantan di rumah. 私たちは家で1匹の雄猫を飼っている。
sekurang-kurangnya ☐ 2364	副 少なくとも 【kurang】副 不足した、十分でない kekurangan 自 不足している 名 不足 mengurangi 他 減らす berkurang 自 減る "*Sekurang-kurangnya* kamu harus menyelesaikan soal ini sampai halaman 20". 少なくとも君はこの問題を20ページまで終わらせなさい。
selamatan ☐ 2365	名 お祝いや祈りの宴 【selamat】形 無事な、安全な 慣 おめでとう menyelamatkan 他 救う keselamatan 名 安全、平安
selimut ☐ 2366	名 毛布
sendiri-sendiri ☐ 2367	副 個人で、ひとりひとり sendirian 副 1人きりで tersendiri 形 独自の Walaupun kami makan di restoran bersama-sama, tetap bayar *sendiri-sendiri*. 私たちはレストランで一緒に食べたが、別々に支払った。

中級単語

sendok □2368	名 スプーン
sepotong □2369	名 ひときれ 【potong】名 ～きれ memotong 他 切る potongan 名 （切り取られた）片、値引き
setengah mati □2370	形 死にそうな　副 死ぬほど Mencari onderdil mobil tua seperti ini sulitnya *setengah mati*. このような古い車の部品を探すのは、死ぬほど難しい。
sewaktu-waktu □2371	副 時折、いつでも 【waktu】名 時間 接 ～の時 Apabila kamu merasa kesepian, *sewaktu-waktu* silakan telepon ke rumah saya. もし君が寂しく感じたら、いつでもどうぞ私の家に電話してください。
singa □2372	名 ライオン
singkatan □2373	名 省略語 【singkat】形 簡潔な
soto □2374	名 インドネシア風スープ
subur □2375	形 肥沃な Tanah yang *subur* biasanya menghasilkan panen yang berlimpah. 肥沃な土地はたいてい溢れるばかりの収穫をもたらす。
tata bahasa □2376	名 文法
tambang □2377	名 鉱山 pertambangan 名 地下資源採掘
tanda tangan □2378	名 署名 menandatangani 他 署名する

tanggung jawab ☐ 2379	**名 責任** bertanggung jawab 自 責任を持つ
tari ☐ 2380	**名 踊り** menari 自 踊る penari 名 踊り手 tarian 名 舞踊
tahu-tahu ☐ 2381	**副 知らないうちに** 【tahu】自 知る、分かる memberitahu 他 〜を知らせる pemberitahuan 名 告知 mengetahui 他 知る pengetahuan 名 知識 Kami semua sibuk mencari adik kesana kemari *tahu-tahu* dia sudah muncul di sini. 私たちは皆、あちこちと弟を探したが、知らないうちに彼はここに現れた。
tawar, menawar ☐ 2382	**自 値段交渉する** 【tawar】 *penawaran 名 提供 tawaran 名 申し出 Setiap berbelanja di pasar ibu selalu *menawar* harga ikan yang hendak dibeli. 市場で買い物をするたび、母は買おうとする魚の値段をいつも値切る。
tembok ☐ 2383	**名 壁**
tenggelam ☐ 2384	**自 沈む** Akhir-akhir ini ada banyak berita tentang kapal laut yang *tenggelam* baik di televisi maupun surat kabar. 最近テレビでも新聞でも沈んだ船についてのニュースが多い。
tepung ☐ 2385	**名 粉**

Level 2

中級単語

terbalik □2386	受 ひっくり返った、逆にされた 【balik】 membalik 他 ひっくり返す Kami semua tertawa geli ketika melihat adik memakai baju *terbalik*. 私たちは弟が裏返しに服を着ているのを見て、おかしくてみんな笑った。
terbangun □2387	受 目覚める 【bangun】 自 起きる membangunkan 他 起こす bangunan 名 建造物 membangun 他 建設する pembangunan 名 建設 Setiap pagi saya *terbangun* oleh suara kicauan burung di samping rumah. 毎朝、家の傍の鳥の鳴き声で目が覚める。
terbenam □2388	自 沈んでしまう 【benam】 Matahari *terbenam* di ufuk barat. 太陽が西の地平線に沈む。
terburu-buru □2389	副 急いで 【buru】 Karena *terburu-buru* berangkat ke sekolah, saya lupa membawa buku pelajaran matematika. 私は急いで学校へ出かけたので、数学の教科書を持ってくるのを忘れた。
tergesa-gesa □2390	副 慌てて 【gesa】 Setiap pagi kami *tergesa-gesa* berlari ke jalan raya agar tidak ketinggalan bis sekolah. 毎朝、スクールバスに乗り遅れないように、私たちは慌てて大通りに走っていく。
WC □2391	名 トイレ
upacara □2392	名 儀式、式

urutan ☐ 2393	**名** 順番　【urut】
warga negara ☐ 2394	**名** 国民　【warga】**名** 住民 kewarganegaraan **名** 国籍
tertinggal ☐ 2395	**受** 置き忘れられた　【tinggal】**自** 住む、残っている meninggalkan **他** 残す meninggal **自** 亡くなる ketinggalan **自** 取り残された Ada beberapa koper milik rombongan turis itu yang masih *tertinggal* di bandara. 空港に、その旅行団体の、置き去りにされたいくつかのトランクがある。
keindahan ☐ 2396	**名** 美しさ　【indah】**形** 美しい

Level 2

Level 3
上級単語
1139語

レベル3には上級レベルの単語が収められています。このレベルの単語をマスターすると、新聞、雑誌などをあまり苦労せずに読めるようになります。インドネシアで暮らすのに必要な語彙力を身につけたことにもなります。

上級単語

medali ☐ 2397	名 メダル
grup ☐ 2398	名 グループ
basa basi ☐ 2399	名 社交辞令
Yesus ☐ 2400	名 イエス・キリスト
bawahan ☐ 2401	名 部下、下部【bawah】名 下
gua ☐ 2402	名 洞窟　代 俺、あたし（俗） Hampir tiap dua bulan sekali, *gua* bersama teman-teman pergi mendaki gunung. 2ヵ月に1回くらい、俺は友達と一緒に山へ登りに行く。
deh ☐ 2403	間 〜だよ Sebaiknya kamu baca dulu *deh* buku itu! Baru setelah itu kita diskusikan. できれば君はその本をまず読んだほうがいいよ！それから議論しよう。
dong ☐ 2404	間 〜だよ、〜だね Bosan di dalam rumah terus, main ke taman *dong*! 家の中にいてばかりでは退屈だろう、公園に遊びに行きなさい。
banget ☐ 2405	副 すごく Hari ini masakan kakak enak *banget*, aku tambah berkali-kali. 今日はお姉さんの料理はとてもおいしい、ぼくは何度もおかわりした。
Indo ☐ 2406	名 欧亜混血人

berbohong ☐ 2407	📘 うそをつく【bohong】 📗 嘘 membohongi 他 だます pembohong 名 嘘つき pembohongan 名 嘘 Mudah sekali anak nakal itu *berbohong* kepada setiap orang. そのいたずらっ子はいとも簡単に誰にでも嘘をつく。
pemogokan ☐ 2408	名 ストライキ【mogok】 自 車が故障する、ストライキをする
pembauran ☐ 2409	名 同化【baur】 Gerakan *pembauran* menjadi politik resmi pemerintah. 同化運動は政府の公式の政策となった。
olah ☐ 2410	名 手法 pengolahan 名 加工、処理
eh ☐ 2411	間 いや、え *Eh*, pekerjaan itu harus saya selesaikan malam ini? え、その仕事を今晩中に私が終わらせなければならないのか。
kelurahan ☐ 2412	名 村【lurah】 名 村長
mode ☐ 2413	名 ファッション
menunjukkan ☐ 2414	他 示す【tunjuk】 menunjuk 他 指し示す petunjuk 名 指示 mempertunjukkan 他 上演する pertunjukan 名 公演 Anak kecil ini dengan polos *menunjukkan* ke mana arah perampok itu melarikan diri. この小さい子供は無邪気にその強盗がどちらの方向へ逃げたのかを示した。

上級単語

lereng ☐2415	**名** 斜面 Pesawat terbang dari Bali menabrak *lereng* gunung Bromo. バリ発の飛行機がブロモ山の斜面に衝突した。
virus ☐2416	**名** ウイルス
Indosat ☐2417	**名** インドネシア衛星事業団　Indonesian Satellite Corporation
model ☐2418	**名** モデル
tulus ☐2419	**形** 誠実な Orang-orang desa memberi pertolongan dengan *tulus* kepada korban pesawat jatuh. 村の人々は墜落した飛行機の犠牲者に心から援助を行なった。
belakangan ☐2420	**副** 最近、遅れて【belakang】**名** 後ろ *Belakangan* ini kakak saya semakin pendiam setelah putus cinta dari kekasihnya. 私の兄は恋人と別れた後、最近ますます寡黙になった。
hendak ☐2421	**ア** 〜しようとする hendaknya **副** 願わくば kehendak **名** 望み menghendaki **他** 欲する Apabila *hendak* bepergian, periksa sekali lagi keamanan rumah. 出かけようとするときは、家の安全をもう1度確認しなさい。
konon ☐2422	**副** 〜らしい *Konon* gaji pegawai negeri tahun depan akan mengalami kenaikan 20 persen. 来年、公務員の給与が20パーセント上昇するらしい。
ternak ☐2423	**名** 家畜 peternakan **名** 畜産、飼育場

karang ☐2424	名 さんご
katakan ☐2425	慣 言ってみなさい、〜と仮定すると 【kata】名 言葉、単語 berkata 自 話す perkataan 名 発言 mengatakan 他 言う katanya 副 〜らしい "*Katakan* saja apa yang ingin kamu beli!", kata ayah. 「お前が何を買いたいのか言ってみなさい」と父は言った。
WNI ☐2426	略 インドネシア国籍者　Warganegara Indonesia
aktivis ☐2427	名 活動家
mengemis ☐2428	自 (お金、物を) 乞う 【kemis】 pengemis 名 物乞い Hampir di setiap perempatan lampu lalu lintas ada anak-anak yang sedang *mengemis*. 信号のあるほとんどの交差点に物ごいをしている子供たちがいる。
rambu ☐2429	名 標識
SH ☐2430	略 法学士　Sarjana Hukum
iblis ☐2431	名 悪魔
Jateng ☐2432	略 中ジャワ　Jawa Tengah
moral ☐2433	名 モラル

上級単語

sela ☐ 2434	**名** 隙間
SK ☐ 2435	**略** 決定書　Surat Keputusan
aset ☐ 2436	**名** 資産
Kristus ☐ 2437	**名** キリスト
bakteri ☐ 2438	**名** 細菌
fitnah ☐ 2439	**名** 中傷
menawarkan ☐ 2440	**他** 申し出る【tawar】 ditawarkan **受** 提供される menawar **自** 値段交渉する penawaran **名** 提供 tawaran **名** 申し出 Setiap tahun pemerintah *menawarkan* beasiswa kepada mahasiswa yang berprestasi untuk belajar di luar negeri. 毎年、政府は成績の良い大学生に外国で勉強するために奨学金を提供する。
mebel ☐ 2441	**名** 家具
resapan ☐ 2442	**名** 吸収【resap】
desain ☐ 2443	**名** デザイン

プラムディヤ選集完結

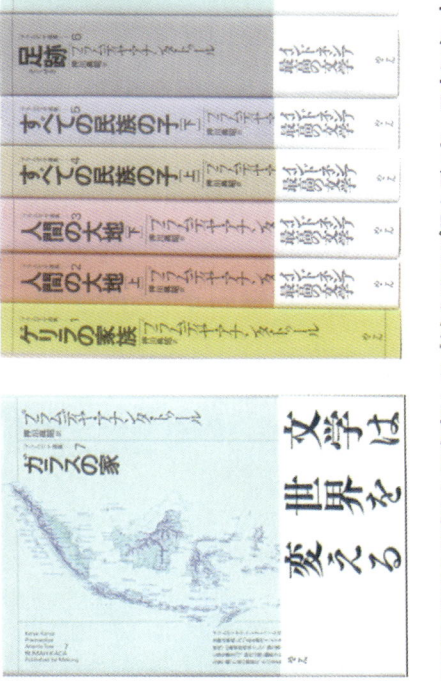

文学は世界を変えるか

アジア最高の作家として名高いインドネシアのプラムディヤ・アナンタ・トゥールの「ブル島４部作」がようやく完結しました。第１部『人間の大地』の日本語訳が出たのが 1986 年（原作は 1980 年）ですから、完結までに実に 20 年かかりました。プラムディヤはついにノーベル文学賞を受賞することなく一昨年他界しましたが、40 数カ国の言語に訳されたこの４部作は世界中で永遠に読みつがれることでしょう。文学の可能性を信じさせてくれ

※名作です。

読売文学賞受賞

2008年2月押川典昭さんがプラムディヤ「人間の大地」4部作の翻訳で第59回読売文学賞研究・翻訳賞を受賞しました。

押川典昭「人間の大地」四部作
プラムディヤ・アナンタ・トゥール

プラムディヤ・アナンタ・トゥールの人間の大地四部作（「人間の大地」「すべての民族の子」「足跡」「ガラスの家」）は現代インドネシア文学を代表する同時代史として世界的に評価を得てきた。二〇世紀初頭のオランダ領東インド（現在のインドネシア）を舞台にし、近代的民族意識に目覚める青年ミンケを主人公とした歴史的大河小説である。本書はそれ以上に、二十世紀初頭の身体的・精神的な世界史の諸相を見事に描き切った世界文学の傑作の一つである。そしてまた近代の生を生きようとする者たちへの熱い応援歌でもある。心ある読者への何よりのお薦めの一冊。

大河小説 20年で制覇

押川典昭さんが昭和六十三年よりプラムディヤの主著である人間の大地四部作の翻訳をスタートさせてから二十年、遂に日本語での出版を終えた。一人の翻訳者が一人の作家の大河小説を二十年にわたり翻訳出版するというのは日本でも珍しいことである。押川さんの情熱と出版社の熱意の賜である。アジア文学の名作として多くの人に読まれることを念じている。

（池澤夏樹）

研究・翻訳賞

おしかわ・のりあき
大東文化大学国際関係学部教授。東南アジア言語文化・インドネシア文学等。1948年鳥取県生まれ。モデルハビス東京ブルルの訳は翻訳者としての第一歩。訳書は手がけている名訳書に『翻弄されるアジアの開拓者』など。

① ゲリラの家族
定価2500円+税

② 人間の大地 (上)
定価1800円+税

③ 人間の大地 (下)
定価1800円+税

④ すべての民族の子 (上)
定価1900円+税

⑤ すべての民族の子 (下)
定価1900円+税

⑥ 足跡（そくせき）
定価4200円+税

⑦ ガラスの家
定価3500円+税

発行 めこん 東京都文京区本郷3-7-1　電話 03-3815-1688　FAX 03-3815-1810

eksekutif ☐ 2444	名 （会社の）役員
gede ☐ 2445	形 大きな Hasil tangkapan ikan hari ini *gede* banget. 今日の漁獲量はとても多い。
sulung ☐ 2446	形 長子の Anak *sulung* itu membiayai semua keperluan adik-adiknya setelah ayahnya meninggal dunia. その長子は父親が亡くなってから弟妹たちの必要なものすべてを賄ってきた。
fenomena ☐ 2447	名 現象
intelektual ☐ 2448	形 知的な Mahasiswa merupakan kaum *intelektual* muda yang masih ditempa di kampus. 大学生とはキャンパスで形成されつつある若い知識層である。
anu ☐ 2449	間 あのー *Anu*, maksud saya tolong telepon saya besok pagi jam 10 saja ya? あのー、つまり明日の朝10時に私に電話してくれませんか。
ketemu ☐ 2450	自 会う【temu】 bertemu 自 出会う pertemuan 名 出会い、会合 menemui 他 会いに行く menemukan 他 見つける penemuan 名 発見 Keduanya berjanji untuk *ketemu* lagi besok jam 3 di dekat stasiun. その2人は明日、駅の近くで3時に会う約束をした。
wabah ☐ 2451	名 伝染病

Level 3

上級単語

kepolisian ☐ 2452	名 警察 【polisi】 名 警察（官）
padang ☐ 2453	名 野原
peradilan ☐ 2454	名 裁判制度 【adil】 形 公正な mengadili 他 裁く pengadilan 名 裁判所 keadilan 名 公正 ketidakadilan 名 不正
Polda ☐ 2455	略 地方（州）警察　Polisi Daerah
jati ☐ 2456	名 チーク材
dakwah ☐ 2457	名 布教
bersangkutan ☐ 2458	自 関係する 【sangkut】 menyangkut 自 引っかかる　他 関係する Selanjutnya akan diumumkan pemenang lomba memasak, dan yang *bersangkutan* dipersilakan maju ke panggung. 続いて料理大会の勝者が発表され、関係者は舞台に進むように勧められるでしょう。
dikelola ☐ 2459	受 経営される、処理される 【kelola】 mengelola 他 運営する pengelola 名 管理者 pengelolaan 名 運営 Karena *dikelola* dengan baik, sekolah itu mengalami kemajuan yang sangat pesat. その学校は上手に運営されたので、とても急速な発展を経験した。

global ☐ 2460	**形** 概略的な、世界的な Materi kuliah pertama hari ini hanya disampaikan secara *global* saja. 今日の最初の授業の資料は概略的に説明されただけだった。
hitungan ☐ 2461	**名** 計算【hitung】 berhitung **自** 計算する dihitung **受** 数えられる menghitung **他** 数える perhitungan **名** 計算 terhitung **受** 数えられる
kanak-kanak ☐ 2462	**名** 幼児【kanak】 taman kanak-kanak **名** 幼稚園
kepemimpinan ☐ 2463	**名** リーダーシップ【pimpin】 memimpin **他** 指導する pemimpin **名** リーダー、上層部 pemimpinan **名** 指導
kelakuan ☐ 2464	**名** 行為【laku】 melakukan **他** 行なう pelaku **名** 実行者 berlaku **自** 有効である perlakuan **名** 扱い diperlakukan **受** 扱われる perilaku **名** ふるまい
rela ☐ 2465	**形** 喜んで Dia *rela* meninggalkan pekerjaannya demi mengikuti suaminya yang bertugas di kota lain. 彼女は別の町で仕事をする夫についていくために自分の仕事を進んで辞める。
PLN ☐ 2466	**略** 国営電力会社　　Perusahaan Listrik Negara

上級単語

keberadaan ☐ 2467	名 存在【ada】自 ある、いる berada 自 存在する adalah 自 〜である adanya 名 あること、存在すること keadaan 名 状況 mengadakan 他（会議、イベントなどを）行なう tiada 副 〜ではない
akal ☐ 2468	名 知恵
elite ☐ 2469	名 エリート（層）
ideal ☐ 2470	形 理想の Suami *ideal* bagi dia adalah suami yang sayang dan penuh pengertian pada keluarga. 彼女にとって理想の夫とは家族を愛し、理解に満ちた夫である。
Imlek ☐ 2471	名 中国暦 Tahun Baru Imlek　中国の旧正月
inti ☐ 2472	名 核 Kita harus mendapat penjelasan tentang *inti* masalah pada permulaan rapat. 私たちは会議の最初に問題の核心についての説明を受けなければならない。
kadar ☐ 2473	名 割合、値（あたい） Akibat stres, *kadar* adrenalin di dalam tubuh meningkat di atas batas normal. ストレスのせいで、体内のアドレナリンの値が平常値の上まで上がった。
kebaya ☐ 2474	名 クバヤ（ジャワの女性の服）

kendati ☐ 2475	**接** 〜にもかかわらず Dia dapat menyelesaikan semua tugas dari pimpinannya *kendati* waktunya sangat sempit. 時間は大変限られていたが、彼は上層部からの仕事をすべてやり終えることができた。
kentut ☐ 2476	**名** おなら
ketimbang ☐ 2477	**前** 〜と比較して【timbang】 mempertimbangkan **他** 考慮する pertimbangan **名** 考慮 Jalan ke rumahku jauh sekali, jadi *ketimbang* jalan kaki lebih baik naik taksi atau bis. 家までの道のりはとても遠いので、歩くよりもタクシーかバスに乗るほうがよい。
mengampuni ☐ 2478	**他** 許す【ampun】**名** 許し Dia rela *mengampuni* kesalahan adiknya. 彼は弟の過ちを喜んで許した。
menyebut ☐ 2479	**他** 〜と呼ぶ【sebut】 disebut **受** 言われる menyebutkan **他** 言及する sebutan **名** 呼び名 tersebut **形** 先述の Tadi malam ketika tidur anak tersebut terus *menyebut* nama ibunya. 昨晩寝る時にその子はずっと母親の名前を呼んでいた。
sekalipun ☐ 2480	**接** 〜にもかかわらず *Sekalipun* miskin, dia tidak pernah mencuri. 貧しいながらも彼は盗みを働いたことはない。
strategi ☐ 2481	**名** 戦略

上級単語

setia 2482	**形** 誠実な Ketika masih di kampung, saya mempunyai anjing yang *setia*. まだ村にいた頃、私は忠実な犬を飼っていた。
diterapkan 2483	**受** 適用される【terap】 menerapkan **他** 適用する penerapan **名** 適用 Peraturan seperti itu sulit untuk *diterapkan* di Indonesia. そのような規則はインドネシアでは適用するのが難しい。
kultur 2484	**名** 文化
kurikulum 2485	**名** カリキュラム
mitos 2486	**名** 神話
nasabah 2487	**名** 顧客
nasionalisme 2488	**名** ナショナリズム
paket 2489	**名** 小包
pengguna 2490	**名** 使用者 【guna】 **名** 益、効用 berguna **形** 役に立つ menggunakan **他** 利用する penggunaan **名** 利用
penipuan 2491	**名** 詐欺【tipu】 terpitu **受** だまされる

penjajah ☐ 2492	名 支配者【jajah】 menjajah 他 支配する penjajahan 名 占領統治
perlahan-lahan, pelan-pelan ☐ 2493	副 ゆっくりと【pelan】
permulaan ☐ 2494	名 初め【mula】 mula-mula 副 最初は mulanya 副 最初は semula 形 最初の
profesional ☐ 2495	形 プロの Pemain-pemain sepak bola *profesional* tentu sangat menghargai waktu untuk latihan. プロのサッカー選手たちはもちろん練習時間をとても大切にする。
purnawirawan ☐ 2496	名 退役軍人
raga ☐ 2497	名 肉体 olahraga 名 スポーツ
seksi ☐ 2498	形 セクシーな Penampilan penyanyi musik dangdut yang terkenal itu sangat *seksi*. その有名なダンドゥット歌手のいでたちはとてもセクシーだ。
tagihan ☐ 2499	名 請求【tagih】 *menagih 他 請求する
teknis ☐ 2500	形 技術的な Metode ini gampang menurut teori, tapi susah secara *teknis*. この方法は理論的には容易だが、技術的には難しい。
bakat ☐ 2501	名 才能

Level 3

上級単語

asasi □ 2502	**形 基本的な** Kita harus saling menghormati hak *asasi* setiap orang. 私たちはそれぞれの人権をお互いに尊重しなければならない。
terlepas □ 2503	**受 放たれる 形 放たれた**　【lepas】**形** 解かれた、自由な melepaskan **他** ～を解き放す Kakek Ronodarjo mencari burung perkututnya yang *terlepas* dari sangkarnya tadi pagi. ロノダルジョ爺さんは今朝、籠から飛んでいったキジバトを探している。
canggih □ 2504	**形 高度な** Indonesia sudah berhasil memproduksi sendiri pesawat yang cukup *canggih*. インドネシアはかなり高度な技術の飛行機を自ら生産することに成功した。
ditandatangani □ 2505	**受 署名される**　【tanda tangan】**名** 署名 menandatangani **他** 署名する Perjanjian jual beli ini harus segera *ditandatangani* di depan notaris paling lambat hari Selasa. この通商協定は遅くとも火曜日までに司法書士の前ですみやかに署名されなければならない。
efek □ 2506	**名 効果**
formal □ 2507	**名 正式な**
formulir □ 2508	**名 書式**
henti □ 2509	**名 停止** berhenti **自** 止まる menghentikan **他** 止める perhentian **名** 停車場

keterampilan ☐ 2510	**名** 技能　【terampil】
lazim ☐ 2511	**形** 普通な Sekarang sudah *lazim* pria memakai minyak wangi. 今やもう男性が香水をつけるのは普通になった。
Letkol ☐ 2512	**略** 中佐　Letnan Kolonel
longsor ☐ 2513	**自** 崩れる Banyak rumah rusak dan roboh akibat tanah *longsor* yang terjadi di Sumatera. スマトラで発生した地滑りで多くの家が壊れたり倒れたりした。
macan ☐ 2514	**名** 虎
minimal ☐ 2515	**形** 最小の Upah *minimal* buruh harus merujuk pada ketentuan Departemen Tenaga Kerja. 労働者の最低賃金は労働省の規定に準拠しなければならない。
penghuni ☐ 2516	**名** 住民　【huni】
prosedur ☐ 2517	**名** 手続き、手順
unik ☐ 2518	**形** ユニークな Cerita dalam novel ini sangat *unik*. この小説の話はとてもユニークだ。
wacana ☐ 2519	**名** 言説
bus ☐ 2520	**名** バス

上級単語

belah ☐ 2521	名 片側 sebelah 名 片側 Guru menghukum kedua *belah* pihak ketika dua kelompok muridnya bertengkar. 2つのグループの生徒が喧嘩したとき、先生は双方を罰した。
calo ☐ 2522	名 ダフ屋
dagangan ☐ 2523	名 商品　【dagang】名 商売 berdagang 自 商売をする pedagang 名 商人 perdagangan 名 商業
denda ☐ 2524	名 罰金
dinyatakan ☐ 2525	受 表明される　【nyata】形 明らかな menyatakan 他 宣言する pernyataan 名 証言 kenyataan 名 事実 ternyata 副 実際には〜 Setelah melalui proses sidang yang sangat panjang, akhirnya terdakwa *dinyatakan* tidak bersalah. とても長い審理の過程を経て、ついに被告は無罪であると宣告された。
elektronik ☐ 2526	形 電子の Toko itu khusus menjual barang *elektronik*. その店は特に電気製品を販売する。
diselesaikan ☐ 2527	受 終わらされる　【selesai】形 終了した menyelesaikan 他 終わらせる penyelesaian 名 解決 Proyek ini harus *diselesaikan* dalam minggu ini. このプロジェクトは今週中に終わらせねばならない。

diserahkan □2528	受 引き渡される、委ねられる 【serah】 menyerahkan 他 手渡す penyerahan 名 引き渡し menyerah 他 ゆだねる terserah 受 任せられた 慣 お好きなように Hasil penelitian ini sudah harus *diserahkan* paling lambat tanggal 30 akhir minggu ini. この調査結果は遅くとも今週末の30日に引き渡されねばならない。
Humas □2529	略 広報　Hubungan Masyarakat
infeksi □2530	名 感染
investor □2531	名 投資者
laba □2532	名 利益
maksimum □2533	名 最大限
menimpa □2534	他 降りかかる　【timpa】 Pohon tumbang itu *menimpa* beberapa mobil yang ada di bawahnya. その倒れた木は下にあった何台かの車を直撃した。
negatif □2535	形 否定的な Dia sudah menggunakan tes kehamilan, hasilnya *negatif*. 彼女は妊娠テストを利用したが、その結果は陰性だった。
nuklir □2536	形 原子力の Program *nuklir* Iran mendapat kecaman keras dari Amerika. イランの原子力計画はアメリカから厳しい批判を受けた。

上級単語

nyaris ☐ 2537	副 ほとんど Saya *nyaris* ketubruk sepeda motor kalau tidak ditarik oleh seorang teman. もし友人が引っ張ってくれなければ、危うくオートバイとぶつかるところだった。
pendaftaran ☐ 2538	名 登録 【daftar】名 表、リスト mendaftar 自 登録する terdaftar 受 登録されている
pendiri ☐ 2539	名 創設者 【diri】名 自身 berdiri 自 立つ mendirikan 他 設立する pendirian 名 創設、自己主張 terdiri 受 〜から成り立つ
pengamat ☐ 2540	名 観察者、批評家 【amat】
pengelola ☐ 2541	名 管理者 【kelola】 mengelola 他 運営する pengelolaan 名 運営 dikelola 受 処理される
permasalahan ☐ 2542	名 問題（総体として）【masalah】名 問題
rasul ☐ 2543	名 使徒、預言者
reaksi ☐ 2544	名 反応
seruan ☐ 2545	名 叫び声 【seru】

struktur ☐ 2546	名 構造
tercemar ☐ 2547	受 汚される 【cemar】 mencemar 他 汚染する pencemaran 名 汚染 Sungai Wonokromo di Surabaya *tercemar* oleh limbah pabrik di sekitarnya. スラバヤのウォノクロモ川はその周辺の工場廃液によって汚染された。
ampun ☐ 2548	名 許し、慈悲 mengampuni 他 許す
ancaman ☐ 2549	名 脅迫 【ancam】 mengancam 他 脅す
asyik ☐ 2550	形 熱心に Dia terlalu *asyik* nonton acara komedi di TV, sehingga tidak terasa sudah larut malam. 彼はテレビのお笑い番組をあまりにも熱心に見ていて、深夜になったのに気づかなかった。
celah ☐ 2551	名 隙間
deras ☐ 2552	形 激しい Hujan *deras* sejak pagi membuat jalan di sekitar lampu merah itu kebanjiran. 朝からの激しい雨が信号機周辺の道路を水没させた。
hancur ☐ 2553	形 砕けた menghancurkan 他 粉砕する Rumah yang *hancur* akibat banjir akan mendapat bantuan fisik dari pemerintah. 洪水で壊れた家は、政府から物的な援助を受け取るだろう。

Level 3

上級単語

diperkirakan □2554	受 推測される 【kira】 自 〜と考える、思う kira-kira 副 およそ kiranya 副 〜らしい mengira 他 〜と思う memperkirakan 他 推測する perkiraan 名 推測 Seperti pada olimpiade sebelumnya, tahun ini *diperkirakan* Cina akan tetap mendominasi cabang olahraga renang. それ以前のオリンピックの時のように、今年も中国が水泳の部門で依然として優位を占めると予想されている。
disediakan □2555	受 用意される、供給される 【sedia】 bersedia 自 〜する気がある menyediakan 他 供給する persediaan 名 供給 tersedia 受 用意される Khusus untuk tamu-tamu dari Jepang sudah *disediakan* masakan Jepang. 特別に日本からの客には日本料理が準備されている。
doa □2556	名 祈り berdoa 自 祈る
esa □2557	名 1（文語） Sila pertama Pancasila adalah Ketuhanan Yang Maha *Esa*. パンチャシラの最初の原則は唯一神への信仰である。
giliran □2558	名 （順）番 【gilir】
mengunyah □2559	他 咀嚼する 【kunyah】 Untuk membantu pencernaan sebaiknya kita *mengunyah* makanan sampai cukup lembut sebelum menelannya. 消化を助けるために、飲み込む前に私たちは十分柔らかくなるまで食べ物を噛んだほうが良い。

halus ☐ 2560	**形 なめらかな、洗練された**	
	Karena rajin merawat diri, kulitnya sangat *halus* dan lembut. 手入れに熱心だったので、彼女の肌はとても滑らかで柔らかい。	
dikenakan ☐ 2561	**受 着用される、適用される** 【kena】	
	mengenakan **他** 身に着ける	
	mengenai **前** ～に関して	
	terkena **受** （事故、病気などを）被る、（物が）当たる	
	Pakaian seperti itu biasanya hanya *dikenakan* pada saat upacara adat saja. そのような服は通常は慣習儀礼の時だけに着用される。	
kemauan ☐ 2562	**名 意志** 【mau】 **ア** ～したい	
KKN ☐ 2563	**略 汚職・謀略・縁故** Korupsi, Kolusi dan Nepotisme	
liter ☐ 2564	**名 リットル**	
mangsa ☐ 2565	**名 獲物**	
memeluk ☐ 2566	**他 抱きしめる、信奉する** 【peluk】	
	Ibu *memeluk* anaknya yang sedang menangis tersedu-sedu. 母はしくしくと泣いている子供を抱きしめた。	
hadapan ☐ 2567	**名 前** 【hadap】	
	berhadapan **自** 向き合う	
	menghadapi **他** 向き合う	
	dihadapi **受** 直面される	
	terhadap **前** ～に対して	
	Sebuah mobil mewah berhenti di *hadapan* rumah orang kaya itu. 1台の高級車がその金持ちの家の前に止まった。	

Level 3

上級単語

mutlak　☐2568	**形 絶対の** Syarat *mutlak* lowongan pekerjaan ini adalah harus lulus ujian bahasa Jepang level dua. この就職の絶対条件はレベル2の日本語検定をパスすることだ。
ngapain　☐2569	**慣 何してるの（俗）**【apa】**題 何** *Ngapain* kamu susah-susah mengurus dia, dia sendiri tidak mau mengurusi dirinya sendiri. 苦労して彼の世話をするなんて、彼自身が自分のことをやろうとしないのに。
pengolahan　☐2570	**名 加工、処理**【olah】**名 手法** Lokasi pembangunan sarana *pengolahan* sampah itu berdampingan dengan lokasi perumahan penduduk. そのゴミ処理施設の建設現場は住民の住宅地と隣接している。
penularan　☐2571	**名 感染**【tular】 menular **自 感染する**
promosi　☐2572	**名 プロモーション**
rekaman　☐2573	**名 記録**【rekam】
silang　☐2574	**名 交差**
akrab　☐2575	**形 親しい** Kedua gadis itu berteman *akrab* sejak kecil. その2人の少女は幼いときからの親友だ。
Tapol　☐2576	**略 政治犯**　Tahanan Politik
UGM　☐2577	**略 ガジャマダ大学**　Universitas Gajah Mada

UI □2578	略 インドネシア大学　Universitas Indonesia
selaku □2579	前 〜として　【laku】 *Selaku* manajer produksi, dia bertanggung jawab atas terjadinya kecelakaan kerja di pabrik. 製造部門のマネージャーとして、彼は工場での労働災害の発生に責任がある。
Arab Saudi □2580	名 サウジアラビア
aspek □2581	名 様相、局面
awalan □2582	名 接頭辞　【awal】名 初め mengawali 他 〜で始まる
bak □2583	名 水槽 bak mandi 名 浴室の水槽
berbelanja □2584	自 買い物をする　【belanja】名 買い物
kapitalisme □2585	名 資本主義
gangguan □2586	名 障害　【ganggu】 mengganggu 他 邪魔する terganggu 受 邪魔される
bermotor □2587	形 エンジン付きの　【motor】名 オートバイ、エンジン Akhir-akhir ini kendaraan *bermotor* roda dua banyak dijumpai di jalan-jalan besar. 最近、原動機付き2輪車に大通りでたくさん出くわす。

Level 3

上級単語

dimuat □2588	受 記載される、積載される 【muat】 memuat 他 載せる muatan 名 積載物 Berita tentang ditemukannya kura-kura seberat 1 ton sudah *dimuat* di koran nasional. 1トンもの重さの亀が見つかったというニュースはすでに全国紙に掲載された。
diperiksa □2589	受 検査される 【periksa】 memeriksa 他 検査する pemeriksaan 名 検査 Hari ini selama 12 jam berturut-turut dia *diperiksa* sebagai saksi untuk kasus pemalsuan uang. 彼は今日12時間ぶっとおしで贋金つくり事件の証人として事情聴取を受けた。
ditawarkan □2590	受 提供される 【tawar】 menawarkan 他 申し出る penawaran 名 提供 menawar 自 値段交渉する tawaran 名 申し出 Cukup banyak program studi yang *ditawarkan* di fakultas ini. この学部で提供されている研究コースはかなり多い。
ditolak □2591	受 拒否される 【tolak】 menolak 他 拒否する penolakan 名 拒否 Keinginannya untuk segera menemui anaknya *ditolak* oleh mantan istrinya. すぐに自分の子供に会いたいという彼の希望は元の妻に拒否された。
hafal □2592	自 暗記する Walaupun baru berumur 10 tahun, anak itu sudah *hafal* Al Quran. その子は10歳になったばかりだが、もうコーランを暗記している。

etnis □2593	名 民族集団
berlebihan □2594	形 過度な 副 過度に 【lebih】副 超過した、以上に kelebihan 名 余剰、過度 melebihi 他 上回る terlebih 副 特に Tamu itu *berlebihan* memuji pelayanan kafe itu. その客はそのカフェの店員を過度に誉めた。
diubah □2595	受 変えられる 【ubah】 mengubah, merubah 他 変える berubah 自 変化する perubahan 名 変化 Agar terlihat lebih muda warna rambutnya *diubah* menjadi pirang. より若く見えるように彼の髪の毛の色はブロンドに変えられた。
berlanjut □2596	自 持続する 【lanjut】形 進んだ melanjutkan 他 続ける selanjutnya 接 次に 形 続く Tahun depan pelajaran bahasa Indonesia kita *berlanjut* ke tingkat yang lebih tinggi. 来年、私たちのインドネシア語の授業はより高いレベルへと続く。
keberhasilan □2597	名 成功 【hasil】名 結果 berhasil 自 成功する dihasilkan 受 生産される menghasilkan 他 生産する penghasilan 名 収入
kencing □2598	自 小便をする Adikku yang berumur 3 tahun sering sekali *kencing* di celananya. 3歳の僕の弟はしょっちゅうズボンの中でおしっこをする。

上級単語

komite ☐ 2599	**名** 委員会
kongres ☐ 2600	**名** 議会、会議
laboratorium ☐ 2601	**名** 実験室
layanan ☐ 2602	**名** サービス 【layan】 melayani **他** 要求に応える pelayanan **名** サービス pelayan **名** ウェイター
menyentuh ☐ 2603	**他** 触れる 【sentuh】 Harga minyak bumi dunia *menyentuh* tingkatan yang paling tinggi selama lebih dari tiga bulan ini. 世界の石油価格はこの3ヵ月以上の間に最も高い水準に及んだ。
merumuskan ☐ 2604	**他** 定式化する 【rumus】 **名** 公式 Sekretaris sedang *merumuskan* hal-hal yang akan dibicarakan dalam rapat direksi nanti siang. 秘書は今日の昼の理事会で議論される事項をまとめているところだ。
mual ☐ 2605	**形** 吐き気を催す Begitu naik kapal laut, saya langsung *mual* dan terasa mau muntah. 船に乗るやいなや、私はすぐに気持ちが悪くなって吐きたくなる。
novel ☐ 2606	**名** 小説
opini ☐ 2607	**名** 意見
parlemen ☐ 2608	**名** 議会

pengen ☐ 2609	他 〜したい Setiap kali mendengarkan musik gamelan Jawa, saya selalu *pengen* pulang ke Yogyakarta. ジャワのガムラン音楽を聴く度に、私はいつもジョグジャカルタへ帰りたくなる。
pentas ☐ 2610	名 舞台
perpanjangan ☐ 2611	名 延長　【panjang】形 長い sepanjang 前 〜中、ずっと memperpanjang 他 伸ばす
pesanan ☐ 2612	名 注文（品）、伝言　【pesan】名 ことづけ memesan 他 注文する
pondok ☐ 2613	名 宿舎、小屋
religius ☐ 2614	形 宗教的な Menjelang bulan Ramadhan suasana pertokoan dibuat bernuansa *religius*. 断食月が近づくと、商店街の雰囲気は宗教的な感じにしつらえられる。
berdua ☐ 2615	副 2人で　【dua】数 2 kedua 数 第2の、双方の kedua-duanya 副 両方とも Di manapun berada mereka selalu *berdua*. 彼らはどこにいてもいつも2人だ。
simpati ☐ 2616	名 同情、共感
teguh ☐ 2617	形 確固とした Dia memegang prinsipnya dengan *teguh*. 彼は自分の方針をしっかりと持っている。

上級単語

tingkah ☐ 2618	名 行為、振る舞い
transaksi ☐ 2619	名 取引、送金
ujian ☐ 2620	名 試験 【uji】 名 検査 menguji 他 テストする
was-was ☐ 2621	形 ドキドキして Setiap orang tua selalu *was-was* jika anaknya terlambat pulang. どの両親も子供の帰りが遅れると、いつもドキドキするものだ。
aliran ☐ 2622	名 流れ 【alir】 mengalir 自 流れる
seputar ☐ 2623	前 〜の周囲に 【putar】 berputar 自 回る memutar 他 回す putaran 名 回転、〜回 Mohon agar hal-hal *seputar* masalah ini tidak dibicarakan kepada orang luar. この問題の周辺の事項は外部の人に話さないようにされたい。
bermanfaat ☐ 2624	形 有用な 自 役に立つ 【manfaat】 名 有益性 memanfaatkan 他 〜を利用する pemanfaatan 名 利用 Buku ini sangat *bermanfaat* untuk mereka yang akan tinggal di Indonesia. この本はインドネシアに住む予定の彼らにはとても役に立つ。
birokrasi ☐ 2625	名 官僚制度
catur ☐ 2626	名 チェス

coklat ☐ 2627	名 チョコレート　形 茶色の Warna *coklat* adalah warna yang sangat disukai oleh ayahku. 茶色は私の父がとても好きな色だ。
dipaksa ☐ 2628	受 強いられる　【paksa】 memaksa 他 ～を強制する pemaksaan 名 強制 terpaksa 他 やむなく～する Dia *dipaksa* mengakui perbuatan yang tidak dilakukannya. 彼は自分が行なっていない行為を認めるように強要された。
diinginkan ☐ 2629	受 望まれる　【ingin】自 ～したい menginginkan 他 望む keinginan 名 欲求 Sudah 1 tahun ini dia rajin menyisihkan gajinya agar dapat membeli mobil yang *diinginkan*. この1年間彼は欲しかった車を買えるように、コツコツと給料の中からお金を貯めた。
dijawab ☐ 2630	受 返答される　【jawab】 menjawab 他 答える berjawab 自 答える jawaban 名 答え Email yang kemarin saya kirim sudah *dijawab* oleh teman saya hari ini. 昨日送ったメールに今日友達から返事が来た。
memprihatinkan ☐ 2631	形 心を痛める　prihatin 形 心痛の Pembangunan perekonomian yang tidak merata adalah hal yang sangat *memprihatinkan*. 均等でない経済開発は大変憂慮されることである。
disiplin ☐ 2632	名 秩序　形 規律正しい Seluruh karyawan harus *disiplin* mengikuti peraturan yang ada. すべての従業員は既存の規則を遵守しなければならない。

Level 3

上級単語

Dirjen ☐ 2633	略 長官　Direktur Jenderal
diperlakukan ☐ 2634	受 扱われる　【laku】 melakukan 他 行なう berlaku 自 有効である kelakuan 名 行為 pelaku 名 実行者 perlakuan 名 扱い perilaku 名 ふるまい Pembantu itu *diperlakukan* dengan baik oleh majikannya. そのお手伝いさんは主人にきちんと扱われている。
ditanya ☐ 2635	受 尋ねられる　【tanya】 menanyakan 他 尋ねる mempertanyakan 他 質問する、問題にする bertanya 自 尋ねる pertanyaan 名 質問 Artis itu *ditanya* oleh wartawan tentang rencana pelaksanaan konsernya. そのアーティストはコンサートの実施計画について記者に質問された。
dituduh ☐ 2636	受 告訴される　【tuduh】 menuduh 他 非難する tuduhan 名 非難 Pembantu malang itu *dituduh* mencuri uang dan HP oleh majikannya. そのかわいそうなお手伝いさんは主人にお金と携帯電話を盗んだと訴えられた。
ganda ☐ 2637	名 （数）倍、ダブルス Nilai saham perusahaan itu berlipat *ganda*. その会社の株価は倍になった。

erat ☐2638	形 （結びつきなどが）強い、密接な Sejak masih duduk di SD hingga SMA, kedua anak itu bersahabat sangat *erat*. まだ小学校に在学している時から高校まで、その２人の子供はとても親密な友人だった。
gas ☐2639	名 ガス
ditentukan ☐2640	受 決定される 【tentu】形 確かな 副 きっと menentukan 他 決定する tertentu 形 特定の tentunya 副 きっと ketentuan 名 規定 Pencapaian hasil terbaik akan *ditentukan* oleh usaha masing-masing individu. 最良の成果が達成されるかどうかはそれぞれの個人の努力によって決まるだろう。
jembatan ☐2641	名 橋
karakter ☐2642	名 特徴、性格
kecantikan ☐2643	名 美しさ 【cantik】形 かわいい
kondektur ☐2644	名 車掌
konsisten ☐2645	形 継続的な、一貫した Politikus kawakan itu *konsisten* pada pendiriannya sampai sekarang. そのベテランの政治家は、現在まで自らの信条において一貫性がある。

Level 3

上級単語

maling ☐ 2646	**名** 泥棒
manajer ☐ 2647	**名** 管理者、経営者
masukan ☐ 2648	**名** インプット 【masuk】**自** 入る memasuki **他** 〜に入る memasukkan **他** 〜に入れる termasuk **受** 〜に含まれる
dihitung ☐ 2649	**受** 数えられる 【hitung】 berhitung **自** 計算する hitungan **名** 計算 menghitung **他** 数える perhitungan **名** 計算 terhitung **受** 数えられる Untuk menghindari kesalahan sebaiknya barang-barang itu *dihitung* sekali lagi. 誤りを避けるためにもう1度その品物を数えたほうが良い。
menjalani ☐ 2650	**他** 実行する 【jalan】**名** 道 berjalan **自** 歩く perjalanan **名** 旅行 menjalankan **他** 動かす、実施する jalan-jalan **自** そぞろ歩く Pak Soeharto *menjalani* perawatan penyakitnya di rumah sakit Pertamina. スハルト氏はプルタミナ病院で病気の治療を受ける。
menyebar ☐ 2651	**自** 広がる 【sebar】 tersebar **形** 広められた penyebaran **名** 拡張 Penyakitnya semakin parah karena sudah *menyebar* sampai pada pembuluh darah. 彼の病気はすでに血管にまで広がったので、ますます悪化した。

menyinggung ☐ 2652	他 触れる 【singgung】 tersinggung 形 感情を傷つけられた Menlu tidak *menyinggung* masalah peka itu dalam perbincangan antara kedua negara itu. 外務大臣は２国間会議でその微妙な問題に触れなかった。
misi ☐ 2653	名 使節、布教
penanganan ☐ 2654	名 処置 【tangan】 名 手 menangani 他 扱う Masalah terorisme di dunia saat ini memerlukan *penanganan* yang tepat. 現在の世界におけるテロ問題は適切な対処が求められている。
pendirian ☐ 2655	名 創設、信条 【diri】 名 自身 berdiri 自 立つ mendirikan 他 設立する terdiri 受 〜から成り立つ pendiri 名 創設者
pengambilan ☐ 2656	名 取ること 【ambil】 mengambil 他 取る Buku ini mencoba menyibak misteri mengenai kekuatan dibalik *pengambilan* suatu keputusan. この本はある決定が下される背景の権力についての謎を解明しようとしている。
penyelenggara ☐ 2657	名 主催者 【selenggara】 menyelenggarakan 他 実施する
perempatan ☐ 2658	名 交差点 【empat】 数 4 seperempat 数 4分の1
pernikahan ☐ 2659	名 結婚 【nikah】 menikah 自 結婚する

Level 3

上級単語

Pertamina ☐ 2660	略 インドネシア石油公社　Perusahaan Tambangan Minyak
pertarungan ☐ 2661	名 闘争　【tarung】
pinggiran ☐ 2662	名 周縁　【pinggir】名 端
produser ☐ 2663	名 プロデューサー
rekayasa ☐ 2664	名 策略
robek ☐ 2665	形 破れた Ibu sedang menjahit baju saya yang *robek* sedikit kemarin. 母は昨日ちょっと破れた私の服を縫っているところだ。
silat ☐ 2666	名 拳法
statistik ☐ 2667	名 統計
tahanan ☐ 2668	名 拘束、囚人　【tahan】自 こらえる、耐える bertahan 自 耐える menahan 他 抑制する mempertahankan 他 守る pertahanan 名 防衛
terdakwa ☐ 2669	名 被告　【dakwa】名 *Terdakwa* 5 tahun penjara itu melarikan diri ke luar negeri. 禁固5年を言い渡されたその被告は国外へ逃亡した。
ulah ☐ 2670	名 仕業

BBM □ 2671	🈩 石油精製燃料　　Bahan Bakar Minyak Setiap ada kenaikan harga *BBM*, maka semua harga barang kebutuhan pokok juga ikut naik. 石油精製燃料費が上昇するたびに、すべての必需品の値段も合わせて上昇する。
vaksinasi □ 2672	🈔 予防注射
babak □ 2673	🈔 場面
bangsawan □ 2674	🈔 貴族
untungnya □ 2675	🈞 幸運なことに　【untung】🈔 利益　🈯 幸運な　🈞 幸運なことに beruntung 🈯 幸運な keuntungan 🈔 利益 menguntungkan 🈕 利益をもたらす Kepalanya terbentur di jalan aspal ketika kecelakaan sepeda motor. *Untungnya* tidak sampai gegar otak. 彼はオートバイ事故の際にアスファルトの道路に頭をぶつけた。幸運なことに脳挫傷には至らなかった。
berhak □ 2676	🈚 権利を有する　【hak】🈔 権利 Setelah bercerai dari suaminya, si istri *berhak* mendapat rumah beserta isinya. 夫と別れた後、その妻は家と家財を得る権利をもっていた。
manjur □ 2677	🈯 良く効く Obat ini *manjur* untuk orang yang menceret. この薬は下痢をしている人に良く効く。

上級単語

bergantung ☐ 2678	🔵 釣り下がる、依存する 【gantung】 tergantung 🔵 依存する Rencana jalan-jalan ke kebun binatang besok masih *bergantung* pada ramalan cuaca. 明日の動物園への遠足の計画は天気予報しだいだ。
berhadapan ☐ 2679	🔵 向き合う 【hadap】 menghadapi 他 向き合う dihadapi 受 直面される hadapan 名 前 terhadap 前 〜に対して Rasanya seperti mimpi ketika saya bisa *berhadapan* langsung dengan Presiden. 大統領と直接対面したとき、私はまるで夢のように感じた。
berjanji ☐ 2680	🔵 約束する 【janji】 名 約束 perjanjian 名 契約 menjanjikan 他 約束する dijanjikan 受 〜と約束される Ayah *berjanji* akan memberikan hadiah apabila anaknya dapat lulus dengan nilai bagus. 子供が立派な成績で卒業したら、父は褒美を与えると約束した。
berperan ☐ 2681	🔵 役割を持つ 【peran】 名 役割 Orang tua *berperan* besar dalam menentukan sikap dan sifat anak. 親は子供の態度と性質を決定するのに大きな役割を担っている。
cacat ☐ 2682	名 欠陥、障害
camat ☐ 2683	名 郡長 kecamatan 名 郡
citra ☐ 2684	名 イメージ

cerah ☐ 2685	**形** 晴れた、（表情などが）明るい Saya berharap besok cuaca *cerah*, sehingga kami sekeluarga bisa berangkat ke pantai. 私は明日晴れることを願っている、そうすれば私たち家族はビーチに出かけられる。
dihadapi ☐ 2686	**受** 直面される　【hadap】 menghadapi **他** 向き合う berhadapan **自** 向き合う hadapan **名** 前 terhadap **前** ～に対して Semua masalah yang ada harus *dihadapi* dengan kepala dingin. すべての問題は冷静に対処されねばならない。
dihasilkan ☐ 2687	**受** 生産される　【hasil】**名** 結果 menghasilkan **他** 生産する penghasilan **名** 収入 berhasil **自** 成功する keberhasilan **名** 成功 Semua keberhasilan selalu *dihasilkan* dari kerja keras. すべての成功は常に懸命な仕事から生み出される。
dipahami ☐ 2688	**受** 理解される　{paham} **自** 理解する **名** 考え memahami **他** 理解する pemahaman **名** 理解 Kalimat yang disampaikan orang itu sulit *dipahami* oleh anak-anak usia sekolah dasar. その人が伝えた文は小学校の年齢の子供たちに理解されるのは難しい。
ditanggung ☐ 2689	**受** 担われる　【tanggung】 menanggung **他** （責任などを）担う、保障する Biaya pameran mobil baru ini *ditanggung* oleh sponsor. この新車の展示会の費用はスポンサーによって負担される。

上級単語

dipandang ☐ 2690	受 見なされる、凝視される 【pandang】 memandang 他 見つめる pandangan 名 見方、凝視 pemandangan 名 景色 Karena belum mempunyai pengalaman bertanding di luar negeri, tim bola basket Indonesia *dipandang* sebelah mata oleh lawan-lawannya. インドネシアのバスケットボールチームはまだ海外での試合の経験がなかったので、敵に軽く見られていた。
doang ☐ 2691	副 単に、だけ（俗） Kenapa lauk-pauk di atas meja makan hanya ada tahu dan tempe *doang*? どうして食卓の上のおかずは豆腐とテンペだけなの？
domba ☐ 2692	名 羊
fakta ☐ 2693	名 事実
hakikat, hakekat ☐ 2694	名 本質
harta ☐ 2695	名 富
hektar ☐ 2696	名 ヘクタール
HUT ☐ 2697	略 誕生日　Hari Ulang Tahun
instruksi ☐ 2698	名 指示

istana ☐ 2699	**名** 宮殿
istimewa ☐ 2700	**形** 特別な Malam ini kita akan kedatangan tamu *istimewa* dari Jepang. 今晩私たちは日本から特別な客の来訪を受ける。
kacang ☐ 2701	**名** 豆
kekacauan ☐ 2702	**名** 混乱 【kacau】 **形** 混乱して
keseimbangan ☐ 2703	**名** バランス 【imbang】 seimbang **形** つり合って
kesejahteraan ☐ 2704	**名** 安寧、繁栄 【sejahtera】 **形** 安寧な
komitmen ☐ 2705	**名** 関与
lenyap ☐ 2706	**形** 消えて Semalam sepeda motornya *lenyap* digondol pencuri. 昨晩、彼のオートバイが泥棒に盗まれて消えた。
liga ☐ 2707	**名** リーグ
majikan ☐ 2708	**名** 上司、雇い主
merpati ☐ 2709	**名** 鳩
motif ☐ 2710	**名** モチーフ、意匠

Level 3

上級単語

mengenali □2711	他 認める 【kenal】 自 見知っている berkenalan 自 知り合う mengenal 他 知っている dikenal 受 知られている terkenal 形 有名な memperkenalkan 他 紹介する perkenalan 名 紹介 Walaupun 10 tahun tidak bertemu, saya pasti bisa *mengenali* wajah sahabat saya. 10年間会わなかったが、私はきっと親友の顔を見分けることができる。
menggelar □2712	他 展開する 【gelar】 Grup musik terkenal itu *menggelar* jumpa pers untuk mengeluarkan album terbarunya. その有名なバンドは最新アルバムをリリースするために記者会見を開いた。
merosot □2713	自 滑り落ちる 【rosot】 Nilai tukar rupiah *merosot* sampai posisi Rp 9.130 per dolar Amerika Serikat. ルピアの為替レートは１米ドルあたり9.130ルピアの地点まで急落した。
marak □2714	形 顕著な semarak 形 輝いた Akhir-akhir ini *marak* sekali tayangan iklan yang kurang pantas ditonton anak kecil. 最近、小さい子供が観るのに適切でないコマーシャルの放送がとても目立つ。
menetap □2715	自 留まる 【tetap】 副 依然として 形 一定の menetapkan 他 定める Keluarga pengusaha itu berencana *menetap* di Singapura selama 5 tahun. その企業家の家族は5年間シンガポールに住む計画だ。

munafik □2716	**形** 偽善の Artis itu *munafik* jika ngomong tidak membutuhkan uang. そのタレントがもしお金は必要ないと言うならば偽善だ。
nada □2717	**名**（音の）トーン
obrolan □2718	**名** おしゃべり、会話　【obrol】 mengobrol **自** おしゃべりする
otonomi □2719	**名** 自治
pembaharuan □2720	**名** 刷新　【baharu】**形** 新しい
pembicara □2721	**名** 話し手　【bicara】 berbicara **自** 喋る membicarakan **他** 議論する pembicaraan **名** 会話、議論
pemerataan □2722	**名** 均等化　【rata】**形** 平らな、均等な rata-rata **副** 平均して
perangkat □2723	**名** 機器
perhimpunan □2724	**名** 協会　【himpun】
plus □2725	**名** プラス、遠視
radang □2726	**名** 炎症

Level 3

上級単語

ras 2727	**名** 人種
realitas 2728	**名** 現実
rukun 2729	**名** 宗教上の義務　**形** 調和して Meskipun tidak dilandasi rasa cinta ketika menikah, pasangan suami istri itu bisa *rukun* dan tampak bahagia. その夫婦は愛情に基づいた結婚をしたのではなかったが、仲睦まじく幸せそうだ。
rusa 2730	**名** 鹿
seenaknya 2731	**副** 好き放題に　【enak】**形** おいしい Orang yang membuang sampah *seenaknya* itu adalah orang yang tidak tahu aturan. その好き勝手にゴミを捨てる人は規律のない人だ。
sembarangan 2732	**副** いい加減に　【sembarang】 Dilarang membuang sampah *sembarangan*! ゴミのポイ捨て禁止。
sinar 2733	**名** 光
stabilitas 2734	**名** 安定（性）
sudut 2735	**名** 角、隅
tenteram 2736	**形** 平穏な Hidup di desa terasa lebih *tenteram* dari pada hidup di kota besar. 村での生活は大都市での生活よりも落ち着く。

tewas ☐2737	🈂 (不慮に) 死ぬ Petani itu *tewas* tersambar petir ketika hujan di tengah sawah. その農民は雨の時、田んぼの真ん中で雷に当たって死んだ。
terpilih ☐2738	🈶 選ばれる　🈢 選ばれた　【pilih】 pilihan 🈁 選択肢 memilih 🈯 選ぶ pemilihan 🈁 選挙 Haji Sidik akhirnya *terpilih* menjadi kepala desa untuk yang kedua kalinya. ハジのシディックさんは最終的に2度目の村長に選ばれた。
teringat ☐2739	🈯 思い出す　【ingat】🈂 思い出す mengingat 🈯 思い出す、覚える mengingatkan 🈯 気づかせる memperingati 🈯 記念する memperingatkan 🈯 注意する peringatan 🈁 記念 ingatan 🈁 記憶 Setiap mendengarkan lagu-lagu 'enka', saya selalu *teringat* masa-masa menyenangkan di Nagoya. 演歌の歌を聴くたびに、私は名古屋での楽しい時代をいつも思い出す。
UUD ☐2740	🈹 憲法　Undang-undang Dasar
versi ☐2741	🈁 〜版
Afrika ☐2742	🈁 アフリカ
anggapan ☐2743	🈁 見方　【anggap】 menganggap 🈯 〜と見なす dianggap 🈶 〜だとみなされる

上級単語

arena 2744	名 領域
arsitektur 2745	名 建築
asrama 2746	名 寮
atap 2747	名 屋根
bahu 2748	名 肩
basis 2749	名 基礎
beras 2750	名 米
bergaul 2751	自 交際する 【gaul】 pergaulan 名 交際 Walaupun baru 3 bulan tinggal di Jepang, Bambang sudah mempunyai banyak teman karena dia mudah *bergaul*. バンバンはまだ日本に来て3ヵ月しか経っていないが、付き合い上手なのでもうたくさんの友人がいる。
cincin 2752	名 指輪
bom 2753	名 爆弾

bersejarah ☐2754	形 歴史的な 【sejarah】 名 歴史 Candi Borobudur adalah salah satu tempat *bersejarah* di Indonesia. ボロブドゥール寺院はインドネシアの歴史的な場所の1つである。
bertugas ☐2755	自 任務を担う 【tugas】 名 任務 petugas 名 係官、係員 Pasukan TNI AD *bertugas* di Libanon sebagai pasukan perdamaian PBB selama 3 bulan. インドネシア国軍陸軍部隊は3ヵ月間、国連平和部隊としてレバノンでの任務についた。
bodoh ☐2756	形 馬鹿な "*Bodoh* sekali kamu! Kenapa kamu sia-siakan kesempatan emas itu?", teriak manajernya. 「お前は馬鹿だ！その絶好の機会をどうして無駄にしたんだ」と支配人は叫んだ。
berlatih ☐2757	自 練習する 【latih】 latihan 名 訓練 melatih 他 鍛える pelatih 名 コーチ pelatihan 名 練習 Tim bola voli *berlatih* keras untuk menghadapi kejuaraan dunia di Cina tahun depan. バレーボールチームは来年の中国での世界大会に向けて厳しい練習をしている。
gemar ☐2758	自 好む penggemar 名 愛好者 Anak saya *gemar* sekali makan masakan yang berkuah. 私の子供は汁のある料理を食べるのがとても好きだ。
hamil ☐2759	自 妊娠している Walaupun sedang *hamil* besar, dia tetap mengendarai sepeda motor. 彼女は臨月が近かったが、依然としてオートバイを運転している。

上級単語

dagang ☐ 2760	**名 商業** berdagang **自** 商売をする perdagangan **名** 商業 pedagang **名** 商人 dagangan **名** 商品 "Sebaiknya kamu belajar teknik *dagang* yang baik dari ayahmu", kata ibu kepada kakak. 「お前はお父さんからうまい商いの技術を学ぶほうがよい」と母は兄に言った。
daun ☐ 2761	**名 葉**
dinding ☐ 2762	**名 壁**
edisi ☐ 2763	**名 版**
enggan ☐ 2764	**ア ～したがらない** Anak yang sedang asyik bermain itu *enggan* mengambil minum untuk kakeknya. 遊びに熱中しているその子供は祖父に飲み物を取ってあげようとはしない。
humor ☐ 2765	**名 ユーモア**
berjuang ☐ 2766	**自 戦う、頑張る** 【juang】 perjuangan **名** 戦争 pejuang **名** 戦士 Selama ini pemuda itu *berjuang* keras menyelesaikan kuliah dengan biaya sendiri. これまでその若者は自分のお金で大学を卒業しようと一生懸命頑張ってきた。

buka ☐2767	形 開いている keterbukaan 名 開放性 membuka 他 開ける pembukaan 名 開始 terbuka 形 開かれた Toko itu *buka* sampai jam 9 malam. その店は夜の9時まで開いている。
identitas ☐2768	名 アイデンティティー
instansi ☐2769	名 政府機関
ITB ☐2770	略 バンドゥン工科大学　　Institut Teknologi Bandung
jaga ☐2771	形 目が覚めている menjaga 他 見守る penjaga 名 警備員 Anak saya *jaga* semalaman karena cemas sebelum mau pergi ke luar negeri. 私の子供は外国へ行く前、心配で一晩中起きていた。
Kanada ☐2772	名 カナダ
kedinginan ☐2773	自 寒がる　【dingin】形 寒い、冷たい Setelah sampai di puncak gunung, semua peserta pendakian mulai merasa *kedinginan*. 山の頂上に到着すると、すべての登山参加者は寒く感じ始めた。
kemacetan ☐2774	名 停滞　【macet】形 滞った
kendala ☐2775	名 障害

Level 3

上級単語

kepulauan ☐ 2776	**名 群島** 【pulau】**名** 島
kerbau ☐ 2777	**名 水牛**
kesusastraan ☐ 2778	**名 文学** 【sastra】**名** 文学
ketegangan ☐ 2779	**名 緊張** 【tegang】**形** 張りつめた
kilometer ☐ 2780	**名 キロメータ**
lambang ☐ 2781	**名 象徴**
larangan ☐ 2782	**名 禁止（事項）** 【larang】 melarang **他** 禁じる terlarang **形** 禁じられた
meliputi ☐ 2783	**他 覆う** 【liput】 Kabut tebal *meliputi* seluruh pulau itu. 濃い霧がその島全体を覆う。
menembus ☐ 2784	**他 突き通す** 【tembus】 Anak itu berusaha *menembus* kerumunan penonton pertandingan sepak bola agar dapat melihat lebih dekat. その子供はもっと近くで観ようとサッカーの試合の観客の群れを通り抜けようとした。
mengandalkan ☐ 2785	**他 信頼する** 【andal】 Indonesia *mengandalkan* cabang bulu tangkis untuk merebut medali emas di olimpiade tahun ini. インドネシアは今年のオリンピックでバドミントン部門が金メダルを取ると信じている。

menyalahkan ☐ 2786	他 非難する 　【salah】形 間違いの kesalahan 名 誤り bersalah 形 誤った Ketika terjadi kegagalan pada diri sendiri, jangan *menyalahkan* orang lain. 自分が失敗したとき、他人を非難してはいけない。
menyarankan ☐ 2787	他 提案する 　【saran】名 提案 Karena sudah malam kami *menyarankan* dia untuk menginap sekalian di gubuk kami. もう夜になったので、私たちは彼にどうせなら私たちのあばら家に泊まったらと言った。
menyelenggarakan ☐ 2788	他 実施する 　【selenggara】 *diselenggarakan 受 実施される penyelenggara 名 主催者 Himpunan mahasiswa Jurusan Asia akan *menyelenggarakan* acara Pameran Budaya Indonesia minggu depan. アジア学科の学生会は来週、インドネシア文化展覧会を開催するだろう。
menyerbu ☐ 2789	他 攻撃する Pasukan koalisi *menyerbu* tempat persembunyian senjata teroris di Irak. 連合軍はイラクのテロリストの武器の隠し場所を攻撃した。
merujuk ☐ 2790	自 参照する 　【rujuk】 Pelaksanaan kerja ini harus *merujuk* pada hasil rapat direksi tempo hari. この仕事は先日の理事会の結果に基づいて実施されなければならない。
mustahil ☐ 2791	形 不可能な *Mustahil* dia dapat sampai ke puncak gunung Semeru tanpa peralatan pendakian gunung. 彼が登山装備なしでスメル山の頂上に到達することができたはずがない。

Level 3

上級単語

motivasi □2792	名 動機
mulus □2793	形 順調な Rencana pembangunan lapangan badminton berjalan dengan *mulus*. バドミントン・コートの建設計画は順調に進んでいる。
muntah □2794	自 嘔吐する Karena mabuk, dia *muntah* banyak sekali. 酔って、彼はたくさん吐いた。
merawat □2795	他 処置する、看護する 【rawat】 perawat 名 看護人 perawatan 名 手当て Bibi *merawat* saya sampai sekarang semenjak ibu meninggal sepuluh tahun yang lalu. 伯母は私の母が10年前に亡くなって以来今まで私の面倒を見てくれている。
musyawarah □2796	名 話し合い
otomatis □2797	形 自動の Pintu gerbang akan *otomatis* terbuka jika tombol ini ditekan. 門の扉はこのボタンを押せば自動で開く。
pelukis □2798	名 画家 【lukis】 melukis 他 描く lukisan 名 絵画
pemberi □2799	名 供与者 【beri】 memberi 他 〜を与える memberikan 他 〜に与える pemberian 名 授与

pembuat ☐ 2800	**名 作り手** 【buat】 berbuat 他 行なう、為す perbuatan 名 行ない buatan 名 〜製 membuat 他 作る、〜を－にする pembuatan 名 制作 terbuat 受 〜でつくられている
pencegahan ☐ 2801	**名 防止** 【cegah】 mencegah 他 阻む、防ぐ
penderitaan ☐ 2802	**名 苦しみ** 【derita】 menderita 他 〜に苦しむ penderita 名 被害者
penempatan ☐ 2803	**名 設置** 【tempat】 **名 場所** menempati 他 〜を占める menempatkan 他 据える setempat 形 地元の
penolakan ☐ 2804	**名 拒否** 【tolak】 menolak 他 拒否する ditolak 受 拒否される
peradaban ☐ 2805	**名 文明** 【adab】
Perda ☐ 2806	**略 地方条例**　Peraturan Daerah
pertempuran ☐ 2807	**名 戦闘** 【tempur】
pilot ☐ 2808	**名 パイロット**

上級単語

potensial ☐ 2809	形 潜在性のある Daerah ini sangat *potensial* untuk mendirikan usaha peternakan. この地域は畜産業を起こすための潜在力がある。
putus ☐ 2810	自 切れる keputusan 名 決定 memutuskan 他 決める、断ち切る Tiap hari Mbak Siti menyibukkan diri pada pekerjaan kantornya setelah *putus* cinta. シティさんは恋に破れてから会社の仕事に毎日忙しくしている。
sahabat ☐ 2811	名 親友
sari ☐ 2812	名 エッセンス
satpam ☐ 2813	略 警備員　satuan pengamanan
sehubungan ☐ 2814	副 〜と関係して　【hubung】 berhubungan 自 〜と関係がある perhubungan 名 関係、連絡 hubungan 名 関係 menghubungi 他 〜と連絡をとる menghubungkan 他 結びつける *Sehubungan* dengan kasus anjloknya kualitas produksi, direktur pergi ke Surabaya. 品質急落の事態に関連して、社長はスラバヤへでかけた。
seksual ☐ 2815	形 性的な Akhir-akhir ini sering terjadi kejahatan *seksual*. 最近しばしば性的な犯罪が発生している。
servis ☐ 2816	名 サービス

seluas ☐2817	**形 〜の広さ** 【luas】**形** 広い meluas **自** 広がる perluasan **名** 拡張 Pemerintah Daerah menyediakan tanah *seluas* 1 hektar untuk pembangunan sekolah dasar baru. 地方政府は新しい小学校の建設のために1ヘクタールの土地を準備した。
skala ☐2818	**名** 規模
sultan ☐2819	**名** スルタン
suntikan ☐2820	**名** 注射 【suntik】**名** 注射 menyuntik **他** 注射する
tali ☐2821	**名** ひも
teliti ☐2822	**形** 注意深い meneliti **他** 調査する penelitian **名** 調査 peneliti **名** 研究者 Sebelum membeli, periksa barangnya secara *teliti*. 購入する前に、注意深く品物をチェックしなさい。
Tiongkok ☐2823	**名** 中国
usai ☐2824	**自** 終わる Perkelahian di lapangan desa itu *usai* dengan sendirinya, karena kedua kelompok sudah capai. その村の広場での喧嘩は、双方のグループが疲れたので、自然に終わった。

上級単語

tersinggung □ 2825	**形 感情を傷つけられた** 【singgung】 menyinggung 他 触れる Dia orangnya mudah *tersinggung*. 彼は傷つきやすい人だ。
terbaru □ 2826	**形 最新の** 【baru】 **形** 新しい baru-baru ini **副** 最近 pembaruan **名** 刷新 Novel *terbaru* pengarang terkenal itu yang berjudul "Petir" sudah keluar di toko buku. 「稲妻」という題のその有名な作家の最新小説はすでに書店に出回っている。
tunjangan □ 2827	**名 手当て** 【tunjang】
terbuat □ 2828	**受 ～で作られている** 【buat】 buatan **名** ～製 berbuat 他 行なう、為す perbuatan **名** 行ない membuat 他 作る、～を一にする pembuat **名** 作り手 pembuatan **名** 制作 Jaket ini sangat mahal karena *terbuat* dari kulit lembu. このジャケットは牛革でできているのでとても高価だ。
usul □ 2829	**名 提案** mengusulkan 他 提案する usulan **名** 提案
wewenang □ 2830	**名 権限** 【wenang】
abang □ 2831	**名 兄 代 あなた**

abu ☐ 2832	名 灰
akar ☐ 2833	名 根
alami ☐ 2834	形 自然の Menjadi tua adalah kejadian *alami* yang terjadi pada setiap manusia. 老いるというのはすべての人に起きる自然現象である。
aneka ☐ 2835	形 様々な Di toko itu tersedia *aneka* bahan kebutuhan rumah tangga. その店には様々な家庭用品が取り揃えられている。
angkasa ☐ 2836	名 天空
apartemen ☐ 2837	名 マンション
artinya ☐ 2838	接 つまり 【arti】名 意味 berarti 自 意味する Hari ini saya kurang enak badan, *artinya* mungkin saya tidak bisa hadir pada acara makan malam nanti. 今日は体調がすぐれない、つまり今晩の食事会にはおそらく出席できないということだ。
asap ☐ 2839	名 煙
bambu ☐ 2840	名 竹
banyaknya ☐ 2841	名 数量 【banyak】副 多く 形 多い kebanyakan 形 大部分の sebanyak 形 〜の量（数）の

Level 3

上級単語

berbincang ☐ 2842	自 話す 【bincang】 *perbincangan 名 会議 Sambil makan siang di kantin kedua orang itu *berbincang* tentang pekerjaan hari ini. 食堂でお昼を食べながら、その2人は今日の仕事について話している。
berbisik ☐ 2843	自 ささやく 【bisik】 Dengan *berbisik* pelan-pelan pelatih memberikan pengarahan kepada petinju itu. トレーナーはそっとささやいて、そのボクサーに指示を与えた。
beres ☐ 2844	形 整った Setelah seharian membersihkan rumah, akhirnya *beres* juga semua pekerjaan. 1日中家を掃除して、やっとすべての仕事が片付いた。
berlibur ☐ 2845	自 休暇を過ごす 【libur】 名 休暇 liburan 名 休暇 *Berlibur* ke Bali adalah hal yang sangat menyenangkan. バリへ休暇に出かけるのはとても楽しいことだ。
berminat ☐ 2846	自 興味を持つ 【minat】 名 興味 peminat 名 愛好者 Dari kecil anak saya sangat *berminat* terhadap seni lukis. 私の子供は幼いときから絵画にとても興味を持っている。
bertahap-tahap ☐ 2847	副 段階的に 形 段階的な 【tahap】 名 段階 Jalan hidup yang dilaluinya *bertahap-tahap*. 彼が歩んだ人生はいくつもの段階を経てきた。
bersatu ☐ 2848	自 統合する 【satu】 数 1 persatuan 名 統一、協会 kesatuan 名 統一体、部隊 satu-satunya 形 唯一の Kita harus *bersatu* untuk menyelesaikan pekerjaan itu. 私たちはその仕事を終わらせるために団結しなければならない。

bertanding □2849	🔵（スポーツで）対戦する 【tanding】 pertandingan 名 試合 Besok pemain bulu tangkis Indonesia akan *bertanding* melawan pemain Korea Selatan. 明日インドネシアのバドミントン選手は韓国の選手を相手に対戦する。
bertepuk tangan □2850	🔵 拍手をする 【tepuk】 tepuk tangan 名 拍手 Semua penonton *bertepuk tangan* sambil berdiri setelah melihat penampilannya malam ini. 今晩、彼のパフォーマンスを観た後すべての観客が立ち上がって拍手をした。
besi □2851	名 鉄
bimbingan □2852	名 指針、指導 【bimbing】 *membimbing 他 指導する pembimbing 名 指導者
campuran □2853	名 混合 【campur】 bercampur 自 混じる mencampur 他 混ぜ合わせる mencampurkan 他 混ぜる
derajat □2854	名（数量を表す）度、レベル
dugaan □2855	名 推測 【duga】 menduga 他 推測する
dukun □2856	名 呪術師
emosi □2857	名 感情

Level 3

上級単語

ekspor ☐2858	**名 輸出　他 輸出する** mengekspor 他 輸出する Sejak tahun 2003 pemerintah Indonesia terus berusaha untuk *ekspor* nonmigas lebih banyak. 2003年以降、インドネシア政府はより多くの非石油製品を輸出する努力を続けている。
Golkar ☐2859	**略 ゴルカル党**　Golongan Karya
gugatan ☐2860	**名 申し立て、告訴**　【gugat】
guling ☐2861	**名 抱きまくら**
halangan ☐2862	**名 支障**　【halang】 Karena mendapat *halangan*, rektor tidak dapat menghadiri rapat kali ini. 学長は所用のため今回の会議に出席できなかった。
penyelidikan ☐2863	**名 研究**　【selidik】
insinyur ☐2864	**名 工学士**
istirahat ☐2865	**名 休憩** *beristirahat 自 休憩する
Jabotabek ☐2866	**略 大ジャカルタ圏**　Jakarta Bogor Tangerang Bekasi
jatah ☐2867	**名 割り当て**
kajian ☐2868	**名 研究**　【kaji】

kaku ☐ 2869	形 こわばった Tingkah-lakunya sangat *kaku*. 彼の行動はとてもぎこちない。
kangen ☐ 2870	形 恋しがって Dia *kangen* sekali dengan keluarganya karena sudah 6 bulan tidak pernah bertemu. もう6ヵ月も会っていないので、彼女は家族がとても恋しい。
kasar ☐ 2871	形 乱暴な、荒い Sejak tadi laki-laki itu mengeluarkan kata-kata *kasar* yang tidak pantas didengar. 先ほどからその男性は聞くに耐えない粗野な言葉を発している。
kebahagiaan ☐ 2872	名 幸福 【bahagia】 形 幸せな
kegagalan ☐ 2873	名 失敗 【gagal】 自 失敗する
kehendak ☐ 2874	名 望み 【hendak】 ア ～しようとする hendaknya 副 願わくば menghendaki 他 欲する
legenda ☐ 2875	名 伝説
keterbukaan ☐ 2876	名 開放性 【buka】 形 開いている membuka 他 開ける pembukaan 名 開始 terbuka 形 開かれた *Keterbukaan* adalah salah satu unsur penting dalam manajemen organisasi. 開放性は組織の運営において重要な要素のひとつだ。

Level 3

上級単語

keterlibatan ☐ 2877	**名** 関与　【libat】 terlibat **受** 〜に巻き込まれる melibatkan **他** 〜を巻き込む *Keterlibatan* setiap anggota sangat perlu demi keberhasilan kelompok. 各会員の関与はグループの成功にとって大変重要だ。
lapisan ☐ 2878	**名** 層　【lapis】
lebat ☐ 2879	**形** 雨が激しい、生い茂った Hujan *lebat* dari pagi hingga malam sehingga kami tidak dapat pergi kemana-mana. 朝から晩まで激しく雨が降ったので、私たちはどこにも行けなかった。
kemari ☐ 2880	**副** こちらへ "*Kemari* kau, dari tadi saya tunggu kenapa baru muncul sekarang?", tanya ayah. 「こっちへ来なさい、さっきから待っていたのに、どうして今やっと現れたのだ」と、父は尋ねた。
lilin ☐ 2881	**名** ろうそく
mal ☐ 2882	**名** ショッピングモール
melekat ☐ 2883	**自** 付着する　【lekat】 Dengan menggunakan sikat dia berusaha melepaskan kotoran yang *melekat* di jasnya. ブラシを使って、彼は上着に付着した汚れをとろうとした。
meluncur ☐ 2884	**自** 滑り出る　【luncur】 Walaupun ombak sangat besar, peselancar itu tetap dapat *meluncur* dengan tenang. 波が大変大きかったが、そのサーファーは依然として落ち着いて滑り出した。

membiarkan ☐ 2885	他 放っておく、好きなようにさせる 【biar】 命 ～させろ 接 ～するように biarpun 接 ～にもかかわらず Ibu *membiarkan* anak-anak main di taman sebelah rumah. 母は家の側の公園で子供たちが遊ぶに任せた。
memuat ☐ 2886	他 掲載する、積載する 【muat】 dimuat 受 記載される、積載される muatan 名 積載物 Surat kabar hari ini *memuat* berita tentang kelahiran putra mahkota kerajaan. 今日の新聞は王国の皇太子の誕生についてのニュースを掲載した。
menengok ☐ 2887	他 見る、見舞う 【tengok】 Sudah lama saya tidak *menengok* kerabat saya yang berada di Jakarta. 私はもう随分長い間ジャカルタの親戚を訪ねたことがない。
mengarah ☐ 2888	自 向かう 【arah】 名 方向 Gangguan keamanan di Dili tidak *mengarah* ke instabilitas politik negara muda Timor Leste. ディリの治安上の障害は新興国東ティモールの政治の不安定さにはつながらない。
pemerkosaan ☐ 2889	名 レイプ 【perkosa】
menular ☐ 2890	他 感染する 【tular】 penularan 名 感染 Demam berdarah adalah salah satu penyakit yang mudah *menular*. 出血熱は容易に感染する病気の1つだ。
mitra ☐ 2891	名 友 Dia mempunyai banyak *mitra* kerja. 彼にはたくさんの同僚がいる。
nafas ☐ 2892	名 息

上級単語

palu ☐ 2893	名 槌
panglima ☐ 2894	名 司令官
separuh, paruh ☐ 2895	名 半分
PDI ☐ 2896	略 インドネシア民主党　Partai Demokratik Indonesia
pecahan ☐ 2897	名 破片　【pecah】形 割れた 自 割れる memecahkan 他 解決する pemecahan 名 解決
menggambar ☐ 2898	他 絵を描く　【gambar】名 絵 bergambar 自 描く gambaran 名 イメージ、描写 menggambarkan 他 描き出す Sejak SD saya tidak menyukai pelajaran *menggambar* dan menyanyi. 小学校以来、私は絵と歌の科目が好きではない。
penemuan ☐ 2899	名 発見　【temu】 menemui 他 会いに行く menemukan 他 見つける bertemu 自 出会う pertemuan 名 出会い、会合 ketemu 自 会う
penguasaan ☐ 2900	名 支配　【kuasa】名 権力 menguasai 他 マスターする、支配する penguasa 名 支配者 berkuasa 自 権力を持っている 形 権力のある kekuasaan 名 権力

penutupan □ 2901	名 閉鎖、閉会 【tutup】形 閉まっている menutup 他 閉める menutupi 他 覆い隠す tertutup 形 閉じられた
hambatan □ 2902	名 障害 【hambat】
persamaan □ 2903	名 類似（点）【sama】形 同じ bersama 副 〜と一緒に bersama-sama 副 一緒に sama-sama 副 〜と一緒に sesama 名 仲間
perbandingan □ 2904	名 比較 【banding】 membandingkan 他 比較する
polusi □ 2905	名 汚染
pustaka □ 2906	名 書物 perpustakaan 名 図書館
pungutan □ 2907	名 徴収 【pungut】 pemungutan suara 名 選挙
psikologis □ 2908	形 心理学の Gadis yang belum menikah itu secara *psikologis* tentu sangat tertekan setelah semua adik-adiknya menikah. そのまだ結婚していない少女は弟妹すべてが結婚した後、心理的にとてもストレスを感じている。
rangkaian □ 2909	名 束、つながり 【rangkai】
redaksi □ 2910	名 編集部

Level 3

上級単語

saban ☐ 2911	**形** 毎〜 *Saban* hari perempuan cantik itu lewat di depan rumahku. その美しい女性は毎日僕の家の前を通る。
sajak ☐ 2912	**名** 詩
saku ☐ 2913	**名** ポケット
seleksi ☐ 2914	**名** 選択
semarak ☐ 2915	**形** 輝いた 【marak】**形** 顕著な Karnaval yang diadakan di kota kami kali ini sangat *semarak*. 今回私たちの町で開催されるカーニバルはとても華やかだ。
semasa ☐ 2916	**接** 〜のとき 【masa】**名** 時代、時期 *Semasa* hidup di kampung, hampir tiap minggu kami pergi ke sungai untuk memancing. 村で暮らしていたとき、ほとんど毎週私たちは釣りをしに川へ行った。
strategis ☐ 2917	**形** 戦略的な Tempat ini sangat *strategis* untuk dijadikan tempat usaha. この場所は事業地としてとても戦略的に良い。
sumur ☐ 2918	**名** 井戸
susun ☐ 2919	**名** 積み上げたもの menyusun **他** 積む、まとめる rumah susun **名** 高層マンション
swadaya ☐ 2920	**形** 自力の Jalan kampung ini dibangun dengan dana *swadaya* masyarakat setempat. この村の道路は現地住民の自前の資金で建設される。

tekun ☐ 2921	**形 熱心な** Agar dapat lulus ujian masuk Universitas Gadjah Mada, Budi belajar dengan *tekun*. ガジャマダ大学の入学試験に通るように、ブディは熱心に勉強する。
terbiasa ☐ 2922	**自 慣れている**【biasa】 **形 通常の** biasanya **副** 普通は kebiasaan **名** 習慣 Orang Indonesia *terbiasa* bangun pagi-pagi. インドネシア人は朝早く起きるのに慣れている。
tercantum ☐ 2923	**受 記載されている**【cantum】 Siti sangat senang setelah tahu namanya *tercantum* di papan pengumuman kelulusan. シティは自分の名前が卒業者発表の掲示板に記載されていたのを知ってとても喜んだ。
trayek ☐ 2924	**名 路線**
ulama ☐ 2925	**名 イスラム指導者**
undangan ☐ 2926	**名 招待**【undang】 mengundang **他** 招待する
utusan ☐ 2927	**名 使節**【utus】
vokal ☐ 2928	**名 ボーカル、母音**
waspada ☐ 2929	**形 警戒して** Kita harus selalu *waspada* terhadap bahaya penggunaan narkoba. 私たちは薬物使用の危険に対して常に警戒していなければならない。

Level 3

上級単語

Yahudi ☐ 2930	**名** ユダヤ
kejuaraan ☐ 2931	**名** (勝ち抜き) 試合 【juara】 **名** 優勝者
Aceh ☐ 2932	**名** アチェ
alumni ☐ 2933	**名** 卒業生
andaikata ☐ 2934	**接** 〜だとすると 【andai】 *Andaikata* dia mau belajar lebih giat lagi, saya yakin dia akan lulus tes penerimaan mahasiswa baru di universitas itu. もし彼がもっと熱心に勉強するのなら、その大学の入学試験にきっと合格すると私は思う。
antre, antri ☐ 2935	**名** 順番待ちの列　**自** 列に並ぶ Sejak pagi sudah banyak orang *antri* untuk membeli tiket konser malam nanti. 今晩のコンサートのチケットを買おうと朝から多くの人が列をなしている。
arsitek ☐ 2936	**名** 建築家
ayo ☐ 2937	**間** さあ、ほら *Ayo* kita bersama-sama melihat konser tanggal 23 nanti. さあ、来る23日のコンサートを一緒に見よう。
batin ☐ 2938	**名** 心
bendera ☐ 2939	**名** 旗

berkunjung ☐ 2940	**自 訪れる**【kunjung】 kunjungan **名** 訪問 mengunjungi **他** 訪れる pengunjung **名** 訪問者 Hampir setiap minggu kami sekeluarga *berkunjung* ke rumah nenek di desa. ほとんど毎週、私たち一家は村の祖母の家を訪問する。
berlainan ☐ 2941	**自 それぞれ違う**【lain】**形** 別の melainkan **接** しかし、一方〜 selain **前接** 〜の他に Hampir di setiap rapat kedua orang itu selalu *berlainan* pendapat. ほとんどの会議において、その２人はいつも別の意見を持っていた。
berpidato ☐ 2942	**自 演説をする**【pidato】**名** 演説 Pada upacara penerimaan mahasiswa baru rektor *berpidato* tentang pentingnya pendidikan. 入学式で教育の重要性について学長は演説した。
berpisah ☐ 2943	**自 別れる**【pisah】 perpisahan **名** 別離 memisahkan **他** 分割する pemisahan **名** 分離 terpisah **受** 離される Setelah *berpisah* selama 5 tahun, akhirnya kami bisa berkumpul kembali. 別れて５年後、最後には私たちは再び一緒になることができた。
cat ☐ 2944	**名 塗料** mengecat **他** 塗る Tolong *cat* pagar di depan rumah karena sudah kelihatan jelek. 家の前の塀がみすぼらしく見えるので塗装してください。

Level 3

上級単語

bibir □ 2945	名 唇
bosan □ 2946	形 飽きた membosankan 形 退屈な　他 退屈させる Sudah 5 tahun dia bekerja di perusahaan itu tanpa terasa *bosan* terhadap rutinitas sehari-hari. 彼は毎日のルーティンに飽きることなくその会社でもう5年間働いた。
buatan □ 2947	名 〜製 【buat】 前 〜のために berbuat 自 行なう、為す perbuatan 名 行ない membuat 他 作る、〜を-にする pembuat 名 作り手 pembuatan 名 制作 terbuat 受 〜でつくられている Saya lebih suka mobil *buatan* Jerman daripada *buatan* Itali. 私はイタリア製よりドイツ製の自動車が好きだ。
bugar □ 2948	形 体調がよい Untuk menjaga tubuh agar tetap *bugar*, kita harus banyak mengkonsumsi sayur dan buah. 体をいつも健康に保つように、私たちはたくさん野菜と果物を摂取しなければならない。
bertujuan □ 2949	自 目的を持つ 【tuju】 setuju 自 賛成する menuju 自 〜に向かう menyetujui 他 賛成する persetujuan 名 賛成 tujuan 名 目的 Standar kerja yang sekarang sedang dibuat oleh bagian personalia *bertujuan* untuk memperbaiki sistem yang ada. 人事課によって現在作成されている労働基準は、既存の制度を改善することを目的としている。

ceramah ☐2950	**名** 講演
ciptaan ☐2951	**名** 創造物【cipta】 menciptakan **他** 創造する tercipta **受** 創造される
curiga ☐2952	**形** 疑って mencurigai **他** 疑う Saya merasa *curiga* terhadap orang itu, dari tadi dia terus-menerus melihat rumah saya. その人はさっきからずっと私の家を見ているので、私は不審に思っている。
es ☐2953	**名** 氷
filsafat ☐2954	**名** 哲学
G30S ☐2955	**略** 9月30日事件　Gerakan 30 September
gagah ☐2956	**形** 堂々とした Anak saya sangat *gagah* bila sedang memakai pakaian dinasnya. 私の子供は仕事の制服を着ると、とても堂々として見える。
garuda ☐2957	**名** ガルーダ
gizi ☐2958	**名** 栄養（素）
hangat ☐2959	**形** 温かい Nenek selalu menyambut *hangat* kedatangan cucu-cucunya. 祖母はいつも孫たちの来訪を温かく迎える。

Level 3

上級単語

hantu 2960	**名** おばけ
hidangan 2961	**名** ご馳走　【hidang】 menghidangkan **他** （料理を）供する
ibadah 2962	**名** 宗教的実践
individu 2963	**名** 個人
jaminan 2964	**名** 保障　【jamin】 menjamin **他** 保障する terjamin **受** 保障される
kantong 2965	**名** 袋、ポケット
keberanian 2966	**名** 勇気　【berani】**形** 勇気のある
kecepatan 2967	**名** 速さ　【cepat】**形** 早い mempercepat **他** 速める
kemakmuran 2968	**名** 繁栄　【makmur】**形** 繁栄した
ketinggian 2969	**名** 高さ　**形** 高すぎる　【tinggi】**形** 高い tertinggi **形** 最も高い Harga mobil itu *ketinggian* bagi pegawai biasa seperti saya. その自動車の値段は私のような普通の社員には高すぎる。
klasik 2970	**形** クラシックな Akhir-akhir ini musik *klasik* mulai banyak disukai anak muda. 最近クラシック音楽が多くの若者に好まれるようになり始めた。

koleksi □2971	**名** コレクション
konsekuensi □2972	**名** 結果
korup □2973	**形** 腐敗した Mulai minggu depan, televisi akan menayangkan wajah pejabat-pejabat yang *korup*. 来週からテレビで汚職役人の顔を放映する。
Kroasia □2974	**名** クロアチア
kunjungan □2975	**名** 訪問　【kunjung】 berkunjung **自** 訪れる mengunjungi **他** 訪れる pengunjung **名** 訪問者
landasan □2976	**名** 土台、滑走路　【landas】
langka □2977	**形** 希少な Badak bercula satu yang hidup di Banten adalah salah satu binatang *langka*. バンテンに生息する1角犀は希少動物の1つだ。
larut □2978	**形** （時刻が）遅い Meskipun hari sudah *larut* malam, pasangan remaja itu masih berpacaran saja. 夜遅くなったにもかかわらず、その若いカップルはまだデートしている。
lele □2979	**名** ナマズ ikan lele **名** ナマズ
lelucon □2980	**名** 冗談

Level 3

上級単語

logika ☐ 2981	**名** 論理
lunas ☐ 2982	**形** 支払い終わった melunasi **他** 完済する Seluruh biaya perjalanan sudah dibayar *lunas* melalui biro perjalanan. すべての旅費は旅行会社を通じてすでに支払われた。
madu ☐ 2983	**名** 蜜
melintas ☐ 2984	**自** 横切る 【lintas】 **形** 横断する lalu lintas **名** 交通 Sejak beberapa hari yang lalu banyak mobil *melintas* di gang depan rumah kami. 数日前から多くの自動車が家の前の路地を横切る。
melebihi ☐ 2985	**他** 上回る 【lebih】 **副** 超過した、以上に kelebihan **名** 過剰 terlebih **副** 特に berlebihan **形** 程度を越えている Penumpang pesawat yang membawa barang *melebihi* berat yang sudah ditetapkan akan dikenai biaya tambahan. 決められた重量を超過する荷物を持った飛行機の乗客は追加料金を課せられるだろう。
meletakkan ☐ 2986	**他** 置く 【letak】 terletak **受** 〜に位置づけられる Dari kecil anak harus dilatih untuk *meletakkan* barang pada tempatnya. 小さいときから子供は然るべき場所に物を置くようにしつけられねばならない。
meletus ☐ 2987	**自** 噴火する 【letus】 Terdengar suara ban *meletus* dari arah selatan. 南の方角からタイヤが破裂した音が聞こえた。

manipulasi ☐ 2988	名 不正操作	
memajukan ☐ 2989	他 向上させる 【maju】 自 進む 形 進んだ kemajuan 名 進歩 Pemerintah berusaha *memajukan* pendidikan di Indonesia dengan cara memberikan beasiswa kepada murid yang berprestasi. 政府は能力のある生徒に奨学金を給付することでインドネシアの教育を向上させようとしている。	
membantah ☐ 2990	他 反論する 【bantah】 Tidak baik *membantah* kata-kata orang tua. 両親の言葉に反論することは良くない。	
monumen ☐ 2991	名 モニュメント	
memerangi ☐ 2992	他 戦う【perang】 名 戦い berperang 自 戦争をする Saat ini pemerintah Indonesia sedang berusaha *memerangi* kemiskinan. 現在、インドネシア政府は貧困と闘っているところだ。	
memprotes ☐ 2993	他 抗議する 【protes】 名 抗議 Mahasiswa *memprotes* kebijakan pemerintah tentang kenaikan harga BBM. 大学生は石油精製燃料の価格の上昇についての政府の政策に抗議した。	
mencerminkan ☐ 2994	他 反映する 【cermin】 名 鏡 Cara berpakaian seseorang *mencerminkan* kepribadiannya. 服の着方はその人柄を反映している。	
mewarnai ☐ 2995	他 着色する 【warna】 名 色 berwarna 自 形 〜の色である Kembang api *mewarnai* perayaan malam tahun baru kali ini. 花火が今回の新年の夜のお祝いを彩った。	

上級単語

mendasar ☐ 2996	🔵 **基本的である** 【dasar】 名 基礎 berdasarkan 前 ～に基づき Menyaksikan semua anak-anaknya berhasil adalah keinginan orang tua yang sangat *mendasar*. 子供たちみんなが成功するのを見るのは親の根本的な願いだ。
mendesak ☐ 2997	他 **強要する** 形 **差し迫った** 【desak】 terdesak 受 圧迫される Saat ini kebutuhannya yang paling *mendesak* adalah melunasi biaya sekolah anaknya. 現在彼がすべき最も差し迫ったことは子供の学費を支払うことだ。
mendatangi ☐ 2998	他 **おしかける** 【datang】 自 来る mendatang 形 来る～ mendatangkan 他 もたらす pendatang 名 来訪者 kedatangan 名 到来 Besok kami berencana *mendatangi* kediaman Bupati untuk mengklarifikasi hasil pertemuannya dengan Gubernur. 我々は州知事との会見結果をはっきりさせるために、県知事の邸宅に明日押しかける予定だ。
mengalir ☐ 2999	自 **流れる** 【alir】 aliran 名 流れ Air sungai di belakang rumah kami *mengalir* ke arah laut selatan. 家の後ろの川の水は南の海の方へ流れている。
menghendaki ☐ 3000	他 **欲する** 【hendak】 ア ～しようとする kehendak 名 望み hendaknya 副 願わくば Mbah Raharjo *menghendaki* anak-anaknya dapat berkumpul di hari ulang tahunnya yang ke-80. ラハルジョさんは80回目の誕生日に子供たちが集まることを望んでいる。

menutupi ☐ 3001	他 覆い隠す　【tutup】形 閉じた menutup 他 閉める tertutup 形 閉じられた penutupan 名 閉会 Ketika gunung Kelud meletus, saya *menutupi* sumur dengan papan agar terhindar dari debu. クルッド山が噴火したとき、私は灰を避けるために井戸を板で覆った。
mulia ☐ 3002	形 気高い Membantu orang lain adalah pekerjaan yang sangat *mulia*. 他人を助けるのはとても気高い行ないだ。
mendalam ☐ 3003	自 深くなる【dalam】形 深い pedalaman 名 僻地 Cinta terhadap suaminya yang berasal dari luar negeri itu sangat *mendalam* sehingga dia rela mengganti kewarganegaraannya. 外国出身の夫に対する愛情がたいそう深まったので、彼女は国籍を変える気になった。
membawakan ☐ 3004	他 もたらす　【bawa】 membawa 他 持っていく Ayah *membawakan* kami bermacam-macam cenderamata dari perjalanannya ke Eropa. 父はヨーロッパ旅行で私たちに様々なお土産を持ちかえってくれた。
metode ☐ 3005	名 方法、やり方 Laporan ini mengenai *metode* pembelajaran yang dilakukan oleh dosen-dosen Teknik Informatika. この報告書は情報学部の教員によって行なわれている教授法についてである。
mutiara ☐ 3006	名 真珠

Level 3

上級単語

ngeri ☐ 3007	形 怖い mengerikan 他 怖がらせる Saya *ngeri* melihat luberan lumpur panas di sekitar Sidoarjo. 私はシドアルジョ周辺の熱泥の噴出を見てぞっとした。
NU ☐ 3008	略 ナフダトゥール・ウラマ　Nahd(l)atul Ulama
operasional ☐ 3009	形 運営上の、作戦上の Secara *operasional* dia tahu betul bagaimana memperlakukan mesin baru itu. 操作上、どのようにその新しい機械を扱うか彼は熟知している。
pasca ☐ 3010	形 〜後の、ポスト〜
pedalaman ☐ 3011	名 僻地　【dalam】名 内
pembacaan ☐ 3012	名 読むこと　【baca】 membaca 他 読む bacaan 名 読み物 pembaca 名 読者
pembagian ☐ 3013	名 分配　【bagi】 membagi 他 分ける bagian 名 部分 sebagian 名 1部
pembakaran ☐ 3014	名 燃焼　【bakar】 membakar 他 燃やす、焼く kebakaran 名 火事 terbakar 受 燃えた
pembela ☐ 3015	名 擁護者　【bela】 membela 他 守る pembelaan 名 擁護

tren ☐ 3016	名 流行 Saat ini di Jepang sedang *tren* laki-laki berambut poni. 今、日本では男性の髪型はポニーテールがトレンドだ。
pembelian ☐ 3017	名 購入　【beli】 membeli 他 買う pembeli 名 購買者
penambahan ☐ 3018	名 加増　【tambah】自 増える menambah 他 増やす menambahkan 他 付け加える bertambah 自 増える tambahan 名 追加 形 追加の
pencurian ☐ 3019	名 盗み　【curi】 mencuri 他 盗む pencuri 名 泥棒
penegak hukum ☐ 3020	名 法の番人　【tegak】
penerbit ☐ 3021	名 出版社　【terbit】自 出現する menerbitkan 他 出版する penerbitan 名 出版 terbitan 名 出版（物）
pengabdian ☐ 3022	名 献身　【abdi】
pengendalian ☐ 3023	名 制御　【kendali】 mengendalikan 他 制御する terkendali 形 制御可能な
penggemar ☐ 3024	名 愛好者　【gemar】自 好む

Level 3

上級単語

pergantian □3025	名 交代 【ganti】 berganti 自 替わる mengganti 他 取り換える menggantikan 他 〜に取って代わる penggantian 名 交換
perkampungan □3026	名 集落 【kampung】 名 田舎、下町
perkelahian □3027	名 争い 【kelahi】 berkelahi 自 喧嘩する
persepsi □3028	名 知覚
persidangan □3029	名 会議 【sidang】 名 審議
perwira □3030	名 将校
Polsek □3031	略 警察分署　Kepolisian Sektor
profesi □3032	名 (専門) 職
ragam □3033	名 種類、様式 seragam 形 一様な 名 制服
rancangan □3034	名 計画 【rancang】 *merancang 他 〜を計画する
rapi □3035	形 きちんとした Untuk ukuran seorang pemuda, kamar kosnya sangat *rapi*. 若者の尺度からいうと、彼の下宿の部屋はとてもかたづいている。

regu □3036	名 隊、一団
rumah sakit □3037	名 病院
RSU □3038	略 総合病院　Rumah Sakit Umum
rute □3039	名 ルート
sanksi □3040	名 制裁
seberapa □3041	副 それほどの（分量）　【berapa】疑 いくら beberapa 形 いくつかの Sumbangan uang itu jumlahnya tidak *seberapa* namun nilainya sangat besar. その寄付金の額は大したものではなかったが、その価値は非常に大きい。
selat □3042	名 海峡
sengsara □3043	名 苦難
sepenuhnya □3044	副 全て、いっぱいに　【penuh】形 いっぱいの memenuhi 他 満たす pemenuhan 名 充填
sumpah □3045	名 誓い
taraf □3046	名 段階

上級単語

terhitung □ 3047	受 **数えられる** 【hitung】 berhitung 自 計算する perhitungan 名 計算 menghitung 他 数える dihitung 受 数えられる hitungan 名 計算 Orang yang meninggal karena narkoba sudah tidak *terhitung* jumlahnya. 薬物のせいで亡くなった人は数えきれない。
pembelaan □ 3048	名 **守ること、擁護** 【bela】 membela 他 守る pembela 名 擁護者
tersebar □ 3049	形 **広められた** 【sebar】 menyebar 自 広がる penyebaran 名 広まり Berita bohong itu dengan cepat *tersebar* dari mulut ke mulut. そのデマはすばやく口伝えに広まった。
terwujud □ 3050	受 **実現される** 【wujud】 名 姿 mewujudkan 他 実現する、形にする Segala impiannya selama ini sudah *terwujud*. これまでに、すべての彼の夢は実現された。
terlarang □ 3051	受 **禁止される**　形 **禁止されている** 【larang】 melarang 他 禁じる larangan 名 禁止 Tempat-tempat suci seperti makam katanya *terlarang* bagi wanita yang sedang haid. 墓地のような神聖な場所は、生理中の女性が入るのは禁じられていると言う。
tunai □ 3052	名 **現金**

uji ☐ 3053		**名 検査** ujian 名 試験 menguji 他 テストする Dokter Sahid sudah beberapa kali melakukan *uji* coba mengenai pengobatan kanker yang baru. サヒッド医師は新しい癌の治療法について試験を何度も行なった。
ungkapan ☐ 3054		**名 表現** 【ungkap】 mengungkapkan 他 表現する
wawasan ☐ 3055		**名 視野** 【wawas】 Orang tua juga harus mempunyai *wawasan* yang luas demi pendidikan anaknya. 親もまた子供の教育のために広い視野を持たなければならない。
wisatawan ☐ 3056		**名 観光客** 【wisata】 名 観光 pariwisata 名 観光 berwisata 自 観光に行く darmawisata 名 遠足
wortel ☐ 3057		**名 にんじん**
akibatnya ☐ 3058		**副 結果として** 【akibat】 名 結果 mengakibatkan 他 〜の結果をもたらす Sejak muda orang itu selalu merokok, *akibatnya* setelah tua dia mengalami sakit jantung. その人は若い時から煙草を吸っていたので、年とってから心臓病を患っている。
alangkah ☐ 3059		**副 なんと〜なのでしょう** Saya membayangkan *alangkah* senangnya Ibu bila menerima hadiah ini. 母がこのプレゼントを受け取ってどんなに喜ぶか想像した。
alih ☐ 3060		**名 変換** alih teknologi 名 技術移転

Level 3

上級単語

asam ☐3061	形 すっぱい　名 タマリンド Walaupun rasa mangga muda itu sangat *asam*, banyak orang yang menyukainya. 若いマンゴーは大変酸っぱいけれど、それが好きな人は多い。
asuransi ☐3062	名 保険
atasan ☐3063	名 上司　【atas】名 上 mengatasi 他 克服する
awan ☐3064	名 雲
awas ☐3065	慣 危ない！ *Awas* jangan lewat jalan sini karena masih dalam perbaikan. 気をつけて、まだ工事中なので、ここを通らないで。
bab ☐3066	名 章
babi ☐3067	名 ぶた
bacaan ☐3068	名 読み物　【baca】 membaca 他 読む pembaca 名 読者 pembacaan 名 読み上げること
balai ☐3069	名 広間
balasan ☐3070	名 返事　【balas】 membalas 他 返答する、応じる
bangku ☐3071	名 長イス

bangkrut　□3072	形 破産した Karena perusahaan itu *bangkrut*, maka banyak karyawan yang harus diberhentikan. その会社は破産したので、多くの従業員が解雇されなければならない。
bayangan　□3073	名 影 【bayang】 membayangkan 他 想像する
bengkel　□3074	名 （車などの）修理工場
berdarah　□3075	自 出血する、〜人の血をひく　形 流血の 【darah】 名 血 Adik bermain pisau tanpa sepengetahuan ibu, dan tanpa sengaja jari tangannya teriris hingga *berdarah*. 弟は母が知らないうちにナイフで遊んでいて、過って手の指を切って血が出た。
berjumlah　□3076	自 総計〜である　【jumlah】 名 〜の数 sejumlah 形 〜の量の、いくつかの Undangan yang hadir hari ini *berjumlah* lebih dari 50 orang. 今日出席した招待者は合計50名以上にのぼる。
berobat　□3077	自 治療を受ける　【obat】 名 薬 mengobati 他 治療する pengobatan 名 治療 obat-obatan 名 薬品 Karena hujan maka dia memanggil taksi untuk mengantar anaknya *berobat*. 雨だったので、彼女は子供を治療に連れていくためにタクシーを呼んだ。
beton　□3078	名 コンクリート

上級単語

bertahun-tahun ☐ 3079	副 何年も 【tahun】 名 年 tahunan 形 1年の、年1回の Setelah *bertahun-tahun* menunggu, hari ini sang kekasih akhirnya akan datang melamarnya. 何年もの間待った後、今日恋人はついに彼女に結婚を申し込みにやって来るだろう。	
berturut-turut ☐ 3080	副 次々に 【turut】 自 従う menurut 前 ～によると Sudah 3 tahun ini secara *berturut-turut* kontingen olahraga Cina memperoleh peringkat pertama di ajang Asian Games. この3年間引き続いて、中国スポーツ代表団はアジアン・ゲームの場で1位の座を得ている。	
berupaya ☐ 3081	自 努力する 【upaya】 名 努力 Selama 7 tahun menikah, dia *berupaya* keras untuk bisa memperoleh anak. 結婚して7年間、彼女は子供を授かるよう懸命に努力した。	
bersyukur ☐ 3082	自 感謝する 【syukur】 名 感謝 Kita harus selalu *bersyukur* atas apa yang sudah kita terima saat ini. この瞬間私たちが受け取っているものに対して常に感謝しなければならない。	
beha ☐ 3083	名 ブラジャー Di gerai baju dalam dewasa wanita ada diskon 50 persen untuk pembelian *beha* merek tertentu. 婦人用下着売り場では、特定のメーカーのブラジャーを買った人には50パーセントの割引がある。	
biarpun ☐ 3084	接 ～にもかかわらず 【biar】 命 ～させろ 接 ～するように membiarkan 他 放っておく Lelaki itu selalu saja datang ke rumahku *biarpun* beberapa kali aku tidak menggubrisnya. その男性は何度か僕が取り合わなかったにもかかわらず、いつも私の家に来る。	

bijaksana ☐ 3085	**形** 賢明な Dengan *bijaksana* ayah menasihati adik agar lebih berkonsentrasi terhadap pelajaran. 父は弟にもっと勉強に集中するよう、思慮深くアドバイスをする。
bocor ☐ 3086	**自** 漏れる pembocoran **名** 漏えい Selama musim hujan hampir setiap hari saya pusing memikirkan atap rumah yang selalu *bocor*. 雨期の間ほとんど毎日私は常に雨が漏る屋根のことを考えて頭が痛い。
gempa bumi ☐ 3087	**名** 地震
botak ☐ 3088	**形** はげた Teman-teman sering memanggilnya "Profesor" karena kepalanya yang *botak* itu. 友人たちは禿げた頭のせいでしばしば彼を「教授」と呼ぶ。
bunyi ☐ 3089	**名** 音 berbunyi **自** 鳴る *Bunyi* lonceng yang terus-menerus terdengar dari sebelah rumah sangat mengganggu konsentrasi belajar saya. 隣の家からずっと聞こえる鐘の音は私が勉強に集中するのをとても邪魔した。
cahaya ☐ 3090	**名** 光
cemas ☐ 3091	**形** 心配な Dia *cemas* menunggu hasil ujian yang akan diumumkan minggu depan. 彼は来週発表される試験の結果を心配して待っている。
etika ☐ 3092	**名** 倫理

上級単語

gabah ☐3093	**名** 籾 Matahari terik bersinar, sehingga banyak petani yang menjemur *gabah* di pelataran rumahnya. 太陽が激しく照りつけるので、家の庭先で籾を干している農民が多い。
bohong ☐3094	**名** 嘘 berbohong **名** 嘘をつく membohongi **他** だます pembohong **名** 嘘つき pembohongan **名** 嘘
gol ☐3095	**名** ゴール
giat ☐3096	**形** 熱心な kegiatan **名** 活動 Untuk menghadapi lomba pidato bahasa Jepang, mahasiswa itu *giat* berlatih. 日本語の弁論大会を前にして、その大学生は練習に熱心だ。
gemuk ☐3097	**形** 太った Karena terlalu *gemuk*, bocah laki-laki itu sulit untuk berlari dan melompat. その男の子は太りすぎなので、走ったり跳んだりするのが難しい。
menggosok gigi ☐3098	**自** 歯磨きをする menggosok **他** 磨く "*Gosok gigi* dulu sebelum tidur!", perintah ibu kepada anaknya. 「寝る前には歯磨きをしなさい」と、母は子供に命じた。
guntur ☐3099	**名** 雷
halal ☐3100	**形** (イスラム教的に) 清浄な Selama tinggal di Jepang, saya kesulitan mencari makanan *halal*. 日本に住んでいる間、私はハラルの食べ物を探すのに苦労した。

handuk ☐3101	名 タオル	
Hindu ☐3102	名 ヒンドゥー	
interlokal ☐3103	形 市外の Di Indonesia biaya telepon *interlokal* sangat mahal. インドネシアでは市外電話の料金が大変高い。	
jadwal ☐3104	名 スケジュール、時間割	
Jatim ☐3105	略 東ジャワ　Jawa Timur	
jeruk ☐3106	名 かんきつ系の果物	
kagum ☐3107	形 感嘆して Semua penonton *kagum* melihat kemampuan bermain piano anak kecil itu. すべての観客はその幼い子のピアノ演奏の能力を見て感嘆した。	
kamus ☐3108	名 辞書	
kategori ☐3109	名 カテゴリー	
kekhawatiran ☐3110	名 心配　【khawatir】自 心配する	
kemiskinan ☐3111	名 貧困　【miskin】形 貧しい	
kerangka ☐3112	名 枠（組）　【rangka】名 〜の枠組み	

上級単語

ketidakadilan 3113	名 不公平　【tidak adil】形 不公平な
kewarganegaraan 3114	名 国籍　【warga negara】名 国民
kiat 3115	名 秘訣 Masing-masing stan memiliki *kiat* yang menjadi daya tarik pengunjung. それぞれの売り場は訪問者を惹きつける秘訣をもっている。
kiriman 3116	名 配達物　【kirim】 mengirim 他 送る mengirimkan 他 送る pengiriman 名 送付
klenteng 3117	名 祠廟
kol 3118	名 キャベツ
kolam 3119	名 池
kolusi 3120	名 共謀
kombinasi 3121	名 組み合わせ
kompetisi 3122	名 競争
koordinasi 3123	名 調整

kutipan □3124	名 引用　【kutip】 mengutip 他 引用する
laju □3125	形 速い　名 速度 *Laju* kendaraan rata-rata di jalan tol adalah 100 km per jam. 有料道路の乗り物の平均速度は100キロだ。
langganan □3126	名 顧客、購読者　【langgan】 pelanggan 名 顧客
londo □3127	名 オランダ人、白人
luhur □3128	形 崇高な Anak itu terkenal mempunyai budi pekerti yang *luhur*. その子は崇高な徳を備えていることで有名だ。
mekanisme □3129	名 メカニズム
meluas □3130	自 広がる　【luas】形 広い perluasan 名 拡張 seluas 形 〜の広さ Penyakit kanker yang dideritanya sudah *meluas* sampai ke organ tubuh yang lain. 彼の癌はもうすでに身体の別の組織にまで広がっている。
melunasi □3131	他 完済する　【lunas】形 支払い済みの Kemarin saya sudah *melunasi* pembayaran SPP sampai dengan 3 bulan ke depan. 昨日私は3ヵ月先まで学校施設費の支払いを済ませた。
memancing □3132	他 釣る　【pancing】 Setiap tahun sekali dia pasti meluangkan waktunya untuk pergi *memancing* ke pulau itu. 毎年1回彼は必ずその島へ魚釣りに行く時間を作る。

Level 3

上級単語

memainkan □ 3133	他 演奏する、演じる　【main】自 遊ぶ pemain 名 プレーヤー bermain 自 遊ぶ permainan 名 遊び Selain pandai bernyanyi dia juga dapat *memainkan* hampir semua alat musik. 彼女は歌がうまいだけでなく、ほとんどすべての楽器を演奏することができる。
membina □ 3134	他 育成する　【bina】 pembinaan 名 育成 Suami isteri itu sudah *membina* rumah tangga selama 25 tahun. その夫婦はもう25年間も家庭を育んできた。
mempersoalkan □ 3135	他 問題にする　【soal】名 問題 persoalan 名 問題 soalnya 副 要するに Keduanya selalu *mempersoalkan* hak pengasuhan anak setelah mereka bercerai. 双方は別れた後、子供の養育権を常に問題としている。
memproduksi □ 3136	他 生産する　【produksi】名 生産 Mulai tahun depan kita berencana *memproduksi* barang ini dua kali lipat dari jumlah produksi tahun ini. 私たちは来年からこの製品を今年の生産量の2倍生産することを計画している。
mendatangkan □ 3137	他 招来する、もたらす　【datang】自 来る mendatang 形 来る〜 mendatangi 他 おしかける pendatang 名 来訪者 kedatangan 名 到来 Banyak hal harus dipertimbangkan apabila ingin *mendatangkan* grup musik dari Amerika. アメリカから音楽グループを招聘したいなら、多くの事柄を考慮しなければならない。

mendung ☐ 3138	形 曇りの Sejak pagi cuaca *mendung* tapi hujan tidak juga turun. 朝から天気は曇っているが、雨が降るわけでもない。	
mengecek ☐ 3139	他 チェックする 【cek】 Setelah anak saya selesai belajar, saya selalu *mengecek* buku-buku pelajarannya. 子供の勉強が終わった後、私はいつも勉強のノートをチェックする。	
menerbitkan ☐ 3140	他 出版する 【terbit】 自 出現する penerbitan 名 出版 penerbit 名 出版社 terbitan 名 出版（物） Beberapa waktu lalu penerbit itu *menerbitkan* buku-buku karya sastra Indonesia. しばらく前にその出版社はインドネシアの文学書を出版した。	
mengantarkan ☐ 3141	他 案内する、届ける 【antar】 mengantar 他 連れて行く pengantar 名 紹介、案内 Setiap pagi saya *mengantarkan* anak saya ke sekolah dengan mengendarai sepeda motor. 毎朝私はオートバイを運転して子供を学校へ送る。	
menekankan ☐ 3142	他 強調する 【tekan】 menekan 他 押す tekanan 名 圧力 Pelatih selalu *menekankan* bahwa kegagalan bukan akhir dari segalanya. トレーナーは敗北はすべての終わりではないといつも力説している。	
mengimpor ☐ 3143	他 輸入する 【impor】 名 輸入 Menurut berita di TV, tahun ini Indonesia *mengimpor* beras dari Thailand karena kehabisan stok. テレビのニュースによると、今年インドネシアは備蓄が尽きたのでタイから米を輸入した。	

上級単語

mengendarai ☐ 3144	他 運転する 【kendara】 kendaraan 名 乗り物 SIM A adalah SIM untuk dapat *mengendarai* kendaraan bermotor roda 4 dengan berat yang tidak lebih dari 3500 kg. A 免許証は 3500 キロを越えない重量の4輪車を運転することができる免許証である。
mengerikan ☐ 3145	他 怖がらせる 形 恐ろしい 【ngeri】 形 怖い Tayangan TV yang *mengerikan* tidak patut ditonton anak-anak. 恐ろしいテレビの映像は子供が見るのにふさわしくない。
mengendalikan ☐ 3146	他 制御する 【kendali】 terkendali 形 制御可能な pengendalian 名 制御 Untuk menjadi pemain sepak bola handal seseorang harus bisa *mengendalikan* emosi dengan baik. 有能なサッカー選手になるためには、感情をうまくコントロールすることができなければならない。
mengungsi ☐ 3147	自 避難する 【ungsi】 Para korban gempa bumi *mengungsi* ke tenda-tenda darurat yang telah didirikan di lapangan. 地震の犠牲者たちは広場に立てられた非常テントに避難した。
mengusir ☐ 3148	他 追い払う 【usir】 diusir 受 追い払われる Orang Jepang menyebarkan kacang kedelai sebagai simbol untuk *mengusir* setan. 日本人は悪魔を追い払うための象徴として大豆を撒く。
menumbuhkan ☐ 3149	他 育てる 【tumbuh】 自 育つ pertumbuhan 名 成長 tumbuhan 名 植物 Keberadaan perpustakaan di desa ini telah *menumbuhkan* minat baca pada masyarakat desa. この村に図書館があることが村の人々の読書意欲を育んだ。

menyakitkan ☐3150	他 傷つける 【sakit】形 病気の 名 痛み penyakit 名 病気 Perpisahan itu sangat *menyakitkan* keduanya, karena mereka sudah pacaran lebih dari lima tahun. もう５年間も交際していたので、その別れは２人を大変傷つけた。
menyala ☐3151	自 燃える 【nyala】 Lampu kamar kosnya sudah *menyala*, mungkin dia sudah pulang dari tempat kerja. 彼が下宿している部屋の電気が点いた。おそらく仕事場から帰ってきたのだろう。
menyedihkan ☐3152	他 悲しませる 形 悲しませるような 【sedih】形 悲しい kesedihan 名 悲しみ Peristiwa penculikan anak itu sangat *menyedihkan* kedua orang tuanya. その子供誘拐事件は両親２人をたいそう悲しませた。
menyiksa ☐3153	他 痛めつける 形 ひどく苦しい 【siksa】 Akhir-akhir ini banyak kasus majikan *menyiksa* pembantunya. 最近、主人がお手伝いを痛めつけるケースが多い。
milis ☐3154	名 メーリングリスト
muatan ☐3155	名 積載物 【muat】 memuat 他 掲載する、積載する dimuat 受 記載される
musnah ☐3156	自 壊滅する Dia sangat terpukul karena hasil kerjanya selama ini *musnah* terbakar. これまでの仕事の成果が焼けて消滅してしまったので、彼はたいそう打ちひしがれてしまった。
nafkah ☐3157	名 生活の糧

上級単語

hati nurani ☐3158	名 真心
nyawa ☐3159	名 命
padam ☐3160	自 消える Lampu kamarnya *padam*, mungkin dia sedang tidak ada di rumah. 彼の部屋の電気が消えた。おそらく彼は家にいないだろう。
memapar ☐3161	他 説明する 【papar】 "Tim Depperindag akan selalu memonitor subsektor yang tidak memperoleh inisiatif", *papar* dia. 「通商産業省チームはイニシアティブをとらないサブセクターをいつも監視する」と、彼は説明した。
pembaruan ☐3162	名 刷新 【baru】形 新しい terbaru 形 最新の baru-baru ini 副 最近
pembatasan ☐3163	名 制限 【batas】名 境界、限度 membatasi 他 制限する perbatasan 名 国境 terbatas 形 限られた
pemenuhan ☐3164	名 満たすこと 【penuh】形 いっぱいの memenuhi 他 満たす sepenuhnya 副 全て、いっぱいに
penataran ☐3165	名 （水準の）引き上げ 【tatar】
pengamatan ☐3166	名 観察 【amat】 mengamati 他 観察する pengamat 名 観察者、批評家

pencabutan □3167	名 引き抜き、剥奪 【cabut】 mencabut 他 引き抜く Penyontekannya mengakibatkan *pencabutan* status kemahasiswaan. カンニングは彼の学生資格の剥奪という結果をもたらした。
pengembalian □3168	名 返還 【kembali】自 戻る mengembalikan 他 返す
pendatang □3169	名 来訪者 【datang】自 来る mendatang 形 来る〜 mendatangkan 他 もたらす mendatangi 他 押しかける kedatangan 名 到来
penawaran □3170	名 提供、供給 【tawar】 menawarkan 他 申し出る ditawarkan 受 提供される menawar 他 値段交渉する tawaran 名 申し出
penerapan □3171	名 適用 【terap】 menerapkan 他 適用する diterapkan 受 適用される
penggantian □3172	名 交換 【ganti】 mengganti 他 取り換える menggantikan 他 〜に取って代わる berganti 自 替わる pergantian 名 交代 berganti-ganti 副 かわるがわる 自 次々と変わる
penurunan □3173	名 低下、下降 【turun】自 下がる、降りる menurun 自 低下する menurunkan 他 低下させる keturunan 名 子孫

上級単語

penyebaran ☐3174	**名 広まり** 【sebar】 menyebar **自** 広がる tersebar **形** 広められた
penyerahan ☐3175	**名 引き渡し** 【serah】 menyerah **他** ゆだねる diserahkan **受** 引き渡される、委ねられる menyerahkan **他** 手渡す terserah **受** 任せられた **慣** お好きなように
percuma ☐3176	**形 無駄な、無料で** 【cuma】**副** ～だけ cuma-cuma **形** 無料で Jangan menggunakan uang secara *percuma*, gunakan pada hal-hal yang bermanfaat saja. 無駄にお金を使ってはいけない、有益なことだけに使いなさい。
permanen ☐3177	**形 永久の** Bangunan untuk korban gempa bumi itu dibuat *permanen*, bukan bangunan sementara. その地震の犠牲者のための建物は仮のものではなく、恒久的に作られた。
pidana ☐3178	**名 刑罰** Dia akan diadili dengan hukum *pidana*. 彼は刑法によって裁かれるだろう。
PPP ☐3179	**略 開発統一党** Partai Persatuan Pembangunan
prasangka ☐3180	**名 先入観、偏見**
prioritas ☐3181	**名 優先順位**
profesor ☐3182	**名 大学教授**

ria ☐3183	**形 楽しい** Hari ini anak-anak gembira *ria*, karena neneknya akan datang. 今日、おばあちゃんがやってくるので、子供たちは嬉々としている。
sadis ☐3184	**形 冷酷な** Pembunuh berdarah dingin itu sangat *sadis*. その冷血漢の殺人者はとても残虐だ。
salat ☐3185	**名 イスラム教の礼拝**
sarang ☐3186	**名 巣**
seimbang ☐3187	**形 つりあって**【imbang】 keseimbangan **名** バランス
selisih ☐3188	**名 差異**
serdadu ☐3189	**名 兵士**
sosiologi ☐3190	**名 社会学**
spanduk ☐3191	**名 横断幕**
spontan ☐3192	**形 自発的な** Tiba-tiba mobil datang ke arahnya, dan secara *spontan* dia melompat ke atas trotoar. 突然、自動車が彼の方へやって来て、思わず彼は歩道に飛び上がった。
stres ☐3193	**名 ストレス**

Level 3

上級単語

subsidi ☐ 3194	**名** 助成金
suhu ☐ 3195	**名** 温度
surut ☐ 3196	**自** （水、熱意などが）引く Air laut yang *surut* secara tiba-tiba setelah gempa bumi menandakan akan adanya tsunami. 地震の後で突然海水が引いていくのは津波が来ることを示している。
tabrakan ☐ 3197	**名** 衝突（事故）【tabrak】 menabrak **他** 〜に衝突する tertabrak **受** ぶつかる
teladan ☐ 3198	**名** 模範
terbitan ☐ 3199	**名** 出版（物）【terbit】**自** 出現する menerbitkan **他** 出版する penerbitan **名** 出版 penerbit **名** 出版社
terdesak ☐ 3200	**受** 圧迫される、強いられる 【desak】 mendesak **他** 強要する **形** 差し迫った Pemberontak itu melarikan diri ke hutan-hutan karena *terdesak* oleh operasi militer. その反乱者は軍事作戦に圧迫されて森へ逃げ込んだ。
terendah ☐ 3201	**形** 最も下の 【rendah】**形** 低い Kepercayaan rakyat pada pemerintah mencapai titik *terendah* setelah terungkap skandal yang melibatkan pejabat. 政府に対する国民の信頼は、官僚を巻き込んだスキャンダルが暴露してから最低に至った。

terkendali ☐ 3202	形 制御可能な 【kendali】 mengendalikan 他 制御する pengendalian 名 制御 Air mengalir tidak *terkendali* setelah bendungan itu jebol. そのダムが決壊した後、水の流れは制御不能となった。
terpadu ☐ 3203	受 統合される 【padu】 paduan 名 融合 Pengelolaan pertanian akan *terpadu* supaya dapat mencapai hasil yang maksimal. 農業経営は最大限の収穫を達成すべく統合されるだろう。
tertangkap ☐ 3204	受 捕まえられる 【tangkap】 menangkap 他 捕捉する、逮捕する penangkapan 名 捕獲、逮捕 Sindikat penjualan narkoba buronan polisi itu tadi malam *tertangkap* di Jakarta. その警察から指名手配されている麻薬販売のシンジケートが昨晩、ジャカルタで捕まった。
tikus ☐ 3205	名 ねずみ
tumpukan ☐ 3206	名 堆積物 【tumpuk】
tuntas ☐ 3207	形 完了した、徹底的な Kalau mengerjakan sesuatu, jangan setengah-setengah, kerjakan sampai *tuntas*! もし何かを行なうなら、中途半端はいけない、最後までやりなさい。
umpama ☐ 3208	名 例
unggulan ☐ 3209	名 卓越したもの 【unggul】

Level 3

上級単語

Yunani ☐3210	名 ギリシャ	
agen ☐3211	名 エージェント	
anggrek ☐3212	名 蘭の花	
awak ☐3213	名 身体、乗務員	
bajakan ☐3214	名 略奪物　【bajak】 kaset bajakan 名 海賊版カセット	
benci ☐3215	自 憎む membenci 他 憎む Dia berusaha kerja dengan sungguh-sungguh walaupun sebenarnya dia sangat *benci* terhadap pekerjaannya sekarang. 本当は彼は現在の仕事がとてもいやなのだが、一生懸命に働こうとしている。	
bensin ☐3216	名 ガソリン	
bercakap-cakap ☐3217	自 おしゃべりをする　【cakap】 percakapan 名 会話 Saya masih merasa sulit untuk *bercakap-cakap* dalam bahasa Inggris lewat telepon. 私は電話で英語で話すのはまだ難しいと感じる。	
berdiam ☐3218	自 住む、黙っている　【diam】 自 黙る *diam-diam 副 こっそりと Seharian ini ibu banyak *berdiam* diri di dalam kamar. 今日1日中、母は部屋でほとんど黙り込んでいた。	

berharga ☐3219	自 〜の値段である　形 価値がある　【harga】名 値段 menghargai 他 尊重する penghargaan 名 高い評価 Anak adalah harta yang paling *berharga* bagi orang tua. 子供とは親にとって最も貴重な財産だ。	
kelihatannya ☐3220	副 〜のように見える　【lihat】 kelihatan 自 〜のように見える melihat 他 見る dilihat 受 見られる memperlihatkan 他 見せる terlihat 受 見られる *Kelihatannya* sakit yang diderita pasien itu sangat parah. その患者が煩っている病気はとてもひどいようだ。	
berganti ☐3221	自 替える　【ganti】名 替わり berganti-ganti 副 かわるがわる 自 次々と変わる menggantikan 他 取って代わる mengganti 他 取り換える penggantian 名 交換 pengganti 名 後継者 Karena banyak berkeringat, hari ini adik saya sudah lima kali *berganti* pakaian. たくさん汗をかいたので、今日私の弟は5回も服を着替えた。	
berlalu ☐3222	自 過ぎていく　【lalu】接 そして lalu lintas 名 交通 melalui 他 〜を通る Semua kesulitan yang sekarang sedang kita hadapi pasti akan segera *berlalu*. 現在私たちが直面しているすべての困難はきっとすぐに去るだろう。	
biji ☐3223	名 種（たね）	

上級単語

berpuasa □ 3224	🔵 断食をする 【puasa】 🟢 断食 🔵 断食をする Pada bulan Ramadhan semua umat Islam *berpuasa* selama 30 hari. 断食月にはすべてのイスラム教徒は30日間断食をする。
bersepeda □ 3225	🔵 自転車で行く 【sepeda】 🟢 自転車 Tidak mungkin anak berumur 2 tahun bisa *bersepeda* tanpa pengawasan orang tua. 2歳の子供が親の監視を受けずに自転車に乗ることはありえない。
bersisir □ 3226	🔵 髪をとかす 【sisir】 🟢 櫛 Dia berusaha merapikan riasan wajah sambil berkaca, setelah itu *bersisir* untuk merapikan rambutnya. 彼女は鏡を見ながら化粧を整え、その後で髪をとかした。
beruntung □ 3227	🟠 幸運な 【untung】 🟢 利益 🟠 幸運な 🟣 幸運なことに keuntungan 🟢 利益 menguntungkan 🟤 利益をもたらす untungnya 🟣 幸運なことに Wanita itu sangat *beruntung* bisa memiliki keluarga yang bahagia. その女性は幸せな家族を持つことができてとても幸せだ。
bervariasi □ 3228	🔵 様々である 🟠 様々な 【variasi】 🟢 バリエーション Pameran mobil tahun ini *bervariasi* sekali sehingga pengunjung terkagum-kagum. 今年のモーターショーはとても多様性に富んでいたので、来場者は感嘆した。
bersaing □ 3229	🔵 競争する 【saing】 persaingan 🟢 競争 Semua peserta lomba *bersaing* untuk memperebutkan juara pertama. 試合のすべての参加者は優勝を勝ち取るべく競い合う。
bis □ 3230	🟢 バス

boneka ☐3231	名 人形
bubar ☐3232	自 解散する membubarkan 他 解散させる Tamu yang datang di pesta ulang tahun perkawinan orang tua saya belum juga *bubar*, padahal ibu sudah tampak lelah sekali. 私の両親の結婚記念パーティーに来た客たちは、母がもう疲れた様子だったにもかかわらず、まだ解散しなかった。
bumbu ☐3233	名 調味料
bungkus ☐3234	名 包 membungkus 他 包む
cairan ☐3235	名 液体 【cair】
cap ☐3236	名 マーク、スタンプ
cendekiawan ☐3237	名 知識人（層）
cedera ☐3238	形 傷がある、怪我をした Karena *cedera* pada lutut sebelah kiri, dia terpaksa absen pada pertandingan malam ini. 彼は左の膝に怪我をしているので、今晩の試合を欠場せざるをえない。
dapur ☐3239	名 台所
efisien ☐3240	形 効率的な Kelihatannya kendaraan yang menggunakan bahan bakar solar lebih *efisien*. 軽油燃料を使う乗り物はより効率的なようだ。

Level 3

上級単語

GBHN ☐ 3241	**略** 国家大綱　Garis-garis Besar Haluan Negara
gelisah ☐ 3242	**形** 悩んだ、落ち着かない Semalaman dia *gelisah* memikirkan pengumuman hasil ujian besok. 1晩中、彼は明日の試験結果の発表のことを考えて悶々としていた。
gudang ☐ 3243	**名** 倉庫
petir ☐ 3244	**名** 稲妻
harimau ☐ 3245	**名** 虎
helai ☐ 3246	**名** ～枚
hemat ☐ 3247	**名** 見解　**形** 経済的な Agar *hemat* listrik, setiap kali menjelang tidur semua lampu harus dimatikan. 電気を節約するために、寝る前にはいつもすべての明かりを消さなければならない。
hiasan ☐ 3248	**名** 装飾　【hias】 menghiasi **他** ～を飾る perhiasan **名** 装飾（品）
Idul Fitri ☐ 3249	**名** 断食開けの大祭
ikat ☐ 3250	**名** 織布

iklim ☐ 3251	**名** 気候
institut ☐ 3252	**名** 研究所
jajaran ☐ 3253	**名** 並び 【jajar】 Perusahaan itu memperkenalkan *jajaran* produk terbarunya. その会社は一連の新製品を発表した。
janda ☐ 3254	**名** 未亡人、離婚した婦人
jas ☐ 3255	**名** 上着
kacamata ☐ 3256	**名** めがね
kacau ☐ 3257	**形** 混乱して kekacauan **名** 混乱 Setiap jam 5 sore lalu lintas arah ke rumahku selalu *kacau*. 毎夕5時に私の家の方面の道路はいつも混雑する。
kaos, kaus ☐ 3258	**名** シャツ *kaos* oblong **名** Tシャツ *kaos* kaki **名** 靴下
karir ☐ 3259	**名** キャリア
keagamaan ☐ 3260	**名** 宗教（性）【agama】**名** 宗教 beragama **自** 信仰する
kedubes ☐ 3261	**略** 大使館　kedutaan besar

Level 3

上級単語

keju ☐ 3262	**名** チーズ
kekasih ☐ 3263	**名** 恋人　【kasih】**名** 愛情 mengasih **他** 与える dikasih **受** 与えられる kasihan **形** かわいそうな
berganti-ganti ☐ 3264	**副** かわるがわる　**自** 次々と変わる　【ganti】**名** 替わり berganti **自** 変わる menggantikan **他** 取って代わる mengganti **他** 取り換える penggantian **名** 交換 pengganti **名** 後継者 Gadis cantik itu terkenal suka *berganti-ganti* pasangan. その美しい少女はよく相手を次々と替えるので有名だ。
keliru ☐ 3265	**形** 誤った、勘違いの Jangan *keliru* menilai orang dari penampilannya saja. 容姿からだけ人を判断して勘違いしてはいけない。
kenyang ☐ 3266	**形** 満腹の Walaupun sudah menghabiskan mi goreng sebanyak 3 piring, dia belum merasa *kenyang*. すでに彼は焼きそばを3皿平らげたが、まだ満腹だと感じていなかった。
keponakan ☐ 3267	**名** 甥、姪
kerongkongan ☐ 3268	**名** のど、気管
kolonial ☐ 3269	**形** 植民地の Hotel itu sudah ada sejak jaman *kolonial* Belanda. そのホテルはオランダ植民地時代からある。

kiranya □3270	**副 ～らしい** 【kira】**自** ～と考える、思う mengira **他** ～と思う memperkirakan **他** 推測する diperkirakan **受** ～だと推測される kira-kira **副** およそ perkiraan **名** 推測
ketik, mengetik □3271	**他 タイプする** 【ketik】**他** タイプする "Kamu hebat sekali! Laporan yang kamu *ketik* kemarin mendapat pujian bos", kata manajer saya. 「お前はすごいぞ。昨日お前がタイプした報告書はボスが褒めていたぞ」と、マネージャーが言った。
konsultan □3272	**名 コンサルタント**
kromo □3273	**名（ジャワ語の）敬語**
laris □3274	**形 よく売れる** Setelah pindah di tempat yang strategis, jualannya *laris* sekali. 有利な場所に移動してから、彼の商売はとても繁盛するようになった。
lekas □3275	**副 早く** "Ayo *lekas* selesaikan tugasmu, setelah itu boleh nonton TV!", kata ibu. 「さあ早くお前のやらなければならないことを終わらせなさい、その後でテレビを見てもいいよ」と、母は言った。
lembah □3276	**名 谷**
lorong □3277	**名 小道**

上級単語

mancanegara ☐ 3278	名 外国
mangga ☐ 3279	名 マンゴー
manusiawi ☐ 3280	形 人間的な、人道的な 【manusia】 名 人間 kemanusiaan 名 人間性 Televisi menyiarkan bahwa tahanan perang Irak diperlakukan secara tidak *manusiawi*. テレビはイラクの戦争捕虜が人道的でない扱いを受けていると放送した。
mayat ☐ 3281	名 死体
melangkah ☐ 3282	自 歩む 【langkah】 名 歩み Dengan muka marah dia *melangkah* meninggalkan kerumunan warga. 怒った顔つきで彼は群衆を後にして歩き去った。
melukai ☐ 3283	他 傷つける 【luka】 名 怪我、傷 terluka 形 傷ついている Perkelahian antar pelajar yang terjadi kemarin juga *melukai* beberapa penduduk yang tidak bersalah. 昨日起こった生徒間の喧嘩は罪のない何人かの住民を傷つけた。
memasarkan ☐ 3284	他 売り出す 【pasar】 名 市場 pasaran 名 市場 Perusahan itu akan *memasarkan* mobil baru bulan depan. その会社は来月、新車を売り出すだろう。
membangkitkan ☐ 3285	他 起こす 【bangkit】 自 起きる Tepuk tangan penonton *membangkitkan* semangat para pemain di lapangan. 観客の拍手はフィールドの選手たちの士気を奮い立たせた。

membengkak ☐ 3286	**自 膨らむ** 【bengkak】 Jumlah penduduk Jepang *membengkak* setelah Perang Dunia Kedua. 日本の総人口は第2次世界大戦以降、膨らんだ。
memerintah ☐ 3287	**他 統治する** 【perintah】 **名** 命令 pemerintah **名** 政府 pemerintahan **名** 行政 memerintahkan **他** 命令する Bertahun-tahun presiden itu *memerintah* rakyatnya dengan tangan besi. 何年もその大統領は鉄腕でその国民を統治してきた。
memfitnah ☐ 3288	**他 中傷する** 【fitnah】 **名** 中傷 Akibat sifatnya yang suka *memfitnah* temannya, dia tidak disukai oleh banyak orang. 友人をよく中傷する彼の性格の故に、彼は多くの人から好かれていない。
memperkaya ☐ 3289	**他 豊かにする** 【kaya】 **形** 裕福な kekayaan **名** 富 Cobalah banyak membaca, karena itu akan *memperkaya* kosa kata bahasa Indonesia. インドネシア語の語彙を豊かにするから、たくさん読むように心がけなさい。
mencampur ☐ 3290	**他 混ぜる** 【campur】 bercampur **自** 混じる campuran **名** 混合 mencampurkan **他** 混ぜる Kakak *mencampur* terigu ke dalam adonan telur dan gula dengan hati-hati. 姉は注意深く卵と砂糖を混ぜたものに小麦粉を混ぜた。
Narkoba ☐ 3291	**略 薬物** narkotik dan obat

上級単語

mengamati ☐ 3292	他 観察する 【amat】 pengamat 名 観察者、批評家 pengamatan 名 観察 Peneliti itu sangat suka *mengamati* perilaku hewan. その研究者は動物の行動を観察するのが大変好きだ。
mengawali ☐ 3293	他 〜で始まる、〜に先立つ 【awal】 名 初め awalan 名 接頭辞 Iring-iringan siswa *mengawali* upacara pembukaan tahun sekolah baru. 生徒の行進で新学年の始業式が始まった。
mengecewakan ☐ 3294	他 形 がっかりさせる 【kecewa】 自 失望する Dia berusaha keras untuk tidak *mengecewakan* kedua orang tuanya. 彼は両親2人を失望させないように一生懸命に努力している。
mengesampingkan ☐ 3295	他 脇に除ける 【samping】 名 傍 Kita harus *mengesampingkan* dulu perbedaan yang ada di antara kita. 我々の間にある相違をまず脇に除けておかねばならない。
mengindahkan ☐ 3296	他 注目する 【indah】 形 美しい keindahan 名 美しさ Kalau sudah malam, orang-orang tidak *mengindahkan* lagi lampu lalu lintas di perempatan ini. 夜になると人々はこの交差点の信号を注意しなくなる。
mengklaim ☐ 3297	他 主張する、請求する 【klaim】 Dalam kampanyenya, calon wali kota *mengklaim* mendapat dukungan lebih dari 50 persen warga kota. キャンペーンの中で、市長候補は市民の50パーセント以上の支持を得たと主張している。
menyerap ☐ 3298	他 吸収する 【serap】 Kaos yang terbuat dari bahan katun dapat *menyerap* keringat lebih banyak. 綿で作られたシャツはよりたくさんの汗を吸う。

mengutamakan ☐ 3299	他 重視する 【utama】形 主たる terutama 副 特に Kita harus *mengutamakan* kepentingan umum daripada kepentingan individu. 私たちは個人の利益よりも公共の利益を重視しなければならない。
menyekolahkan ☐ 3300	他 学校へ行かせる 【sekolah】名 学校 bersekolah 自 学校へ行く Siti akan *menyekolahkan* keponakannya yang hampir putus sekolah karena soal biaya. シティは費用の問題で学校をやめそうになっている姪を学校へ行かせるだろう。
menyerah ☐ 3301	他 ゆだねる 【serah】 menyerahkan 他 手渡す diserahkan 受 引き渡される、委ねられる penyerahan 名 引き渡し terserah 受 任せられた 慣 お好きなように Pasukan PBB menyerukan agar komandan militer pemberontak di Timor Leste yang sedang dikejar *menyerah*. 国連軍は、現在追跡中の東ティモールの反乱軍司令官に投降するように呼びかけた。
mengoperasikan ☐ 3302	他 実施する、作動させる 【operasi】名 手術、軍事作戦 beroperasi 自 作動する Pemerintah daerah kota Bandung sudah siap untuk *mengoperasikan* terminal bis. バンドン市の地方政府はもうバスターミナルを運営する準備をしている。
menyeterika ☐ 3303	他 アイロンをかける 【seterika】名 アイロン Hampir tiap hari ibu itu *menyeterika* baju anak-anaknya. ほとんど毎日、その母親は子供たちの服にアイロンをかける。
patung ☐ 3304	名 像

上級単語

menyisakan ☐ 3305	他 残しておく 【sisa】 名 残り Perselisihan antara adik-kakak itu *menyisakan* dendam yang berkepanjangan. その兄弟間の意見の相違はあとに残る恨みを残した。
menyumbang ☐ 3306	他 寄付する、貢献する 【sumbang】 sumbangan 名 寄付、貢献 Bapak Kepala Desa *menyumbang* Rp 5 juta untuk pengaspalan gang yang menuju rumah kami. 村長は私たちの家に向かう路地の舗装のために500万ルピアを寄付した。
mewujudkan ☐ 3307	他 実現する 【wujud】 名 姿 terwujud 受 実現される Untuk *mewujudkan* cita-cita anaknya, orang tua itu menjual sawahnya. 子供の理想を実現するために、その両親は田んぼを売った。
miring ☐ 3308	形 斜めの Menara ini baru dibangun dua tahun yang lalu, tapi sudah *miring*. この塔は2年前に建てられたばかりだが、もう傾いている。
mengamankan ☐ 3309	他 安全にする 【aman】 形 安全な keamanan 名 治安 Polisi telah berhasil *mengamankan* Jakarta selama PEMILU tahun 2004 yang lalu. 警察は去る2004年の総選挙の期間、ジャカルタの治安維持に成功した。
obyektif ☐ 3310	形 客観的な Setelah mendengarkan berbagai pendapat yang ada, baru kita bisa membuat keputusan secara *objektif*. 出ている様々な意見を聞いた後で、初めて私たちは客観的に決定することができる。

optimal ☐3311	形 最大の Desain rumah ini sangat bagus, tetapi sayang pengerjaannya kurang *optimal*. この家のデザインはとても素晴らしいが、残念なことにその出来栄えは最高とまではいかなかった。
pacaran ☐3312	自 恋人として付き合う 【pacar】名 恋人 berpacaran 自 恋人として付き合う、デートする Waktu SMA dulu, dia pernah *pacaran* dengan penyanyi terkenal itu. 彼が高校生の時、その有名な歌手と付き合っていたことがある。
paduan ☐3313	名 融合 【padu】 terpadu 受 統合される paduan suara 名 コーラス
pamit ☐3314	自 いとまごいをする Kami mohon *pamit* untuk melanjutkan perjalanan ke Solo. 私たちはソロへの旅行を続けるので失礼します。
paskah ☐3315	名 復活祭
menyetujui ☐3316	他 賛成する 【setuju】自 賛成する setuju 自 賛成する persetujuan 名 賛成 Rapat dewan kota *menyetujui* anggaran pembangunan rumah susun untuk orang miskin. 町議会は貧しい人のための集合住宅の建設予算を承認した。
pelosok ☐3317	名 隅
pembahasan ☐3318	名 討議 【bahas】 membahas 他 議論する
pemberitahuan ☐3319	名 告知 【tahu】 memberitahu 他 〜を知らせる

Level 3

上級単語

pembuangan ☐ 3320	名 廃棄 【buang】 membuang 他 捨てる
pemeliharaan ☐ 3321	名 飼育、維持 【pelihara】 memelihara 他 飼う、保つ
pemikir ☐ 3322	名 思想家 【pikir】 berpikir 自 考える pikiran 名 考え memikirkan 他 考慮する pemikiran 名 考え
penarikan ☐ 3323	名 引き戻し、撤回 【tarik】 menarik 形 興味深い 他 引っ張る tertarik 受 興味を持つ Aktivis antiperang mendesak *penarikan* pasukan UN dari medan perang. 反戦活動家は国連軍の戦場からの撤退を強く求めた。
penasihat ☐ 3324	名 アドバイザー 【nasihat】 名 忠告
pingsan ☐ 3325	名 気絶
pengeluaran ☐ 3326	名 排出、支出 【keluar】 自 出る mengeluarkan 他 出す
pengembara ☐ 3327	名 放浪者 【kembara】
perceraian ☐ 3328	名 離婚 【cerai】
perdata ☐ 3329	形 民事の Persoalan hutang-piutang masuk pada hukum *perdata*. 貸借の問題は民法に含まれる。

perencanaan ☐3330	名 企画 【rencana】名 計画 *berencana 自 計画する merencanakan 他 計画する
perfilman ☐3331	名 映画界 【film】名 映画
perkiraan ☐3332	名 予測、概算 【kira】自 ～と考える、思う memperkirakan 他 推測する diperkirakan 受 ～だと推測される mengira 他 ～と思う kira-kira 副 およそ kiranya 副 ～らしい
perluasan ☐3333	名 拡張 【luas】形 広い meluas 自 広がる seluas 形 ～の広さ
perorangan ☐3334	形 個人の 【orang】名 人 seorang 形 ある、1人の seseorang 名 誰か、ある人 Saham perusahaan ini boleh dimiliki secara *perorangan*. この会社の株式は個人的に所有してもよい。
penerima ☐3335	名 受けとり手 【terima】 menerima 他 受け取る penerimaan 名 受容
politis ☐3336	形 政治的な Secara *politis* pembentukan wilayah baru itu sudah sah dan diakui. その新しい地域の創設は、政治的に正当化され認知された。
Polres ☐3337	略 警察署　Kepolisian Resort

Level 3

393

上級単語

priyayi ☐ 3338	名 （伝統的）上流階級
raksasa ☐ 3339	名 羅刹
rejeki ☐ 3340	名 生活の糧
rel ☐ 3341	名 レール
resiko ☐ 3342	名 危険
RS ☐ 3343	略 病院　Rumah Sakit
rumput ☐ 3344	名 草
runtuh ☐ 3345	自 崩壊する Bangunan tua ini didirikan ratusan tahun yang lalu, beberapa bagian temboknya sudah *runtuh*. この古い建物は数百年前に建てられ、いくつかの壁はすでに崩れている。
sambal ☐ 3346	名 サンバル（唐辛子ケチャップ）
santan ☐ 3347	名 ココナツミルク
seberang ☐ 3348	名 向かい側 menyeberang 他 横切る

sebutan ☐ 3349	**名** 呼び名　【sebut】 menyebutkan **他** 言及する menyebut **他** 〜と呼ぶ disebut **受** 言われる tersebut **形** 先述の
sejati ☐ 3350	**形** 真の Tidak ada yang bisa mengalahkan kasih sayang *sejati* seorang ibu. 母親の真の愛情を負かすことができるものはない。
saksama, seksama ☐ 3351	**形** 慎重に Mahasiswa mendengarkan kuliah dari dosennya dengan *seksama*. 大学生は注意深く大学講師の授業に耳を傾けた。
semalam ☐ 3352	**名** 昨晩、1晩　【malam】**名** 夜 bermalam **自** 泊まる
senam ☐ 3353	**名** 体操　**自** 体操をする Saya ikut *senam* pagi seminggu sekali di lapangan kantor kabupaten. 私は県庁の広場で1週間に1回朝の体操に参加している。
sensitif ☐ 3354	**形** 敏感な Saya tidak berani membicarakannya kepada orang luar, karena masalah ini sangat *sensitif*. この問題は大変微妙なので、私は外部の人にそのことを話す勇気はない。
sosok ☐ 3355	**名** 人物、姿
spekulasi ☐ 3356	**名** 推測
tabungan ☐ 3357	**名** 貯金　【tabung】 menabung **自** 貯める

上級単語

tes □ 3358	名 テスト
terancam □ 3359	受 脅かされる 【ancam】 mengancam 他 脅す ancaman 名 脅迫 Pemburuan secara besar-besaran menyebabkan orang hutan *terancam* punah. 大々的な狩猟はオランウータンを絶滅の危機に追いやる。
tercipta □ 3360	受 創造される 【cipta】 ciptaan 名 作品、創造物 menciptakan 他 創造する Setelah upacara akad nikah usai, pemuda itu berkata kepada istrinya, "Kau memang *tercipta* untukku". 結婚の儀式が終わった後、その若者は妻に言った。「お前は本当に僕のために創造されたのだ」と。
terkemuka □ 3361	形 著名な 【muka】名 顔、正面 mengemukakan 他 表明する permukaan 名 表面 Yang meninggal itu adalah seorang ulama *terkemuka* di daerah Kalimantan Timur. その亡くなった人は東カリマンタンで有名なイスラム導師だった。
terkumpul □ 3362	受 集められる 形 集められた 【kumpul】 berkumpul 自 集まる mengumpulkan 他 集める Sebagai sumbangan untuk korban gempa bumi di Yogya, sudah *terkumpul* sejumlah uang dan bahan makanan. ジョグジャでの地震の被害に対する寄付として、すでにかなりのお金と食料が集まった。
usus □ 3363	名 腸

tertipu ☐ 3364	受 だまされる 【tipu】 menipu 他 騙す penipuan 名 詐欺 Perempuan pramuniaga itu berbohong besar, tetapi banyak lelaki yang *tertipu* karena mulut manisnya. そのセールスの女性は大嘘をついているが、その甘い言葉に騙されるたくさんの男性がいる。
tembakan ☐ 3365	名 銃撃 【tembak】 menembak 他 撃つ penembakan 名 射撃
trilyun ☐ 3366	数 1兆 Koruptor itu membawa kabur uang satu *trilyun* lebih ke luar negeri. その汚職者は国外へ1兆以上の金を持って逃げた。
terpencil ☐ 3367	受 隔絶される 形 隔絶された 【pencil】 Mahasiswa melakukan kuliah kerja nyata di desa-desa *terpencil* di Kalimantan Selatan. 大学生たちは南カリマンタンの隔絶された村々で実地授業を行なう。
wujud ☐ 3368	名 姿 mewujudkan 他 実現する terwujud 受 実現される
cermin ☐ 3369	名 鏡 mencerminkan 他 反映する
pelacuran ☐ 3370	名 売春 【lacur】 pelacur 名 娼婦 Di kamar remang-remang itulah tiap hari usaha *pelacuran* kelas teri dijalankan. その陰鬱な部屋で、毎日、下級売春が行なわれている。
abjad ☐ 3371	名 アルファベット

上級単語

abu-abu ☐ 3372	形 灰色の Warna seragam murid SMU adalah putih dan *abu-abu*. 高校の生徒の制服の色は白と灰色だ。
akhiran ☐ 3373	名 接尾辞 【akhir】 名 終わり berakhir 自 終わる mengakhiri 他 終わらせる akhir-akhir ini 副 最近 akhirnya 副 最後には terakhir 形 最後の
akuntan ☐ 3374	名 会計士
almarhum ☐ 3375	形 亡くなった〜、故〜 Ibu itu selalu teringat *almarhum* suaminya yang telah meninggal beberapa bulan yang lalu. その母親は数ヵ月前に亡くなって故人となった夫のことを常に思い出す。
alun-alun ☐ 3376	名 広場
ambulans ☐ 3377	名 救急車
anggur ☐ 3378	名 ぶどう
asin ☐ 3379	形 塩辛い Suami saya suka makanan manis, tetapi saya lebih menyukai makanan yang rasanya *asin*. 私の夫は甘いものが好きだが、私は塩辛い食べ物の方が好きだ。
ban ☐ 3380	名 タイヤ

baris ☐ 3381	名 列、(文章の) 行 barisan 名 隊列
baterai ☐ 3382	名 電池
batuk ☐ 3383	名 咳　自 咳をする Ibu saya *batuk* terus-menerus setelah menghirup asap rokok di ruangan tadi. 母はさっきの部屋で煙草の煙を吸った後、ずっと咳をしている。
benua ☐ 3384	名 大陸
berabad-abad ☐ 3385	副 何世紀も　【abad】名 世紀 Para nelayan di wilayah pantai selatan berhasil menemukan harta karun yang sudah *berabad-abad* terpendam di dasar laut. 南海岸地域の漁師たちは何世紀も海底に埋もれていた宝物を見つけるのに成功した。
berjam-jam ☐ 3386	副 何時間も　【jam】名 〜時、時間、時計 Setelah menunggu *berjam-jam*, akhirnya saya memutuskan untuk pulang. 何時間も待った後、ついに私は帰ることに決めた。
berkeberatan ☐ 3387	自 支障がある、異議がある　【berat】形 重い keberatan 名 支障 Saya merasa *berkeberatan* apabila harus kerja selama 12 jam per hari. もし1日に12時間働かなければならないなら、私は問題だと思う。
berkelahi ☐ 3388	自 喧嘩する　【kelahi】 perkelahian 名 争い Sangat sulit untuk memisahkan anjing dan kucing yang sedang *berkelahi*. 喧嘩をしている犬と猫を引き離すのはとても難しい。

Level 3

上級単語

berlayar ☐3389	自 航海する 【layar】 名 帆 Dalam 1 bulan ini semua kapal laut dilarang untuk *berlayar* karena cuaca buruk. この1ヵ月間、すべての船は悪天候のため航海を禁じられている。	
bermalam ☐3390	自 泊まる 【malam】 名 夜 semalam 名 昨晩、1晩 Selama berlibur di Bali kami *bermalam* di hotel berbintang lima. バリで休暇を過ごす間、私たちは5つ星のホテルに泊まる。	
bermimpi ☐3391	自 夢を見る 【mimpi】 名 夢 Jangan *bermimpi* bisa berhasil memperoleh nilai bagus apabila tidak pernah belajar. 1度も勉強をせずに立派な成績をとることができるという夢を見てはいけない。	
berontak ☐3392	自 反抗する pemberontak 名 反乱者 Dia selalu *berontak* terhadap peraturan yang diterapkan orang tuanya. 彼はいつも両親が決めた規則に反抗した。	
berpacaran ☐3393	自 恋人として付き合う 【pacar】 名 恋人 pacaran 自 付き合う、デートする Sudah 6 tahun keduanya *berpacaran* tapi akhirnya mereka menikah dengan orang yang berbeda. その2人は6年間付き合ったが、最後には別々の人と結婚した。	
berpengalaman ☐3394	形 経験のある 【alam】 mengalami 他 経験する pengalaman 名 経験 Walaupun usianya masih sangat muda, dia sangat *berpengalaman* dalam dunia pendidikan. まだ彼は年若かったが、教育の世界で大変経験が豊かだった。	
Betawi ☐3395	名 バタビア（ジャカルタの旧称）	

berujar ☐3396	**自** 言う 【ujar】 **名** 発言 Anak itu *berujar*, "Bukan aku yang menangis tadi". その子は「さっき泣いてたのは僕じゃない」と言った。
bersekolah ☐3397	**自** 学校へ通う 【sekolah】 **名** 学校 menyekolahkan **他** 学校へ行かせる Saya bangga sekali bisa *bersekolah* di SMA favorit di kota ini. 私はこの町で気に入っている高校へ通うことができるのを誇りに思っている。
bersembunyi ☐3398	**自** 隠れる 【sembunyi】 persembunyian **名** 隠れ場所 Pencuri itu *bersembunyi* di atap rumah untuk menghindari kejaran polisi. その泥棒は警察の追跡を避けるために家の屋根に隠れた。
bersenjata ☐3399	**形** 武装した 【senjata】 **名** 武器 Semua orang segera berlari menghindar tiap kali melihat pria *bersenjata* melewati jalan ini. 武装した男性がこの道を通るのを見るたびに皆すぐに逃げた。
bertukaran ☐3400	**自** 交換し合う 【tukar】 bertukar **自** 交換する menukar **他** 交換する Pada pesta kenaikan tingkat kami biasa *bertukaran* kado yang lucu. 進級パーティーでは私たちはたいてい可愛いプレゼントを交換し合う。
berputar ☐3401	**自** 回転する 【putar】 memutar **他** 回す putaran **名** 回転、〜回 seputar **前** 〜の周囲に Sejak pagi dia *berputar* mengelilingi taman itu mencari dompetnya yang hilang. 朝から彼は失くした財布を捜してその公園の周りを回っている。

上級単語

berperang　☐3402	🔲 戦争をする　【perang】 🏷 戦争 memerangi 🔲 戦う Saat ini seluruh bangsa Indonesia harus *berperang* melawan kemiskinan dan kebodohan. 現在、全インドネシア民族は貧困と無知に対して闘わなければならない。
betina　☐3403	🔲 雌の Tadi malam anjing milik tante melahirkan 5 anak anjing yang sangat lucu, 3 *betina* dan 2 jantan. 昨晩、おばさんの犬がとても可愛い5匹の子犬を産んだ。3匹の雌と2匹の雄だ。
bubur　☐3404	🏷 粥
bulat　☐3405	🔲 丸い Banyak orang terpesona bila melihat matanya yang *bulat* seperti telur. 彼女の卵のように丸い目を見て、多くの人が魅了された。
busuk　☐3406	🔲 腐った Bau *busuk* sampah itu sampai ke rumah saya. そのゴミの腐った匂いは私の家まで届いた。
candi　☐3407	🏷 寺院
cangkir　☐3408	🏷 カップ
duta besar　☐3409	🏷 大使　【duta】🏷 使節 kedutaan besar 🏷 大使館 *Duta Besar* Jepang dijadwalkan akan mengunjungi daerah korban gempa bumi di Yogyakarta. 日本大使はジョグジャカルタの地震の被害地域を訪問する予定になっている。

copet ☐ 3410	**名 スリ** mencopet 他 スリをする pencopet 名 スリ（を行なう者） pencopetan 名 スリ（という行為）
cucian ☐ 3411	**名 洗濯物** 【cuci】 mencuci 他 洗う
cuma-cuma ☐ 3412	**形 無料の** 【cuma】 percuma 形 無駄な、無料で Setiap satu bulan satu kali PUSKESMAS mengadakan pemeriksaan gigi secara *cuma-cuma*. 毎月1回、保健所は無料で歯の検診を行なう。
dalang ☐ 3413	**名 ワヤンの人形遣い**
danau ☐ 3414	**名 湖**
dasi ☐ 3415	**名 ネクタイ**
dicatat ☐ 3416	**受 記録される** 【catat】 mencatat 他 メモする catatan 名 メモ pencatatan 名 記録 tercatat 受 書き留められる Semua pesanan sudah *dicatat* oleh pelayan itu. すべての注文をそのウエイターはメモした。
cium ☐ 3417	**名 キス** mencium 他 キスする、嗅ぐ penciuman 名 嗅覚
gamelan ☐ 3418	**名 ガムラン**

上級単語

garasi 3419	**名** 車庫
gelombang 3420	**名** 波
gotong royong 3421	**名** 相互扶助
gugup 3422	**形** 緊張した、口ごもる Saya *gugup* sekali menghadapi wawancara kerja hari ini. 私は今日就職面談の時、とても緊張してしまった。
Insya Allah 3423	**慣**「アッラーがお望みであるなら」 まだ起こっていない未来の事項について語る時にムスリムが用いる常套句。 *Insya Allah* saya akan datang di pesta perkawinan emasmu. きっと君の金婚式のパーティーに行くよ。
intensif 3424	**形** 集中的な Untuk menghadapi ujian akhir semester, sekolah mengadakan kelas *intensif*. 学期末の試験を前に、学校は集中授業を行なった。
irigasi 3425	**名** 灌漑
jantan 3426	**形** 雄の Setiap pagi saya selalu terbangun karena kokok ayam *jantan* milik tetangga. 毎朝、私は隣人の所有する雄鶏の鳴き声のせいでいつも目が覚める。
jenazah 3427	**名** 遺体
jilbab 3428	**名** イスラムの女性用スカーフ

kedengaran ☐3429	**他** 聞こえる 【dengar】 mendengar **他** 聞く mendengarkan **他** 〜に耳を傾ける pendengaran **名** 聴覚 pendengar **名** 聴衆 terdengar **受** 聞こえる Kata-kata yang diucapkan penyair itu *kedengaran* sangat indah. その詩人が発した言葉はとても美しく聞こえた。
kehabisan ☐3430	**自** 無くなる 【habis】 **自** 終わる menghabiskan **他** 費やす sehabis **接** 〜の後で Kedua petinju itu *kehabisan* tenaga setelah melewati ronde ketujuh. その2人のボクサーは第7ラウンドを過ぎて力を使い果たしてしまった。
kehormatan ☐3431	**名** 名誉 【hormat】 **名** 尊敬 menghormati **他** 尊敬する terhormat **形** 尊敬すべき、（手紙などで）親愛なる
kejutan ☐3432	**名** 驚き 【kejut】 terkejut **自** 驚く mengejutkan **他** 驚かす
kekalahan ☐3433	**名** 敗北 【kalah】 **自** 負ける mengalahkan **他** 負かす
kerajinan ☐3434	**名** 工芸品 【rajin】 **形** 勤勉な
keranjang ☐3435	**名** かご
karawitan ☐3436	**名** 伝統音楽

Level 3

上級単語

keris □ 3437	名 クリス（短剣）
kesayangan □ 3438	名 お気に入り、愛しいもの 【sayang】形 残念な 自 大切に思う sayangnya 副 残念なことに menyayangi 他 可愛がる
kesebelasan □ 3439	名 イレブン（サッカーチームのメンバー） 【sebelas】数 11
ketawa □ 3440	自 笑う 【tawa】 tertawa 自 笑う Selama nonton acara lawak di TV, dia *ketawa* terus tidak berhenti. テレビでお笑い番組を観ている間、彼はずっと笑っていた。
kewalahan □ 3441	形 手に負えない Rumah sakit di Jakarta *kewalahan* menampung pasien korban gempa bumi. ジャカルタの病院は地震の犠牲となった患者を収容しきれない。
kinerja □ 3442	名 業績、性能 Dalam rangka meningkatkan *kinerja* staf bagian produksi, tiap pagi manajer selalu memberi pengarahan. 生産部門のスタッフの業績を上げる一環として、マネージャーは毎朝いつも指示を与える。
kompor □ 3443	名 調理用コンロ
kosmetik(a) □ 3444	名 化粧（品）
lamaran □ 3445	名 申し込み 【lamar】 *melamar 他 申し込む

ledakan ☐ 3446	🈂 爆発 【ledak】 meledak 🈁 爆発する
melayang ☐ 3447	🈁 宙に浮く 【layang】 Anak kecil itu menangis karena balon yang dipegangnya lepas dan terbang *melayang* ke udara. その小さい子は掴んでいた風船が手を離れ空に飛んでしまったので泣いた。
membaringkan ☐ 3448	🈪 横たえる 【baring】 *berbaring 🈁 横たわる Dengan penuh hati-hati ibu itu *membaringkan* anaknya di tempat tidur. 細心の注意を払って、その母親は彼女の子供をベッドに横たえた。
membenci ☐ 3449	🈪 憎む 【benci】🈁 憎む Saya sangat *membenci* laki-laki yang suka berbohong. 私はよく嘘をつく男性が大嫌いだ。
membubarkan ☐ 3450	🈪 解散させる 【bubar】🈁 解散する Polisi *membubarkan* demonstrasi di depan Kedutaan Amerika. 警察はアメリカ大使館の前のデモを解散させた。
memutar ☐ 3451	🈪 回す 【putar】 berputarr 🈁 回る putaran 🈂 回転、〜回 seputar 🈯 〜の周囲に Tadi malam istri saya *memutar* DVD terbaru di rumah sehingga kita bisa menikmati bersama-sama. 昨晩妻は最新の DVD を家で上映したので、みんなで一緒に楽しむことができた。
menayangkan ☐ 3452	🈪 放映する 【tayang】 *tayangan 🈂 映像 Televisi banyak menerima protes karena *menayangkan* film-film yang kurang bermutu. テレビは質の良くない映画を放映したために多くの抗議を受けた。

上級単語

mendaftar ☐ 3453	🔵自 **登録する** 【daftar】 🟢名 表、リスト pendaftaran 🟢名 登録 terdaftar 🟢受 登録されている Setelah lulus SMA dia berencana *mendaftar* ke perguruan tinggi di Yogyakarta. 高校を卒業した後、彼はジョグジャカルタの高等教育機関に願書を出す予定だ。
menendang ☐ 3454	🔴他 **蹴る** 【tendang】 Para pemain sepak bola berlatih *menendang* bola ke gawang. サッカー選手たちはゴールにボールを蹴る練習をしている。
mengambil alih ☐ 3455	🔴他 **引き継ぐ** 【ambil alih】 Karena ibu sakit, maka ayah *mengambil alih* tugas ibu untuk menyiapkan sarapan hari ini. 母が病気なので、父が母の仕事を引き受けて今日は朝食の準備をする。
menganggur ☐ 3456	🔵自 **失業する、暇である** 【anggur】 pengangguran 🟢名 失業 Sejak lulus dari universitas tiga bulan yang lalu sampai saat ini dia masih *menganggur*. 3ヵ月前に大学を卒業してから現在まで彼にはまだ職がない。
mengarang ☐ 3457	🔴他 **創作する** 【karang】 karangan 🟢名 作文、創作 pengarang 🟢名 作者 Sejak kecil anak saya pandai sekali *mengarang* puisi. 小さい時から私の子供は詩を創作するのに長けている。
mengejutkan ☐ 3458	🔴他 **驚かす** 🟠形 **驚くべき** 【kejut】 terkejut 🔵自 驚く kejutan 🟢名 驚き Berita tentang kecelakaan pesawat itu sangat *mengejutkan* kami sekeluarga. その飛行機事故のニュースは私たち家族をとても驚かせた。

mengekspor ☐ 3459	他 輸出する 【ekspor】 名 輸出 Sejak dulu Indonesia terkenal sebagai negara yang *mengekspor* hasil bumi berupa rempah-rempah. 昔からインドネシアは香辛料のような産物を輸出する国として有名だ。
mengeritik ☐ 3460	他 批判する 【keritik】 名 批判 Jangan hanya bisa *mengeritik*, berikanlah juga pemecahan. 批判ができるだけではいけない、解決策を示しなさい。
mengesankan ☐ 3461	他 印象づける 形 印象的な 【kesan】 名 印象 terkesan 受 印象づけられる Penampilannya hari ini sangat *mengesankan* semua penonton. 今日の彼女のいでたちはすべての観客に強い印象を与えた。
mengetuk ☐ 3462	他 コンコンと叩く 【ketuk】 Sepertinya ada yang *mengetuk* pagar rumah kita. 私たちの家の塀を叩く人がいるようだ。
menggarap ☐ 3463	他 耕す、取り組む 【garap】 Selama musim hujan petani memilih untuk tidak *menggarap* sawah. 雨期の間、農民は田を耕さないことを選んだ。
menghiasi ☐ 3464	他 〜を飾る 【hias】 hiasan 名 装飾品 perhiasan 名 装飾（品） Dia patut bangga karena hasil lukisannya pernah *menghiasi* pameran-pameran besar di tanah air. 自分の絵が祖国の大きな展示会を飾ったので、彼が誇りに思うのはもっともだ。
menghidangkan ☐ 3465	他 ご馳走を出す 【hidang】 hidangan 名 ご馳走 Restoran itu selalu *menghidangkan* makanan pembuka khas daerah. そのレストランはいつも地方独特の前菜を出す。

上級単語

menghilangkan ☐ 3466	他 なくす、消す　【hilang】　自 消える kehilangan 自 〜を失う Sabun cuci ini dapat *menghilangkan* noda oli pada kain dengan cara merendamnya lebih dulu. 先にこの洗剤につけておけば布に付着した油の汚れを取ることができる。
menghina ☐ 3467	他 侮辱する　【hina】 Apapun yang terjadi jangan mudah *menghina* orang lain. 何があったとしても、他人を簡単に侮辱してはいけない。
menghubungkan ☐ 3468	他 結びつける　【hubung】 berhubungan 自 〜と関係がある perhubungan 名 関係、連絡 menghubungi 他 〜と連絡をとる hubungan 名 関係 sehubungan dengan 慣 〜との関係において Jembatan Suramadu akan *menghubungkan* kota Surabaya dengan kota-kota yang ada di pulau Madura. スラマドゥ橋はスラバヤの町とマドゥラ島にある町とを結ぶだろう。
menghukum ☐ 3469	他 罰する　【hukum】　名 法 hukuman 名 刑罰 Masih banyak orang tua yang *menghukum* anaknya dengan memukul agar mau mandi. 水浴をするよう、叩いて子供を罰する親もまだ多い。
mengikat ☐ 3470	他 結ぶ、束ねる　自 拘束力がある　【ikat】 ikatan 名 繋がり Ketika krisis moneter melanda Indonesia, bank berusaha *mengikat* nasabahnya dengan menaikkan suku bunga. 経済危機がインドネシアを襲ったとき、銀行は利息を上げて顧客を繋ぎとめようとした。

mengira ☐ 3471	他 〜と思う　【kira】自 〜と考える、思う memperkirakan 他 推測する diperkirakan 受 〜だと推測される perkiraan 名 推測 kira-kira 副 およそ kiranya 副 〜らしい Banyak orang *mengira* dia sungguh-sungguh gila, padahal itu hanya lakon saja. 多くの人が彼は本当に気が狂っていると思っているが、それはただの演技だ。
mengobral ☐ 3472	他 安売りする　【obral】名 安売り Menjelang musim semi toko-toko pakaian sudah mulai *mengobral* pakaian musim dingin dengan harga murah. 春が近づくと衣料品店は安い値段で冬の服を売り始める。
mengukur ☐ 3473	他 測る　【ukur】 ukuran 名 サイズ、基準 Termometer adalah alat untuk *mengukur* suhu tubuh. 体温計は体の温度を測る道具だ。
mengunci ☐ 3474	他 鍵をかける　【kunci】名 鍵 terkunci 形 鍵をかけられた Membuka dan *mengunci* pintu mobil sekarang ini cukup dengan menekan tombol kendali dari jauh. 今や自動車のドアを開けたり鍵をかけたりするのは遠くから操作するボタンを押すことで十分だ。
menjajah ☐ 3475	他 支配する　【jajah】 penjajah 名 植民地支配者 penjajahan 名 占領統治 Komik sudah *menjajah* pikiran anak-anak dan remaja di Jepang sejak dahulu. 漫画は以前から日本の子供と若者の思考を支配してしまっている。
mentega ☐ 3476	名 バター

上級単語

menyanyikan □ 3477	他 歌う 【nyanyi】 menyanyi 自 歌う penyanyi 名 歌手 bernyanyi 自 歌う Di acara malam kesenian besok saya akan *menyanyikan* beberapa lagu lama. 明日の夜の芸術の夕べで私は何曲か古い歌を歌うでしょう。
menyeberang □ 3478	他 横切る 【seberang】 名 向かい側 Kita harus menengok ke kanan dan ke kiri sebelum *menyeberang* jalan. 道を渡る前に左右を見なければならない。
menyembuhkan □ 3479	他 治す 【sembuh】 自 治る Sering minum jamu kunyit akan dapat *menyembuhkan* bau keringat. ウコンの煎じ薬を頻繁に飲むと汗の臭いを治すことができる。
menyertai □ 3480	他 伴う 【serta】 接 〜とともに peserta 名 参加者 Pak Bambang *menyertai* anaknya pergi bertamasya ke Candi Borobudur. バンバンさんはボロブドゥール寺院へ観光するのに子供を同伴した。
merebus □ 3481	他 茹でる 【rebus】 形 茹でた Ibu sedang *merebus* ubi kayu sebagai makan kecil untuk kita. 母は私たちの軽食にキャッサバを茹でているところだ。
merek □ 3482	名 ブランド、銘柄
rebus □ 3483	形 茹でた merebus 他 茹でる Untuk sarapan saya sering makan telur *rebus* setengah matang. 朝食に私はしばしば半熟のゆで卵を食べる。

mertua ☐ 3484	名 舅、姑
musholla ☐ 3485	名（イスラム教の）礼拝所
obral ☐ 3486	名 安売り mengobral 他 安売りする
orientasi ☐ 3487	名 方向性
pagar ☐ 3488	名 塀
paku ☐ 3489	名 くぎ、杭
pelatihan ☐ 3490	名 訓練 【latih】 melatih 他 鍛える pelatih 名 コーチ berlatih 自 練習する latihan 名 練習
pengemis ☐ 3491	名 物乞い 【kemis】 mengemis 自 乞う
perdebatan ☐ 3492	名 論争 【debat】 名 論争
perhiasan ☐ 3493	名 装飾（品）【hias】 menghiasi 他 〜を飾る hiasan 名 装飾
permen ☐ 3494	名 キャンディー

Level 3

上級単語

perpisahan ☐ 3495	**名** 別離　【pisah】 berpisah **自** 別れる terpisah **受** 離される memisahkan **他** 分かつ pemisahan **名** 分離
persentase ☐ 3496	**名** パーセンテージ
persetubuhan ☐ 3497	**名** 性交　【tubuh】**名** 身体
pertambangan ☐ 3498	**名** 鉱業　【tambang】**名** 鉱山
pertolongan ☐ 3499	**名** 援助　【tolong】**命** どうか～ください menolong **他** 助ける
pilek ☐ 3500	**名** 鼻風邪
punah ☐ 3501	**形** 絶滅した Jenis-jenis hewan yang hampir *punah* harus dilindungi oleh negara. 絶滅しかかっている様々な種類の動物は国によって保護されなければならない。
pupuk ☐ 3502	**名** 肥料
rambutan ☐ 3503	**名** ランブータン
rewel ☐ 3504	**形** 口うるさい Anak kecil biasanya suka *rewel* kalau mengantuk. 幼い子は眠くなるとたいていぐずるものだ。

merencanakan ☐ 3505	他 計画する 【rencana】名 計画 *berencana 自 計画する perencanaan 名 企画 Universitas sedang *merencanakan* upacara penyambutan mahasiswa baru minggu depan. 大学は来週、新入生歓迎式を計画している。
romantis ☐ 3506	形 ロマンチックな Cewek itu katanya suka kepada cowok yang *romantis*. その女の子はロマンチックな男の子が好きだそうだ。
sabuk ☐ 3507	名 ベルト
satelit ☐ 3508	名 衛星
sayap ☐ 3509	名 翼
segan ☐ 3510	形 いやいやな Hidup *segan*, matipun *segan*, tidak tahu saya harus bagaimana. 生きるのもいや、死ぬのもいや、私はどうすべきかわからない。
selambat-lambat-nya ☐ 3511	副 遅くとも 【lambat】形 遅い terlambat 形 遅れた Tugas kuliah dikumpulkan *selambat-lambatnya* tanggal 30 Januari jam 3 sore. 授業の課題は遅くとも1月30日の午後3時までに集められなければならない。
semen ☐ 3512	名 セメント
sen ☐ 3513	名 セン（ルピアの100分の1）

上級単語

sependapat ☐3514	**自** 同意見を持つ 【dapat】**ア** できる mendapat **他** 得る pendapat **名** 考え、意見 berpendapat **自** 〜と考える mendapatkan **他** 手に入れる pendapatan **名** 収入 terdapat **他** 見られる、〜がある Untuk masalah ini, saya *sependapat* dengan ide Bapak ketua. この問題に対して私は議長の考えと同意見である。
serangga ☐3515	**名** 虫、昆虫
seterika ☐3516	**名** アイロン menyeterika **他** アイロンをかける "Mbok, tolong *seterika* baju ini ya", pinta Bu Soleh kepada pembantunya. 「おばさん、この服にアイロンをかけてくださいね」と、ソレ夫人はお手伝いさんに命じた。
setir ☐3517	**名** (車などの) ハンドル menyetir **他** 運転する
sial ☐3518	**形** 不運な Hari ini saya bernasib *sial*. Sepeda motor saya hilang dicuri orang. 今日、私は不運だった。私のオートバイが人に盗まれた。
siku ☐3519	**名** ひじ
silam ☐3520	**形** 過ぎ去った Beberapa tahun yang *silam*, saya pernah pergi ke Indonesia. 数年前、私はインドネシアへ行ったことがある。
tembakau ☐3521	**名** たばこ

tadinya □3522	副 さっきは　【tadi】副 先ほど *Tadinya* saya mau ke sekolah, tapi tidak jadi. さっきは学校へ行こうと思ったが、止めにした。
singgah □3523	自 立ち寄る Kalau ada kesempatan pergi ke Kediri, silahkan *singgah* di gubug saya. クディリへ行く機会があったら、拙宅にどうぞお立ちよりください。
terdaftar □3524	受 登録されている　【daftar】名 表、リスト mendaftar 自 登録する pendaftaran 名 登録 Saya sudah *terdaftar* sebagai anggota teater kampus. 私はすでに大学内の演劇メンバーとして登録されている。
terjamin □3525	受 保障される　【jamin】 menjamin 他 保障する jaminan 名 保障 Barang-barang produksi perusahaan kami kualitasnya *terjamin*. 私たちの会社の製品は品質が保証されている。
terkunci □3526	受 鍵をかけられる　形 鍵をかけられた　【kunci】名 鍵 mengunci 他 鍵をかける Anak kecil itu *terkunci* seharian di gudang belakang rumahnya. その幼い子は家の裏の倉庫に１日中閉じこめられた。
terluka □3527	形 傷ついている　【luka】名 怪我、傷 melukai 他 傷つける Harimau itu *terluka* oleh anak panah. その虎は矢で傷ついている。
tiruan □3528	名 にせもの　【tiru】 meniru 他 まねる
tipe □3529	名 タイプ

上級単語

tertabrak ☐ 3530	受 **ぶつけられる** 【tabrak】 menabrak 他 ～に衝突する tabrakan 名 衝突 Ketika jalan-jalan pagi di sekitar taman, saya *tertabrak* sepeda dari belakang. 朝、公園の周りを歩いていたとき、私は後ろから自転車に追突された。
tombol ☐ 3531	名 **スイッチ、ボタン**
wali kota ☐ 3532	名 **市長**
melipat ☐ 3533	他 **折る** 【lipat】 名 倍
pendudukan ☐ 3534	名 **占領** 【duduk】 自 座る menduduki 他 占める penduduk 名 住民、人口 kedudukan 名 地位 Semua orang tua di desa ingat pada zaman *pendudukan* Jepang. その村のすべての老人は日本占領期を覚えている。
percetakan ☐ 3535	名 **印刷所** 【cetak】 名 印刷 mencetak 他 印刷する pencetakan 名 印刷

Indeks
索引

見出し語索引

INDEKS

A

abad	79
abang	332
abjad	397
ABRI	139
abu	333
abu-abu	398
AC	180
acara	68
Aceh	344
ada	9
adalah	11
adanya	145
adat	160
adik	96
adil	146
administrasi	187
Afrika	321
agak	41
agama	27
agar	24
agen	378
agung	119
Agustus	82
ahli	47
air	25
ajaran	121
akal	288
akan	9
akar	333
akhir	28
akhir-akhir ini	255
akhiran	398
akhirnya	49
akibat	33
akibatnya	359
akrab	300
aksi	110
aktif	127
aktivis	283
aku	21
akuntan	398
Al-Kitab	173
Al-Quran	208
alam	40
alamat	79
alami	333
alangkah	359
alasan	38
alat	53
alih	359
aliran	306
Allah	33
almarhum	398
alumni	344
alun-alun	398
aman	99
amat	114
ambulans	398
Amerika	51
ampun	297
anak	11
ancaman	297
anda	12
andaikata	344
aneh	86
aneka	333
anggapan	321
anggaran	201
anggota	34
anggrek	378
anggur	398
angin	129
angka	83
angkasa	333
angkatan	122
angkutan	156
anjing	160
antara	17
anti	118
antre	344
antri	344
anu	285
apa	10
apabila	65
apakah	21
apalagi	38
aparat	114
apartemen	333
api	70
April	95
Arab	119
Arab Saudi	301
arah	69
arena	322
arsitek	344
arsitektur	322
arti	37
artinya	333
arus	156
AS	112
asal	44
asam	360
asap	333
asasi	292
aset	284
Asia	141
asin	398
asing	46
asli	82
aspek	301
asuransi	360
asyik	297
atap	322
atas	15
atasan	360
atau	9
aturan	255
Australia	110
awak	378
awal	36
awalan	301
awan	360
awas	360
ayah	56
ayam	115
ayat	111
ayo	344

B

bab	360
babak	313
babi	360
bacaan	360
badan	59
bagaimana	19
bagasi	248
bagi	16
bagian	21
bagus	54
bahagia	218
bahan	46
bahasa	29
bahaya	106
bahkan	18
bahu	322
bahwa	12
baik	14
bajakan	378
baju	165
bak	301
bakal	69
bakat	291
bakteri	284
baku	180
balai	360
balasan	360
bambu	333
ban	398
bandara	255
banget	280
bangga	160
bangkrut	361
bangku	360
bangsa	27
bangsawan	313
bangun	97
bangunan	85
banjir	41
bank	57
bantal	255
bantuan	65
banyak	11
banyaknya	333
bapak	30
barang	42
barangkali	78
barat	36
baris	399
barisan	256
baru	13
baru-baru ini	256
basa basi	280
basah	256
basis	322
Batak	156
batang	121
batas	166
baterai	399
batik	119
batin	344
batu	80
batuk	399
bau	174

Term	Page	Term	Page	Term	Page
bawah	102	berenang	100	berpendapat	174
bawahan	280	beres	334	berpengalaman	400
bayangan	361	berfungsi	146	berpengaruh	209
bayi	145	bergabung	156	berperan	314
BBM	313	berganti	379	berperang	402
beasiswa	248	berganti-ganti	384	berpidato	345
beban	146	bergantung	314	berpikir	85
bebas	49	bergaul	322	berpisah	345
beberapa	16	bergerak	85	berpuasa	380
becak	180	berguna	209	berputar	401
begini	65	berhadapan	314	bersaing	380
begitu	17	berharap	84	bersalah	166
beha	362	berharga	379	bersama	31
bekas	131	berhasil	52	bersama-sama	161
bekerja	39	berhenti	92	bersangkutan	286
belah	294	berhitung	271	bersatu	334
belajar	45	berhubungan	82	bersedia	195
belakang	52	berikut	65	bersejarah	323
belakangan	282	berisi	79	bersekolah	401
Belanda	51	berita	74	bersembahyang	256
belas	149	berjalan	61	bersembunyi	401
beliau	72	berjam-jam	399	bersenjata	401
belum	16	berjanji	314	bersepeda	380
benar	18	berjawab	32	bersiap	209
bencana	136	berjuang	324	bersifat	131
benci	378	berjudul	201	bersih	96
benda	139	berjumlah	361	bersikap	181
bendera	344	berjumpa	256	bersisir	380
bengkel	361	berkaitan	166	bersyukur	362
bensin	378	berkali-kali	181	bertahan	136
bentuk	31	berkat	201	bertahap-tahap	334
benua	399	berkata	69	bertahun-tahun	362
berabad-abad	399	berkeberatan	399	bertambah	76
berada	44	berkelahi	399	bertanding	335
beragama	160	berkembang	57	bertanggung jawab	149
berakhir	166	berkenalan	248	bertanya	67
berangkat	98	berkuasa	187	bertemu	90
berani	51	berkumpul	101	bertentangan	166
berapa	54	berkunjung	345	bertepuk tangan	335
berarti	61	berkurang	129	berteriak	146
beras	322	berlainan	345	bertindak	141
berasal	60	berlaku	73	bertugas	323
berat	49	berlalu	379	bertujuan	346
berbagai	27	berlangsung	65	bertukaran	401
berbahasa	66	berlanjut	303	berturut-turut	362
berbahaya	174	berlari	102	berubah	60
berbeda	46	berlatih	323	berujar	401
berbelanja	301	berlayar	400	berulang	188
berbentuk	201	berlebihan	303	berumur	98
berbicara	64	berlibur	334	beruntung	380
berbincang	334	bermacam-macam	259	berupa	62
berbisik	334	bermain	84	berupaya	362
berbohong	281	bermaksud	194	berusaha	59
berbuat	103	bermalam	400	berusia	167
berbunyi	209	bermanfaat	306	bervariasi	380
bercakap-cakap	378	bermimpi	400	berwarna	156
bercampur	209	berminat	334	besar	102
bercerita	209	bermotor	301	besar-besaran	202
berdagang	256	bermutu	146	besi	335
berdarah	361	bernama	141	besok	95
berdasarkan	51	bernyanyi	61	betapa	167
berdiam	378	berobat	361	Betawi	400
berdiri	63	berontak	400	betina	402
berdoa	180	beroperasi	195	beton	361
berdosa	146	berpacaran	400	betul	42
berdua	305	berpakaian	201	betul-betul	249

見出し語索引

biar	119
biarpun	362
biasa	24
biasanya	70
biaya	39
bibi	256
bibir	346
bidang	49
bijaksana	363
biji	379
bikin	233
bila	22
bilang	50
bimbingan	335
binatang	134
bingung	115
bintang	181
bioskop	202
biro	256
birokrasi	306
biru	98
bis	380
bisa	9
bisnis	57
bocor	363
bodoh	323
bohong	364
bola	181
boleh	29
bom	322
boneka	381
bos	167
bosan	346
botak	363
botol	82
bu	27
buah	24
buah-buahan	101
buat	30
buatan	346
bubar	381
bubur	402
budaya	38
budi	70
bugar	346
buka	325
bukan	11
bukit	114
bukti	79
buku	20
bulan	25
bulat	402
bule	137
bulu	202
bumbu	381
bumi	121
bung	55
bunga	83
bungkus	381
bunuh	190
bunyi	363
bupati	110
buru-buru	167
buruh	156
buruk	74
burung	124
bus	293
busana	68
busuk	402
butuh	133

C

cabang	117
cacat	314
cahaya	363
cairan	381
calo	294
calon	70
camat	314
campuran	335
candi	402
canggih	292
cangkir	402
cantik	92
cap	381
capai	103
cara	19
cat	345
catatan	117
catur	306
cedera	381
celah	297
celaka	231
celana	210
cemas	363
cendekiawan	381
cenderung	70
cepat	42
cerah	315
ceramah	347
cerita	43
cermin	397
cetak	227
cewek	146
Cina	19
cincin	322
cinta	76
ciptaan	347
ciri	156
cita-cita	131
citra	314
cium	403
coba	48
cocok	123
coklat	307
contoh	50
copet	403
cowok	134
cuaca	224
cucian	403
cucu	174
cukup	25
cuma	29
cuma-cuma	403
curiga	347

D

dada	188
daerah	21
daftar	195
dagang	324
dagangan	294
daging	37
dahulu	23
dakwah	286
dalam	9, 149
dalang	403
damai	181
dampak	115
dan	8
dana	41
danau	403
dangdut	146
dapat	13
dapur	381
darah	56
darat	156
dari	8
daripada	57
darurat	218
dasar	46
dasi	403
data	60
datang	25
datar	256
daun	324
daya	61
Dayak	160
debat	210
deh	280
dekat	73
delapan	96
demam	188
demi	76
demikian	25
demokrasi	66
demonstrasi	202
denda	294
dengan	8
depan	30
departemen	131
derajat	335
deras	297
desa	37
desain	284
Desember	68
detik	174
dewa	57
dewan	119
dewasa	72
di	8
dia	11
dialog	139
diam	62
dianggap	49
dibandingkan	183
dicatat	403
dihadapi	315
dihasilkan	315
dihitung	310
diinginkan	307
dijanjikan	167
dijawab	307
dikasih	231
dikelola	286
dikenakan	299

422

dikenal	66	efisien	381	gas	309
dilihat	73	eh	281	gaya	77
dimaksudkan	142	ekonomi	35	GBHN	382
dimuat	302	ekor	116	gede	285
dinas	129	eksekutif	285	gedung	52
dinding	324	ekspor	336	gejala	81
dingin	89	elektronik	294	gelap	85
dini	146	elite	288	gelar	123
dinyatakan	294	emas	188	gelas	257
dipahami	315	emosi	335	gelisah	382
dipaksa	307	empat	51	gelombang	404
dipandang	316	enak	79	gemar	323
dipastikan	181	enam	96	gembira	174
diperiksa	302	enggan	324	gempa bumi	363
diperlakukan	308	engkau	82	gemuk	364
diperkirakan	298	entah	128	generasi	125
direktur	142	era	131	gerak	188
diri	23	erat	309	gerakan	34
Dirjen	308	Eropa	89	gereja	78
disebut	42	es	347	giat	364
disediakan	298	esa	298	gigi	62
diselesaikan	294	etika	363	gila	142
diserahkan	295	etnis	303	giliran	298
disiplin	307			gizi	347
diskon	174	**F**		global	287
diskusi	123			gol	364
ditandatangani	292	faham	153	Golkar	336
ditanggung	315	fakta	316	golongan	55
ditanya	308	faktor	111	goreng	175
ditawarkan	302	fakultas	150	gotong royong	404
ditentukan	309	fasilitas	115	gratis	139
diterapkan	290	Februari	92	grup	280
ditolak	302	fenomena	285	gua	108, 280
dituduh	308	Filipina	36	gubernur	150
ditunda	111	film	249	gudang	382
diubah	303	filsafat	347	gue	108
DKI Jakarta	108	fisik	121	gugatan	336
DKI Jaya	108	fitnah	284	gugup	404
doa	298	formal	292	gula	103
doang	316	formulir	292	guling	336
dokter	28	foto	73	guna	75
doktor	148	fungsi	174	guntur	364
dokumen	149			gunung	71
domba	316	**G**		guru	42
dompet	237				
dong	280	G30S	347	**H**	
dongeng	248	gabah	364		
dosa	22	gadis	60	habis	49
dosen	76	gado-gado	231	hadapan	299
DPR	142	gagah	347	hadiah	86
DPRD	126	gagal	161	hadir	142
Drs	112	gagasan	142	hafal	302
dua	16	gajah	188	haji	142
duduk	56	gaji	65	hak	37
dugaan	335	gambar	52	hakekat	316
duit	134	gambaran	150	hakikat	316
dukun	335	gamelan	403	hakim	44
dulu	23	gampang	167	hal	13
dunia	21	ganda	308	halal	364
duta besar	402	gangguan	301	halaman	75
		gara-gara	127	halangan	336
E		garam	256	halo	225
		garasi	404	halus	299
edisi	324	garis	167	hambatan	341
efek	292	garpu	103	hamil	323
efektif	181	garuda	347	hampir	42

見出し語索引

hancur	297
handuk	365
hangat	347
hantu	348
hanya	11
haram	188
harap	92
harapan	64
harga	23
hari	13
harian	131
harimau	382
harta	316
harus	12
hasil	26
hati	27
hati-hati	231
hati nurani	372
hawa	75
hebat	161
hektar	316
helai	382
hemat	382
hendak	282
hendaknya	257
henti	292
heran	80
hewan	118
hiasan	382
hiburan	181
hidangan	348
hidung	59
hidup	20
hijau	88
hilang	86
Hindu	365
hingga	32
hitam	130
hitungan	287
hormat	210
hotel	66
HP	257
hubungan	41
hujan	70
hukum	39
hukuman	182
Humas	295
humor	324
huruf	91
HUT	316
hutan	39

I

ia	11
ialah	56
ibadah	348
iblis	283
ibu	27
ibu kota	225
ide	134
ideal	288
identitas	325
Idul Fitri	382
ikan	73
ikat	382
ikatan	167
iklan	147
iklim	383
ikut	34
ilmiah	82
ilmu	68
ilmuwan	182
iman	118
Imlek	288
impor	59
indah	68
individu	348
Indo	280
Indonesia	10
Indosat	282
industri	55
infeksi	295
informasi	40
ingat	72
Inggris	103
ingin	24
ini	8
Injil	134
insinyur	336
instansi	325
institut	383
instruksi	316
Insya Allah	404
intelektual	285
intensif	404
interlokal	365
internasional	69
inti	288
investasi	150
investor	295
Irian	147
irigasi	404
isi	67
Islam	25
Israel	121
istana	317
istilah	57
istimewa	317
istirahat	336
istri	26
isu	249
Italia	210
ITB	325
itu	8
izin	131

J

jabatan	136
Jabotabek	336
jadi	12
jadwal	365
jaga	325
jahat	182
jajaran	383
jaksa	150
jalan	15
jalan-jalan	96
jalur	156
jam	35
jaman	47
jaminan	348
jamu	156
janda	383
jangan	18
jangan-jangan	243
jangka	130
janji	133
jantan	404
jantung	182
Januari	61
jarak	174
jarang	90
jari	182
jaringan	69
jas	383
jasa	50
jatah	336
Jateng	283
jati	286
Jatim	365
jatuh	68
jauh	30
Jawa	26
jawaban	46
jaya	71
jelas	25
jelek	157
jembatan	309
jenazah	404
jendela	99
jenderal	132
jenis	43
Jepang	55
Jerman	132
jeruk	365
jika	18
jilbab	404
jiwa	123
juara	202
judi	175
judul	175
juga	9
jujur	195
Juli	93
Jumat	94
jumlah	29
Juni	103
juru	175
jurusan	188
justru	43
juta	30

K

kabar	72
kabupaten	115
kaca	93
kacamata	383
kacang	317
kacau	383
kadang-kadang	50
kadar	288
kafir	195
kagak	109
kaget	210
kagum	365

kain	123	keadilan	157	kelakuan	287
kaitan	182	keagamaan	383	kelamin	218
kajian	336	keamanan	82	kelapa	238
kakak	92	kebahagiaan	337	kelas	56
kakek	82	kebakaran	75	kelebihan	143
kaki	36	kebangsaan	188	kelemahan	175
kaku	337	kebanyakan	58	kelihatan	57
kalah	84	kebaya	288	kelihatannya	379
kalangan	52	kebebasan	257	keliling	225
kalau	10	kebenaran	137	keliru	384
kali	19	keberadaan	288	kelompok	32
kalian	210	keberanian	348	keluar	35
Kalimantan	175	keberatan	225	keluarga	38
kalimat	182	keberhasilan	303	keluhan	137
kamar	58	kebersihan	188	kelurahan	281
kambing	150	kebetulan	81	kemacetan	325
kami	13	kebiasaan	127	kemajuan	147
Kamis	94	kebijakan	132	kemakmuran	348
kampanye	188	kebudayaan	52	kemaluan	257
kampung	49	kebun	70	kemampuan	62
kampus	55	kebutuhan	75	kemanusiaan	182
kamu	19	kecamatan	111	kemarau	257
kamus	365	kecantikan	309	kemari	338
kan	108	kecelakaan	195	kemarin	55
Kanada	325	kecenderungan	127	kemasan	189
kanak-kanak	287	kecepatan	348	kematian	116
kanan	81	kecewa	88	kemauan	299
kancing	243	kecil	22	kembali	21
kandungan	161	kecuali	88	kembang	238
kangen	337	kedatangan	156	kemeja	257
kanker	175	kedengaran	405	kemenangan	201
kantong	348	kedinginan	325	kemerdekaan	59
kantor	41	kedokteran	168	kemiskinan	365
kaos	383	kedua	24	kemudian	17
kapal	96	kedua-duanya	257	kemungkinan	87
kapan	74	kedubes	383	kena	189
kapitalisme	301	kedudukan	202	kenaikan	161
karakter	309	kedutaan besar	257	kenal	176
karang	283	kegagalan	337	kenangan	232
karangan	168	kegiatan	40	kenapa	45
karawitan	405	kehabisan	405	kencing	303
karcis	87	kehadiran	147	kendala	325
karena	9	kehendak	337	kendaraan	58
karet	202	kehidupan	41	kendati	289
karir	383	kehilangan	121	kentut	289
kartu	79	kehormatan	405	kenyang	384
karya	41	kehujanan	257	kenyataan	81
karyawan	81	kehutanan	249	kepada	12
kasar	337	keindahan	277	kepala	32
kasih	36	keinginan	157	kepemimpinan	287
kasihan	175	kejadian	49	kepentingan	69
kasus	42	kejahatan	202	kepercayaan	139
kata	13	keju	384	keperluan	134
katakan	283	kejuaraan	344	kepolisian	286
katanya	136	kejutan	405	keponakan	384
kategori	365	kekacauan	317	kepribadian	210
Katolik	175	kekalahan	405	kepulauan	326
kaum	37	kekasih	384	keputusan	59
kaus	383	kekayaan	127	kerajaan	119
kawan	89	kekerasan	195	kerajinan	405
kawasan	41	kekhawatiran	365	kerangka	365
kaya	50, 67	kekuasaan	66	keranjang	405
kayak	50	kekuatan	46	keras	60
kayu	74	kekurangan	134	keraton	210
ke	9	kelahiran	67	kerbau	326
keadaan	33	kelak	139	kereta	58

425

見出し語索引

kereta api	258	kinerja	406	kos	232
kering	243	kini	33	kosmetik(a)	406
keringat	258	kira	29	kosong	143
keris	406	kira-kira	102	kota	16
kerja	33	kiranya	385	kotak	258
kerja sama	210	kiri	80	kotor	99
kerongkongan	384	kiriman	366	kredit	182
kertas	176	kisah	65	kretek	258
kerugian	134	kita	10	krisis	196
kerusakan	134	kitab	77	Kristen	39
kerusuhan	142	Kitab Injil	134	Kristus	284
kesadaran	130	KKN	299	kriteria	168
kesal	137	klasik	348	kritik	150
kesalahan	60	klenteng	366	kritis	142
kesan	116	klub	168	Kroasia	349
kesatuan	202	kode	218	kromo	385
kesayangan	406	kodok	189	KTP	157
kesebelasan	406	kok	109	ku	21
kesehatan	65	kol	366	kualitas	130
keseimbangan	317	kolam	366	kuasa	220
kesejahteraan	317	koleksi	349	kuat	53
keselamatan	258	kolonial	384	kuburan	243
keseluruhan	202	kolusi	366	kucing	94
kesempatan	66	koma	258	kuda	243
kesenian	150	kombinasi	366	kue	99
kesepakatan	150	komentar	111	kuil	239
kesimpulan	225	komersial	232	kuku	77
kesulitan	130	komisi	176	kuli	258
kesusastraan	326	komite	304	kuliah	98
ketakutan	189	komitmen	317	kulit	71
ketat	195	kompetisi	366	kultur	290
ketawa	406	kompleks	182	kuman	121
ketegangan	326	komponen	168	kumuh	115
ketemu	285	kompor	406	kuning	98
ketentuan	176	komputer	50	kunjungan	349
keterampilan	293	komunikasi	112	kunci	99
keterangan	132	komunis	150	kuno	176
keterbukaan	337	komunitas	161	kurang	28
keterlibatan	338	kondektur	309	kurikulum	290
ketertiban	218	kondisi	42	kursi	91
ketidakadilan	366	koneksi	182	kursus	243
ketiga	68	konflik	120	kutipan	367
ketik	385	Konghucu	258		
ketika	17	kongres	304	**L**	
ketimbang	289	konon	282		
ketinggalan	210	konsekuensi	349	laba	295
ketinggian	348	konsep	113	laboratorium	304
ketua	41	konsisten	309	ladang	225
keturunan	40	konsulat	249	lagi	11
keuangan	130	konsultan	385	lagu	87
keuntungan	147	konsultasi	243	lahan	64
kewajiban	176	konsumen	113	lahir	55
kewalahan	406	konsumsi	258	lain	10
kewarganegaraan	366	kontak	203	laju	367
keyakinan	168	kontrak	195	laki-laki	54
khas	150	kontrol	189	laku	134
khawatir	168	koordinasi	366	lalu	15
khotbah	258	koperasi	132	lalu lintas	103
khusus	45	kopi	225	lama	22
khususnya	218	kopor	225	lamaran	406
kiai	203	koran	60	lambang	326
kian	113	korban	43	lambat	168
kiat	366	Korea	203	lampau	258
kilo(gram)	189	korek api	232	lampu	75
kilometer	326	korup	349	lancar	96
kimia	189	korupsi	130	landasan	349

langganan	367	logika	350	malu	47
langit	88	lokal	113	mampu	35
langka	349	lokasi	147	mana	18
langkah	120	loket	157	manajemen	114
langsung	28	lomba	130	manajer	310
lanjut	137	Lombok	259	mancanegara	386
lantai	86	londo	367	mandi	100
lantas	132	longsor	293	mandiri	176
lapangan	86	lorong	385	manfaat	232
lapar	225	losmen	259	mangga	386
lapisan	338	lotre	259	mangkuk	259
laporan	122	LSM	189	mangsa	299
larangan	326	lu	115	manipulasi	351
lari	102	luar	26	manis	89
laris	385	luas	58	manjur	313
larut	349	lubang	232	mantan	123
latar belakang	157	lucu	157	manusia	16
latihan	98	luhur	367	manusiawi	386
laut	89	luka	67	marah	64
lawan	150	lukisan	157	marak	318
layak	127	lulus	203	Maret	103
layanan	304	lulusan	161	mari	161
layar	211	lumayan	196	markas	249
lazim	293	lumpur	211	mas	110
lebar	91	lunas	350	masa	26
Lebaran	151	lupa	92	masak	104, 183
lebat	338	lurah	259	masakan	243
lebih	10	lurus	232	masalah	18
ledakan	407	lusa	103	masih	13
legenda	337	lutut	232	masing-masing	27
leher	232			massa	111
lekas	385	**M**		masuk	22
lele	349			masukan	310
lelucon	349	maaf	103	masyarakat	15
lemah	92	mabuk	176	mata	34
lemak	183	macam	38	matahari	84
lemari	239	macam-macam	259	matang	177
lembaga	54	macan	293	matematika	110
lembah	385	macet	151	materi	147
lembar	196	madu	350	mati	48
lembut	248	maha-	183	mau	15
lengan	219	mahal	59	maupun	31
lengkap	77	mahasiswa	25	mayat	386
lenyap	317	mahasiswi	151	mayoritas	139
lepas	123	majalah	78	mbak	111
lereng	282	majelis	143	mebel	284
les	258	majikan	317	medali	280
letak	239	maju	86	media	111
Letkol	293	maka	15	Mei	91
lewat	36	makan	28	meja	91
lho	112	makanan	84	mekanisme	367
liar	151	makhluk	189	melahirkan	157
libur	101	makin	31	melainkan	63
liburan	259	maklum	211	melaksanakan	183
lidah	211	makmur	259	melakukan	20
liga	317	makna	203	melalui	28
lilin	338	maksimum	295	melanda	196
lima	43	maksud	53	melanggar	211
limbah	125	mal	338	melangkah	386
lingkungan	38	malah	37	melanjutkan	219
lintas	127	malahan	37	melapor	249
lipat	219	malam	36	melaporkan	211
lisan	259	malang	203	melarang	98
listrik	96	malas	103	melatih	104
liter	299	Malaysia	75	melawan	78
logam	239	maling	310	melayang	407

見出し語索引

melayani	125	membedakan	151	memperlihatkan	190
Melayu	86	membela	226	memperoleh	70
melebihi	350	membeli	48	memperpanjang	234
meledak	259	membenarkan	203	mempersoalkan	368
melekat	338	membenci	407	mempertahankan	169
melemparkan	260	membengkak	387	mempertanyakan	234
melengkapi	239	membentuk	169	mempertimbangkan	253
melepaskan	168	memberi	32	mempertunjukkan	263
meletakkan	350	memberikan	109	memprihatinkan	307
meletus	350	memberitahu	261	memproduksi	368
melewati	167	membersihkan	243	memprotes	351
melibatkan	147	membesarkan	233	mempunyai	108
melihat	20	membiarkan	339	memuaskan	204
melindungi	212	membicarakan	162	memuat	339
melintas	350	membikin	233	memuji	250
melipat	418	membina	368	memukul	240
meliputi	326	membingungkan	244	memulai	197
melompat	177	membohongi	261	memungkinkan	158
meluas	367	membolos	261	memutar	407
melukai	386	membongkar	244	memutuskan	158
melukis	203	membosankan	261	menabrak	244
melulu	196	membuang	244	menabung	263
melunasi	367	membuat	18	menahan	212
meluncur	338	membubarkan	407	menaikkan	212
memaafkan	260	membujuk	244	menakutkan	250
memadai	189	membuka	60	menamakan	264
memahami	116	membuktikan	204	menambah	93
memainkan	368	membungkus	261	menambahkan	227
memajukan	351	membunuh	190	menampilkan	226
memakai	59	membutuhkan	133	menampung	240
memakan	183	memecahkan	261	menanam	240
memaksa	190	memecat	250	menandatangani	264
memalukan	232	memegang	169	menang	93
memancing	367	memelihara	226	menangani	177
memandang	128	memeluk	299	menanggapi	143
memanfaatkan	163	memenangkan	266	menanggung	132
memang	14	memenuhi	120	menangis	97
memanggil	260	memerangi	351	menangkap	190
memapar	372	memeriksa	177	menanyakan	169
memarkir	260	memerintah	387	menari	264
memasak	255	memerintahkan	233	menarik	41, 224
memasang	196	memerlukan	123	menaruh	250
memasarkan	386	memesan	250	menawar	275
memasuki	151	memfitnah	387	menawarkan	284
memasukkan	239	memikirkan	184	menayangkan	407
mematikan	225	memilih	77	mencabut	204
membaca	48	memiliki	108	mencampur	387
membagi	249	memimpin	226	mencapai	52
membahas	219	memindahkan	262	mencari	38
membahayakan	233	meminjam	104	mencatat	204
membakar	226	meminjamkan	260	mencegah	132
membalas	226	meminta	122	menceritakan	212
membalik	260	memisahkan	262	mencerminkan	351
membandingkan	260	memotong	104	mencetak	227
membangkitkan	386	memotret	262	mencintai	264
membangun	78	mempelajari	196	menciptakan	143
membangunkan	262	mempengaruhi	143	mencium	244
membantah	351	memperbaiki	151	mencoba	58
membantu	62	mempercepat	250	mencopet	245
membaringkan	407	memperhatikan	125	mencuci	100
membatalkan	239	memperingati	236	mencuri	219
membatasi	233	memperingatkan	262	mendadak	184
membawa	47	memperkaya	387	mendaftar	408
membawakan	353	memperkenalkan	263	mendalam	353
membayangkan	183	memperkirakan	263	mendapat	29
membayar	67	memperkuat	227	mendapatkan	110

mendarat	264	mengantuk	261	menghubungkan	410
mendasar	352	mengapa	35	menghukum	410
mendatang	152	mengarah	339	mengikat	410
mendatangi	352	mengarang	408	mengikuti	117
mendatangkan	368	mengasuh	266	mengimpor	369
mendekati	240	mengatakan	109	menginap	102
mendengar	55	mengatasi	116	mengindahkan	388
mendengarkan	211	mengatur	171	mengingat	82
menderita	139	mengawali	388	mengingatkan	191
mendesak	352	mengecek	369	menginginkan	218
mendidik	100	mengecewakan	388	mengira	411
mendirikan	137	mengejar	204	mengirim	100
mendorong	190	mengejutkan	408	mengirimkan	170
menduduki	264	mengekspor	409	mengisi	228
menduga	227	mengelola	184	mengizinkan	251
mendukung	152	mengeluarkan	116	mengklaim	388
mendung	369	mengeluh	235	mengobati	252
menegaskan	219	mengembalikan	228	mengobral	411
menekan	219	mengembangkan	170	mengobrol	267
menekankan	369	mengemis	283	mengontrol	240
menelepon	213	mengemukakan	266	mengoperasikan	389
meneliti	228	mengenai	37	menguasai	140
menemani	265	mengenakan	213	mengubah	81
menembak	265	mengenal	125	mengucapkan	153
menembus	326	mengenali	318	menguji	267
menempati	251	mengendalikan	370	mengukur	411
menempatkan	265	mengendarai	370	mengulang	104
menemui	184	mengerikan	370	mengumpulkan	197
menemukan	152	mengeritik	409	mengumumkan	252
menendang	408	mengerjakan	212	mengunci	411
menengah	184	mengerti	57	mengundang	227
menengok	339	mengesampingkan	388	mengungkapkan	153
menentang	213	mengesankan	409	mengungsi	370
menentukan	130	mengetahui	67	mengunjungi	178
menerangkan	251	mengetuk	409	menguntungkan	245
menerapkan	213	menggali	266	mengunyah	298
menerbitkan	369	menggambar	340	mengurangi	135
menerima	45	menggambarkan	266	mengurus	197
menerjemahkan	251	mengganggu	152	mengusahakan	268
meneruskan	245	mengganti	95	mengusir	370
menetap	318	menggantikan	251	mengusulkan	228
menetapkan	265	menggarap	409	mengutamakan	389
mengadakan	120	menggelar	318	mengutip	185
mengajak	158	menggigit	265	menikah	97
mengajarkan	177	menggoreng	266	menikmati	143
mengajukan	204	menggosok gigi	364	menilai	158
mengakhiri	220	menggunakan	109	menimbulkan	109
mengakibatkan	162	menghabiskan	240	menimpa	295
mengaku	84	menghadapi	112	meninggal	78
mengakui	115	menghadiri	245	meninggalkan	113
mengalahkan	234	menghancurkan	170	meningkat	84
mengalami	111	mengharapkan	252	meningkatkan	124
mengalir	352	menghargai	228	menipu	268
mengamankan	390	menghasilkan	162	meniru	245
mengamati	388	menghendaki	352	menit	73
mengambil	52	menghentikan	213	menitip	129
mengambil alih	408	mengherankan	267	menjabat	191
mengampuni	289	menghiasi	409	menjadi	12
mengancam	191	menghidangkan	409	menjadikan	147
mengandalkan	326	menghidupkan	267	menjaga	213
mengandung	158	menghilangkan	410	menjahit	268
menganggap	162	menghina	410	menjajah	411
menganggur	408	menghindari	267	menjalani	310
mengangkut	265	menghitung	220	menjalankan	124
mengantar	191	menghormati	244	menjamin	220
mengantarkan	369	menghubungi	154	menjatuhkan	234

見出し語索引

menjawab	66	menyiarkan	269	mitra	339
menjelang	80	menyiksa	371	mobil	28
menjelaskan	112	menyimpan	99	modal	220
menjemput	104	menyinggung	311	mode	281
menjemur	268	menyisakan	390	model	282
menolak	137	menyukai	214	modern	75
menolong	88	menyumbang	390	mogok	163
menonton	104	menyuruh	178	mohon	61
mentah	246	menyusul	205	monumen	351
mental	170	menyusun	252	monyet	205
mentega	411	merah	71	moral	283
menteri	43	meraih	235	motif	317
mentraktir	268	merasa	26	motivasi	328
menuduh	267	merasakan	117	motor	115
menuju	56	merawat	328	MPR	246
menukar	268	merayakan	221	mu	19
menular	339	merdeka	56	mual	304
menulis	66	merebus	412	Muang Thai	268
menumbuhkan	370	merebut	197	muatan	371
menunggu	53	merek	412	muda	47
menunjukkan	281	mereka	9	mudah	32
menuntut	94	merencanakan	415	mudah-mudahan	97
menurun	192	merica	246	muka	82
menurunkan	214	merokok	252	mula-mula	105
menurut	18	merosot	318	mulai	24
menutup	87	merpati	317	mulanya	118
menutupi	353	mertua	413	mulia	353
menyadari	162	merubah	81	mulus	328
menyakitkan	371	merugikan	197	mulut	87
menyaksikan	205	merujuk	327	munafik	319
menyala	371	merumuskan	304	muncul	38
menyalahkan	327	merupakan	21	mundur	235
menyambut	205	merusak	162	mungkin	17
menyampaikan	185	mesin	77	muntah	328
menyangkut	153	Mesir	214	murah	71
menyanyi	252	mesjid	197	murid	51
menyanyikan	412	meskipun	50	murni	198
menyarankan	327	mesti	58	museum	133
menyatakan	110	mestinya	269	musholla	413
menyebabkan	114	meter	64	musibah	128
menyebar	310	metode	353	musik	128
menyeberang	412	mewah	221	musim	87
menyebut	289	mewakili	235	muslim	82
menyebutkan	114	mewarnai	351	musnah	371
menyediakan	172	mewujudkan	390	mustahil	327
menyediakan	371	meyakinkan	214	musuh	246
menyekolahkan	389	mi	228	musyawarah	328
menyelamatkan	229	mie	228	mutiara	353
menyelenggarakan	327	miliar	198	mutlak	300
menyelesaikan	128	milik	64	mutu	80
menyembuhkan	412	milis	371		
menyenangkan	246	militer	122	**N**	
menyentuh	304	mimpi	239		
menyerah	389	minat	205	Nabi	122
menyerahkan	171	minggu	38	nada	319
menyerang	185	minimal	293	nafas	339
menyerap	388	minta	39	nafkah	371
menyerbu	327	minum	84	nafsu	140
menyertai	412	minuman	87	nah	109
menyesuaikan	269	minyak	78	naik	53
menyeterika	389	miring	390	nak	214
menyetir	269	mirip	131	nakal	246
menyetujui	391	misalnya	50	nama	20
menyewa	101	misi	311	nampak	49
menyewakan	269	miskin	91	namun	20
menyiapkan	234	mitos	290	nanas	214

nangka	269
nanti	40
Narkoba	387
nasabah	290
nasi	95
nasib	75
nasihat	234
nasional	47
nasionalisme	290
natal	246
negara	17
negatif	295
negeri	22
nelayan	205
nenek	104
nenek moyang	100
neraka	185
ngapain	300
ngeri	354
nggak	108
ngobrol	267
ngomong	112
niat	205
nih	115
nilai	36
nol	102
nomor	58
nona	185
nonton	104
normal	163
novel	304
November	96
NU	354
nuklir	295
nunggu	53
Nusantara	221
nyaman	152
nyamuk	269
nyaris	296
nyata	83
nyawa	372
nyonya	147

O

obat	45
obat-obatan	253
obral	413
obrolan	319
obyektif	390
oknum	144
Oktober	89
olah	281
olahraga	94
oleh	10
oleh-oleh	104
oli	269
Olimpiade	270
om	8
omong-omong	205
omong kosong	270
ongkos	192
operasi	113
operasional	354
opini	304
optimal	391

orang	8
orang tua	80
orde	130
organisasi	54
orientasi	413
otak	133
otomatis	328
otonomi	319
otot	113

P

pabrik	42
pacar	205
pacaran	391
pada	9
padahal	31
padam	372
padang	286
padat	178
padi	104
paduan	391
pagar	413
pagi	53
paha	206
paham	153
pahit	229
pahlawan	214
pajak	178
pak	30
pakai	114
pakaian	93
pakar	221
paket	290
paksa	270
paku	413
paling	24
palsu	120
palu	340
paman	105
pameran	140
pamit	391
panas	83
Pancasila	206
panci	270
pandai	221
pandangan	84
panen	214
pangan	246
pangeran	215
panggilan	171
panggung	158
pangkat	206
panglima	340
panitia	80
panjang	37
pantai	86
pantas	221
pantat	192
papan	206
para	15
pariwisata	253
parkir	157
parlemen	304
partai	74
partisipasi	229

paruh	340
paru-paru	192
pas	135
pasal	113
pasang	206
pasangan	75
pasar	34
pasaran	229
pasca	354
pasien	87
pasir	240
paskah	391
paspor	206
pasti	31
pasukan	192
patah	241
patung	389
patut	221
payah	185
PDI	340
pecah	221
pecahan	340
pecat	250
pedagang	68
pedalaman	354
pedas	105
pedesaan	270
peduli	178
pegangan	221
pegawai	71
pegunungan	270
pejabat	53
pejuang	206
pekan	125
pekerja	93
pekerjaan	51
pelabuhan	229
pelacur	270
pelacuran	397
pelajar	235
pelajaran	75
pelaksanaan	163
pelaku	120
pelan-pelan	291
pelanggan	178
pelanggaran	229
pelangi	222
pelatih	229
pelatihan	413
pelayan	241
pelayanan	71
pelosok	391
peluang	120
pelukis	328
pemahaman	198
pemain	70
pemakai	163
pemakaian	222
pemandangan	98
pemandu	222
pemanfaatan	222
pembaca	61
pembacaan	354
pembagian	354
pembaharuan	319
pembahasan	391

見出し語索引

pembakaran	354	pendek	90	pengunjung	135
pembangunan	41	pendekatan	246	pengurus	140
pembantu	144	penderita	67	pengusaha	66
pembaruan	372	penderitaan	329	peningkatan	179
pembatasan	372	pendeta	229	penipuan	290
pembauran	281	pendidikan	38	penjaga	246
pembayaran	253	pendiri	296	penjahat	193
pembebasan	253	pendirian	311	penjajah	291
pembela	354	penduduk	38	penjajahan	241
pembelaan	358	pendudukan	418	penjara	83
pembeli	79	pendukung	198	penjelasan	88
pembelian	355	penegak hukum	355	penjual	171
pembentukan	178	peneliti	229	penjualan	139
pemberi	328	penelitian	80	penolakan	329
pemberian	206	penempatan	329	penonton	90
pemberitahuan	391	penemuan	340	pensiun	207
pembicara	319	penerangan	192	pentas	305
pembicaraan	170	penerapan	373	penting	33
pembinaan	153	penerbangan	241	pentingnya	271
pembuangan	392	penerbit	355	penuh	60
pembuat	329	penerbitan	191	penularan	300
pembuatan	185	penerima	393	penulis	67
pembukaan	206	penerimaan	215	penumpang	44
pembunuhan	192	pengabdian	355	penurunan	373
Pemda	128	pengacara	222	penutupan	341
pemecatan	178	pengadilan	70	penyair	215
pemegang	241	pengajar	242	penyakit	32
pemeliharaan	392	pengajaran	193	penyanyi	233
pemenang	198	pengakuan	138	penyebab	148
pemenuhan	372	pengalaman	57	penyebaran	374
pemerataan	319	pengamat	296	penyelenggara	311
pemeriksaan	140	pengamatan	372	penyelesaian	153
pemerintah	18	pengambilan	311	penyelidikan	336
pemerintahan	67	pengangguran	270	penyerahan	374
pemerkosaan	339	pengantar	198	per	54
pemikir	392	pengantin	186	peradaban	329
pemikiran	161	pengarang	271	peradilan	286
pemilihan	90	pengaruh	90	perahu	237
pemilik	133	pengawasan	229	perak	236
Pemilu	123	pengelola	296	peralatan	154
pemimpin	87	pengelolaan	128	peran	99
peminat	192	pengeluaran	392	Perancis	101
pemirsa	206	pengembalian	373	perang	73
pemogokan	281	pengembang	135	perangkat	319
pemuda	101	pengembangan	163	perasaan	73
pemukiman	119	pengembara	392	peraturan	85
pena	101	pengemis	413	perawat	247
penambahan	355	pengemudi	235	perawatan	154
penampilan	192	pengen	305	perayaan	186
penanganan	311	pengendalian	355	perbaikan	164
penangkapan	215	pengertian	178	perbandingan	341
penari	270	pengetahuan	69	perbankan	247
penarikan	392	pengganti	222	perbatasan	230
penasihat	392	penggantian	373	perbedaan	71
penataran	372	penggemar	355	perbuatan	53
penawaran	373	pengguna	290	percakapan	207
pencabutan	373	penggunaan	86	percaya	47
pencak	270	penghargaan	171	perceraian	392
pencegahan	329	penghasilan	215	percetakan	418
pencemaran	69	penghuni	293	percobaan	247
pencuri	207	penginapan	101	percuma	374
pencurian	355	pengobatan	62	Perda	329
pendaftaran	296	pengolahan	300	perdagangan	215
pendapat	40	penguasa	164	perdamaian	230
pendapatan	215	penguasaan	340	perdana menteri	247
pendatang	373	pengumuman	246	perdata	392

Term	Page
perdebatan	413
perekonomian	253
perempat	271
perempatan	311
perempuan	44
perencanaan	393
perfilman	393
pergantian	356
pergaulan	140
pergerakan	154
pergi	43
perguruan tinggi	140
perhatian	60
perhiasan	413
perhimpunan	319
perhitungan	215
perhubungan	154
perikanan	207
periksa	177
perilaku	179
peringatan	207
perintah	198
periode	179
peristiwa	63
perjalanan	71
perjanjian	158
perjuangan	71
perkampungan	356
perkara	90
perkawinan	247
perkebunan	169
perkelahian	356
perkembangan	62
perkiraan	393
perlahan-lahan	291
perlakuan	230
perlawanan	236
perlindungan	253
perlu	19
perluasan	393
permainan	94
permanen	374
permasalahan	296
permen	413
permintaan	215
permisi	271
permohonan	215
permukaan	198
permulaan	291
pernah	17
pernikahan	311
pernyataan	63
perorangan	393
perpanjangan	305
perpisahan	414
perpustakaan	54
pers	140
persaingan	197
persamaan	341
persatuan	222
persediaan	271
persegi	271
persen	87
persentase	414
persepsi	356
persetubuhan	414
persetujuan	192
persiapan	216
persidangan	356
persis	216
persoalan	43
persyaratan	164
pertahanan	230
pertama	26
pertama-tama	222
pertambangan	414
Pertamina	312
pertandingan	193
pertanian	138
pertanyaan	42
pertarungan	312
pertempuran	329
pertemuan	63
pertengahan	236
pertimbangan	186
pertolongan	414
pertumbuhan	125
pertunjukan	247
perubahan	55
perumahan	79
perusahaan	36
perut	93
perwakilan	216
perwira	356
pesan	88
pesanan	305
pesantren	216
pesat	154
pesawat	113
pesawat terbang	105
peserta	128
pesta	96
peta	223
petani	77
peternakan	179
petir	382
petugas	48
petunjuk	230
piala	140
pidana	374
pidato	207
pihak	21
pikiran	71
pilek	414
pilihan	124
pilot	329
pimpinan	71
pindah	93
pinggang	159
pinggir	207
pinggiran	312
pingsan	392
pinjaman	236
pintar	216
pintu	72
pipa	236
pipi	271
piring	247
pisang	105
pisau	247
piyama	272
PKI	159
plastik	223
PLN	287
plus	319
pohon	47
pokok	80
pokoknya	179
pola	74
Polda	286
polisi	31
politik	27
politis	393
Polres	393
Polri	112
Polsek	356
polusi	341
pompa	216
pondok	305
ponsel	241
populer	230
porno	247
Portugal	272
Portugis	105
pos	148
posisi	55
positif	132
potensi	144
potensial	330
potong	172
potongan	159
potret	253
PPP	374
PR	253
praktek	216
praktis	198
pramugari	272
prangko	270
prasangka	374
presiden	44
prestasi	216
pria	53
pribadi	48
pribumi	48
prihatin	186
prinsip	126
prioritas	374
priyayi	394
produk	113
produksi	126
produser	312
profesi	356
profesional	291
profesor	374
program	61
proklamasi	199
promosi	300
prosedur	293
proses	34
protes	128
Protestan	272
provinsi	95
proyek	77
psikologi	272
psikologis	341
PT	35
puas	193
puasa	253

見出し語索引

publik	135	rawan	144	rusak	90
puisi	154	raya	61	Rusia	254
pukul	44	reaksi	296	rute	357
pula	24	realitas	320	RW	133
pulang	52	rebus	412		
pulau	77	redaksi	341	**S**	
pulpen	272	reformasi	253		
pulsa	159	regu	357	saat	16
puluh	95	rejeki	394	saban	342
puluhan	138	rekaman	300	sabar	179
pun	14	rekan	45	Sabtu	75
punah	414	rekayasa	312	sabuk	415
puncak	144	rekening	237	sabun	272
punggung	223	rektor	61	sadar	87
pungutan	341	rel	394	sadis	375
punya	18	rela	287	sah	223
pupuk	414	relatif	124	sahabat	330
pura-pura	133	religius	305	saham	135
purnawirawan	291	remaja	133	saja	12
pusat	46	rencana	72	sajak	342
pusing	193	rendah	52	sakit	34
Puskesmas	237	repot	254	saksama	395
pustaka	341	republik	73	saksi	164
putaran	216	resapan	284	saku	342
putih	68	resiko	394	salah	16
putra	159	resmi	80	salam	86
putri	159	restoran	230	salat	375
putus	330	revolusi	79	saling	59
		rewel	414	salju	272
Q		RI	87	saluran	126
		ria	375	sama	13
Quran	223	ribu	76	sama-sama	105
		ribuan	95	sama sekali	273
R		ribut	199	sambal	394
		rinci	216	sambil	40
Rabu	105	ringan	193	sambungan	241
racun	148	risiko	199	sambutan	273
radang	319	riwayat	217	sampah	53
radio	91	robek	312	sampai	14
raga	291	roda	247	samping	74
ragam	356	roh	121	sana	31
ragu-ragu	154	rok	272	sang	39
rahasia	237	rokok	100	sangat	15
raja	69	romantis	415	sanggup	164
rajin	99	rombongan	172	sanksi	357
raksasa	394	romo	237	santai	186
rakyat	23	roti	8	santan	394
ramah	223	Rp	101	sapi	46
ramai	105	RRC	237	saran	179
ramalan	272	RSU	357	sarana	129
rambu	283	RT	116	sarang	375
rambut	77	RS	394	sarapan	237
rambutan	414	ruang	46	sari	330
rancangan	356	ruangan	179	sarjana	193
rangka	172	rubrik	223	sarung	272
rangkaian	341	rugi	148	sasaran	138
rapat	85	rukun	320	sastra	59
rapi	356	rumah	15	sate	237
ras	320	rumah sakit	357	satelit	415
rasa	26	rumit	272	satpam	330
rasanya	217	rumput	394	satu	12
rasul	296	runtuh	394	satu-satunya	164
rata-rata	44	rupa	88	saudara	35
ratu	186	rupanya	223	sawah	241
ratus	101	rupiah	101	saya	8
ratusan	95	rusa	320	sayang	63

434

sayangnya	254	sekurang-kurangnya	273	sepeda	64
sayap	415	sekutu	140	sependapat	416
sayur	254	sel	116	sepenuhnya	357
sayuran	273	sela	284	seperempat	105
SD	94	selain	33	seperti	11
Sdr	136	selaku	301	sepi	186
seakan-akan	170	selalu	27	sepotong	274
seandainya	144	selama	24	September	89
sebab	21	selamat	69	sepuluh	91
sebagai	11	selamatan	273	seputar	306
sebagaimana	81	selambat-lambatnya	415	seragam	237
sebagainya	79	selanjutnya	118	serangan	144
sebagian	54	selat	357	serangga	416
sebaiknya	74	selatan	59	seratus	101
sebanyak	159	seleksi	342	serba	194
sebelah	186	selera	231	serdadu	375
sebelum	29	selesai	81	seribu	101
sebelumnya	45	selimut	273	serikat	164
sebenarnya	29	selisih	375	sering	22
sebentar	100	seluas	331	seringkali	155
seberang	394	seluruh	40	serius	85
seberapa	357	semacam	76	serta	25
sebesar	179	semakin	31	seru	208
sebetulnya	138	semalam	395	seruan	296
sebuah	39	semangat	138	serupa	165
sebutan	395	semarak	342	servis	330
secara	15	semasa	342	sesak	254
sedang	23	semata-mata	148	sesama	164
sedangkan	33	sembarangan	320	seseorang	126
sederhana	140	sembilan	100	sesuai	34
sedih	153	sembuh	98	sesuatu	51
sedikit	30	semen	415	sesudah	85
seekor	273	sementara	37	sesungguhnya	122
seenaknya	320	semestinya	208	setan	194
segala	43	semoga	95	setelah	17
segan	415	sempat	62	setempat	118
segar	155	sempit	180	setengah	90
segera	39	sempurna	194	setengah mati	274
segi	83	semua	14	seterika	416
sehari-hari	72	semula	89	seterusnya	148
seharusnya	54	sen	415	setia	290
sehat	77	senam	395	setiap	20
sehingga	19	senang	51	setidaknya	199
sehubungan	330	senantiasa	207	setir	416
seimbang	375	sendiri	14	setuju	63
sejak	23	sendiri-sendiri	273	sewa	159
sejarah	62	sendirian	248	sewaktu	117
sejati	395	sendok	274	sewaktu-waktu	274
sejumlah	138	sengaja	89	SH	283
sekadar	136	sengsara	357	sia-sia	144
sekali	17	seni	58	sial	416
sekalian	230	seniman	53	siang	91
sekaligus	78	Senin	95	siap	72
sekalipun	289	senior	254	siapa	35
sekarang	14	senja	223	siaran	138
sekedar	136	senjata	179	sibuk	90
sekeliling	241	sensitif	395	sidang	119
sekian	217	senyum	207	sifat	80
sekitar	23	seolah-olah	88	sih	108
sekitarnya	237	seorang	31	sikap	46
sekolah	23	sepakat	223	sikat	194
sekretaris	148	sepak bola	247	siku	416
seksama	395	sepanjang	74	silakan	99
seksi	291	separuh	340	silam	416
seksual	330	sepasang	105	silang	300
sektor	138	sepatu	99	silat	312

435

見出し語索引

SIM	199
simpati	305
sinar	320
sinetron	194
singa	274
Singapura	224
singgah	417
singkat	199
singkatan	274
sini	25
sipil	172
sisa	88
sisi	70
sistem	35
siswa	56
situ	61
situasi	117
SK	284
skala	331
SMA	141
SMP	208
SMU	241
soal	23
soalnya	208
sok	237
sombong	102
sop	224
sopan	217
sopir	89
sore	96
sosial	40
sosiologi	375
sosok	395
soto	274
spanduk	375
spekulasi	395
spontan	375
stabilitas	320
stasiun	93
statistik	312
status	126
strategi	289
strategis	342
stres	375
struktur	297
studi	136
suami	38
suara	30
suasana	74
suatu	17
subsidi	376
subur	274
suci	56
sudah	10
sudut	320
suhu	376
suka	40
sukar	99
sukses	186
suku	64
sulit	47
sultan	331
sulung	285
sumbangan	224
sumber	55
sumpah	357
sumur	342
sungai	54
sungguh	111
sungguh-sungguh	106
suntikan	331
supaya	43
surat	28
surat kabar	102
surga	180
surut	376
susah	72
susu	186
susun	342
swadaya	342
swasta	124
syarat	78
syukur	242

T

tabrakan	376
tabungan	395
tadi	41
tadinya	417
tagihan	291
tahan	144
tahanan	312
tahap	172
tahu	20
tahu-tahu	275
tahun	10
tahunan	238
tajam	180
tak	8
taksi	224
takut	47
tali	331
taman	199
tambah	160
tambahan	145
tambang	274
tampak	49
tampaknya	148
tampil	129
tamu	74
tanah	24
tanaman	122
tanda	106
tanda tangan	274
tangan	28
tangga	81
tanggal	34
tanggapan	121
tanggung	119
tanggung jawab	275
tanjung	207
tanpa	19
tantangan	231
tante	94
tanya	67
tapi	13
Tapol	300
taraf	357
tari	275
tarif	180
tas	101
tata	80
tata bahasa	274
tawar	199, 275
tawaran	242
teater	172
tebal	100
tebu	254
tegas	126
teguh	305
teh	68
tekanan	217
teknik	119
teknis	291
teknologi	48
teks	160
tekun	343
teladan	376
telah	14
telanjang	238
telekomunikasi	160
telepon	45
televisi	78
telinga	254
teliti	331
teluk	224
telur	90
tema	217
teman	27
tembakan	397
tembakau	416
tembok	275
tempat	19
tempe	187
tempo	139
tenaga	64
tenang	94
tengah	30
tenggara	217
tenggelam	275
tenis	208
tentang	19
tentara	89
tenteram	320
tentu	25
tentunya	248
teori	136
tepat	49
tepi	199
tepung	275
terakhir	62
terancam	396
terang	93
terasa	76
teratur	155
terbaik	173
terbakar	255
terbalik	276
terbang	99
terbangun	276
terbaru	332
terbatas	141
terbenam	276
terbentuk	200
terbesar	187
terbiasa	343
terbit	155

terbitan	376		tersesat	160		tren	355
terbuat	332		tersinggung	332		trilyun	397
terbuka	65		tertabrak	418		truk	187
terbukti	133		tertangkap	377		tua	33
terburu-buru	276		tertarik	165		tuan	29
tercantum	343		tertawa	95		tubuh	43
tercapai	238		tertentu	50		tuduhan	173
tercatat	236		tertib	141		tugas	76
tercemar	297		tertinggal	277		Tuhan	26
tercipta	396		tertinggi	187		tujuan	69
terdaftar	417		tertipu	397		tujuh	88
terdakwa	312		tertulis	159		tukang	72
terdapat	48		tertutup	208		tulang	123
terdengar	145		terus	22		tulisan	44
terdesak	376		terus-menerus	149		tulus	282
terdiri	126		terutama	35		tumbuh	85
terendah	376		terwujud	358		tumbuhan	200
terganggu	224		tes	396		tumpah	238
tergantung	117		tetangga	92		tumpukan	377
tergesa-gesa	276		tetap	23		tunai	358
tergolong	208		tetapi	13		tunggal	118
terhadap	19		tewas	321		tunjangan	332
terhitung	358		Thailand	173		tuntas	377
terhormat	254		tiada	165		tuntutan	134
terima kasih	102		tiang	242		turis	200
teringat	321		tiba	30		Turki	218
terjadi	16		tiap	20		turun	51
terjamin	417		tiba-tiba	106		turut	155
terjemahan	242		tidak	8		tutup	200
terjun	231		tidur	83		tutur	201
terkait	200		tiga	27		TV	155
terkejut	172		tiket	131		TVRI	201
terkemuka	396		tikus	377			
terkena	129		tim	79		**U**	
terkenal	85		timbul	94			
terkendali	377		Timtim	255		uang	21
terkesan	238		timur	35		ucapan	156
terkumpul	396		tindak	187		udara	52
terkunci	417		tindakan	65		UGM	300
terlalu	37		tinggal	34		UI	301
terlambat	100		tinggi	22		ujar	56
terlarang	358		tingkah	306		uji	359
terlebih	173		tingkat	42		ujian	306
terlepas	292		Tionghoa	86		ujung	79
terletak	145		Tiongkok	331		ukuran	149
terlibat	135		tipe	417		ulah	312
terlihat	64		tipis	102		ulama	343
terluka	417		tiruan	417		umat	45
termasuk	32		titik	145		umpama	377
terminal	200		TK	200		umum	32
ternak	282		TNI	199		umumnya	141
ternyata	28		toh	126		umur	58
terpadu	377		toko	68		undang-undang	180
terpaksa	83		tokoh	58		undangan	343
terpencil	397		tol	200		unggul	224
terpengaruh	242		tolak	137		unggulan	377
terpenting	194		tolong	81		ungkapan	359
terpilih	321		tombol	418		unik	293
terpisah	231		ton	218		universitas	61
tersangka	165		topi	255		unjuk-rasa	208
tersebar	358		total	173		unsur	149
tersebut	14		tradisi	124		untuk	8
tersedia	149		tradisional	76		untung	127
tersendiri	173		transaksi	306		untungnya	313
tersenyum	91		transportasi	218		upacara	276
terserah	217		trayek	343		upah	149

見出し語索引

upaya	63
urusan	131
urutan	277
usah	91
usaha	36
usai	331
usia	52
usul	332
usulan	242
usus	396
utama	54
utang	180
utara	83
utusan	343
UUD	321

V

vaksinasi	313
versi	321
virus	282
vokal	343

W

wabah	285
wacana	293
wah	112
wajah	64
wajar	122
wajib	224
wakil	83
waktu	16
walaupun	63
wali	124
wali kota	418
wangi	193
wanita	36
warga	29
warganegara	277
warisan	173
warna	40
wartawan	74
warung	194
was-was	306
waspada	343
wawancara	165
wawasan	359
wayang	243
WC	276
wewenang	332
wilayah	39
wisata	187
wisatawan	359
WNI	283
wortel	359
wujud	397

Y

ya	14
Yahudi	344
yaitu	27
yakin	68
yakni	46
yang	57
yayasan	45
Yunani	378

Z

zaman	47
zat	165
ziarah	180

森山幹弘 Moriyama Mikihiro

1960年生まれ。大阪外国語大学大学院修士、ライデン大学文学博士。南山大学外国語学部アジア学科教授。

[著書]
『東南アジア文学への招待』(共著、段々社、2001年)
『多言語社会インドネシア』(共編著、めこん、2009年)
Sundanese Print Culture and Modernity in 19th-century West Java (Singapore University Press 2005)
Geliat Bahasa Selaras Zaman: Perubahan Bahasa-bahasa di Indonesia Pasca-Orde Baru (共編著、Jakarta: KPG 2009)

[訳書]
プトゥ・ウィジャヤ『電報』(めこん、2000年)

森山式
インドネシア語単語
頻度順 3535

初版第1刷発行 2009年10月6日
　第10刷発行 2025年8月1日

定価 2800円+税

編　者	森山幹弘
装　幀	水戸部 功
編集担当	伊藤理奈子
発行者	桑原 晨
発　行	株式会社めこん

　　　　〒113-0033 東京都文京区本郷 3-7-1
　　　　電話:03-3815-1688　FAX:03-3815-1810
　　　　URL:http://www.mekong-publishing.com

印刷・製本　モリモト印刷株式会社

ISBN978-4-8396-0227-7　C0387　¥2800E
0387-0908227-8347

JPCA 日本出版著作権協会
http://www.e-jpca.com/

本書は日本出版著作権協会(JPCA)が委託管理する著作物です。
本書の無断複写などは著作権法上での例外を除き禁じられています。
複写(コピー)・複製、その他著作物の利用については事前に日本出版
著作権協会(電話:03-3812-9424 e-mail:info@e-jpca.com)の
許諾を得てください。

カルティニの風景 土屋健治 定価 1900 円＋税	留学先のジョクジャで目にした風景。そして愛読したカルティニの書簡集。もう1度あの2つに立ち返ってインドネシア国民国家の形成を考えてみよう。不朽の名作です。
マックス・ハーフェラール もしくはオランダ商事会社のコーヒー競売 ムルタトゥーリ　佐藤弘幸訳 定価 5500 円＋税	19世紀、オランダ東インドにおける植民地支配の過酷な実態を内部告発してヨーロッパにセンセーションを巻き起こした古典の完訳。インドネシア研究には必読の書です。
インドネシアを齧る ――知識の幅をひろげる試み 加納啓良 定価 2000 円＋税	インドネシアにはちょっとうるさい読者におくるとっておきのウンチクエッセイ。「インドネシア」はいつできたのか？ジャカルタ、スラバヤなどの地名の由来などなど。
おいしいインドネシア料理 ――家庭で作る本格レシピ 50 選 榎本直子・村上百合 定価 2500 円＋税	日本で入手できる食材で作れるレシピ。ナシ・ゴレン、サテ、ガド・ガドなどの定番はもちろん、スマトラ、バリ、スラウェシ、マドゥラなどインドネシア各地の名物料理も網羅。
インドネシアの基礎知識 加納啓良 定価 2000 円＋税	インドネシアについてこれだけは知っておきたい。①インドネシアはどんな国か　②自然と地理　③歴史　④政治と行政　⑤経済と産業⑥対外関係　⑦社会と宗教　⑧地域の横顔　⑨11 人の正副大統領　文献案内
インドネシア少年の抗日・ 対オランダ独立戦争 原作エドナ・キャロライン　訳井上治 定価 2500 円＋税	インドネシアで評判の歴史コミック5部作の完訳。インドネシアの人々の独立に対する思いと歴史認識を知るために最適。日本の読者のために詳細な解説を付けました。
ワヤンを楽しむ 松本亮 定価 2800 円＋税	日本ワヤン協会主宰の著者によるワヤン入門の決定版。ワヤンの名場面、上演風景、ダランの横顔など、ワヤン幽玄の世界のからくりが 234 点のカラー写真とともに華麗に展開されてゆきます。